HEYNE <

Das Buch
Tony Clink hatte in seiner Heimat USA überwältigenden Erfolg mit der Website www.layguide.com, auf der er unfehlbare Tipps vom Mann für Männer gibt. Wie kriegt man eine Frau rum, die einem gefällt – egal wie reich, schön, intelligent, sprich: wie unerreichbar sie auch scheinen mag? Angefangen bei den Zehn Regeln der Verführung über wichtige Hintergrundinformationen über die Spezies Frau, wertvolle Hinweise für Styling und Auftreten des Bewerbers bis hin zu Anleitungen zum erfolgreichen Date bleibt Clink nichts schuldig. Ob man es glaubt oder nicht: Dieses Buch garantiert den Erfolg bei Frauen, unzählige Jünger von Tony Clink sind der lebendige Beweis. Überzeugen Sie sich selbst!

Der Autor
Tony Clink ist der Erfinder der legendären Website www.layguide.com und zudem einer der erfolgreichsten Aufreißer der Welt.

Tony Clink

So kriegen Sie jede Frau rum

(Ganz egal, wie Sie aussehen oder wie viel
Sie verdienen)

Autor der Webseite
www.layguide.com

Aus dem Amerikanischen
von Ursula C. Sturm

WILHELM HEYNE VERLAG
MÜNCHEN

Das Original *The Layguide*
erschien bei Harper Collins

FSC
Mix
Produktgruppe aus vorbildlich
bewirtschafteten Wäldern und
anderen kontrollierten Herkünften

Zert.-Nr. SGS-COC-1940
www.fsc.org

Verlagsgruppe Random House FSC-DEU-0100
Das für dieses Buch verwendete
FSC-zertifizierte Papier *München Super*
liefert Mochenwangen Papier.

2. Auflage
Vollständige deutsche Erstausgabe 12/2006

Umschlagillustration: © Uli Oesterle
Umschlaggestaltung: Nele Schütz Design, München
Satz: Leingärtner, Nabburg
Druck und Bindung: GGP Media GmbH, Pößneck
Printed in Germany 2006
ISBN-10: 3-453-81092-9
ISBN-13: 978-3-453-81092-1

www.heyne.de

INHALT

PHASE ZWEI: ANMACHEN

PAR (Profiaufreißer) Ein »richtiger« Mann, der sich meisterhaft darauf versteht, schöne Frauen zu umwerben, zu verführen und zu beglücken. Zu seinen Eigenschaften zählen unter anderem: Selbstvertrauen, gepflegtes Äußeres und eine hohe Trefferquote in punkto Sexanbahnung. Ein PAR weiß, dass jede Begegnung mit einer attraktiven Frau eine potentielle Sexanbahnung ist.

DFL (durchschnittlicher frustrierter Loser) Die von Ross Jeffries geprägte Bezeichnung für einen Mann mit akutem Notstand, der sich nicht ausreichend Gedanken über die Wünsche und Bedürfnisse einer Frau macht und infolgedessen nicht die geringste Chance hat, jemals ein Exemplar der weiblichen Spezies erfolgreich zu verführen und zu beglücken. Der typische DFL klammert sich verzweifelt an Beziehungen, in denen er nur ausgenutzt wird, bläst Trübsal wegen seines mangelnden Erfolges, verprasst viel Geld für sinnlose Dates und verschwendet ganze Nächte, indem er Smalltalk mit unattraktiven Frauen betreibt, der ihn dem Ziel keinen Schritt näher bringt.

TF (Traumfrau) oder MB (Megabraut): Die mit Abstand attraktivste Frau im Raum und somit die »Zielperson« jedes PAR.

Eine Bemerkung vorweg

Immer zwei es sind! Ein Schüler und ein Meister!

Jedi-Meister Yoda

Nun, dieses Mal sind wir nicht nur zu zweit, liebe Freunde. Und zugegeben, ich war bei den besten PAR weltweit in der Lehre und habe bereits unzählige Frauen verführt, doch das macht mich noch lange nicht zum Meister. Und selbst wenn, habe ich weder die Zeit noch die Geduld, meine Erkenntnisse an jeden von Ihnen einzeln weiterzugeben.

Deshalb habe ich den vorliegenden Leitfaden verfasst, der sich an alle Interessenten richtet. Ich habe weltweit die besten Flirt-Tipps gesammelt und ziehe es vor, dieses akkumulierte Wissen in der Praxis anzuwenden, statt es mit einem Schüler nach dem anderen lang und breit durchzukauen. Das ist das ja Tolle an einem Buch: Man schreibt einmal alles auf, damit es die ganze Welt immer wieder lesen kann.

Es gibt noch einen zweiten Grund, weshalb ich dieses Buch geschrieben habe: Ich hatte mir in jahrelanger Kleinarbeit die Worte und das Verhalten zahlreicher Flirtgurus eingeprägt und ihre Techniken höchstpersönlich an den schönsten Frauen der Welt getestet. Seitdem verfüge ich sprichwörtlich über den Heiligen Gral der Kunst der Verführung. Damit möglichst kein Quäntchen dieses Wissens verloren geht, beschloss ich, alles aufzuschreiben. Ich verwende diesen Ratgeber selbst gern als Quelle der Inspiration, um meine Kenntnisse aufzufrischen, meine Technik zu verfeinern und bei Bedarf mein Selbstwertgefühl aufzupäppeln. Dieses Buch hat mir unzählige Male geholfen, und es wird auch Ihnen helfen.

Selbstverständlich kann ich aus rechtlichen Gründen keine Garantien übernehmen. Die erteilten Ratschläge dienen lediglich als Anregung. Was immer Sie damit anfangen, tun Sie aus eigenem Antrieb und auf eigenes Risiko. Für die Folgen der Anwendung der in diesem Buch genannten Techniken, seien es potentielle Infektionen mit Geschlechtskrankheiten, unbeabsichtigt gezeugte Kinder oder nicht mehr abzuschüttelnde liebestolle Verehrerinnen, will und kann ich keine Verantwortung übernehmen.

Ersparen Sie mir nur bitte Ihre Lobeshymnen, falls Sie dank dieser Lektüre mehr Sex mit attraktiven Frauen haben, als Sie dies je für möglich hielten. Ich liefere Ihnen lediglich das vorhandene Wissen. Was Sie damit anstellen, ist ganz allein Ihre Sache.

Vorwort

Halten Sie bitte einen kurzen Augenblick inne und überlegen Sie, worum es Ihnen im Leben geht. Um eine Beförderung und ein etwas größeres Büro? Um Berühmtheit, nur um in Vergessenheit zu geraten, sobald Sie von der nächsten großen Nummer abgelöst werden? Oder einfach nur darum, reicher zu sein als Ihr Nachbar? Und was steckt hinter diesen Wünschen? Hoffen Sie, sich auf diese Weise die Liebe und den Respekt Ihrer Traumfrau erkaufen zu können? Oder steht Ihnen der Sinn eher nach wildem, leidenschaftlichem Sex mit täglich wechselnden, heißen Bräuten?

Wie wäre es, wenn Sie ohne die üblichen Anstrengungen gleich nach der Siegestrophäe greifen könnten? Angenommen, Sie sitzen gerade an der Uni, vergraben unter einem Bücherberg, oder an einem überladenen Schreibtisch in einem Großraumbüro, oder Sie suchen meinetwegen in einem Buchladen nach Selbsthilfelektüre. Wäre es Ihnen nicht lieber, sich stattdessen mit einer schönen Frau zu unterhalten, sie zum Lachen zu bringen, sie am Ellbogen zu berühren und Zentimeter für Zentimeter an sie heranzurücken, kurz davor, sie zu küssen?

Schöne Frauen gibt es überall – und Sie könnten mit jeder von ihnen ins Bett. Sehen Sie sich um, oder, falls Sie gerade zu Hause sind, denken Sie an all die schönen Frauen, die Ihnen im Laufe des Tages im Café, im Büro, im Fitnesscenter, auf der Straße begegnet sind. All diese Frauen haben Sex. Jede einzelne von ihnen liebt es, Sex zu haben. Und es gibt keinen triftigen Grund, weshalb sie alle es nicht mit Ihnen tun sollten.

Es spielt keine Rolle, wie Sie aussehen oder wie viel Sie verdienen. Diese Details sind für die Verführung einer Frau uninteressant. Vielmehr braucht man dafür die richtige Einstellung – und die kann sich jeder aneignen. Ja, auch Sie; auch wenn Sie in Ihrem ganzen Leben noch keine einzige Unterhaltung oder gar Verabredung mit einer Frau hatten. Wie Sie bald lernen werden, ist es ein Kinderspiel, eine schöne Frau zu verführen ... vorausgesetzt, man kennt die Grundprinzipien.

Es gibt nach wie vor Männer, die sich auf dem traditionellen Weg eine Frau angeln. Sie rackern sich jahrelang im Job ab, trainieren Abend für Abend im Fitnessstudio und werden mit etwas Glück irgendwann reich oder berühmt. Wem dies gelingt, dem ist die Gunst der Frauen sicher. Alle anderen mühen sich genauso ab – und können sich gerade mal über Wasser halten. Sie schleppen sich nach einem anstrengenden Arbeitstag in irgendeine Bar, stellen ihre Vorzüge zur Schau und hoffen, irgendeine Frau mit ihren Muskeln, der neuen Uhr und ein paar Scherzen beeindrucken zu können.

Doch wozu der Aufwand, wenn Sie sie mit der richtigen Strategie auch ohne Umwege rumkriegen können? Schließlich beeindruckt unsere Mitmenschen nichts so sehr wie eine attraktive Begleiterin an unserem Arm. Rolex, Armani-Anzug, Mercedes Benz – das sind doch nur Werkzeuge, um an das ultimative Statussymbol zu kommen: an das Trophäenweibchen, die Traumfrau aller anderen Männer.

Ich war mit Hunderten von Frauen intim, eine schöner und unterhaltsamer als die andere. Und wissen Sie was? Ich bin weder reich noch sehe ich besonders gut aus. Ich soll Ihnen mein Geheimnis verraten? Eins nach dem anderen. Während Sie Überstunden schieben in der Hoffnung, irgendwann das Herz einer schönen Frau zu gewinnen, bediene ich mich der Kunst der Verführung, um Ihre Traumfrau flachzulegen. Und zwar genau jetzt, in diesem Augenblick.

Dabei könnten es genauso gut Sie sein, der sie flachlegt!

Mehr als zehn Jahre lang habe ich Bücher gelesen, mit Freunden und wildfremden Männern geredet und im Internet nach interessanten Aufreißmethoden geforscht. Ich habe Chatrooms und Newsgroups frequentiert und Einzelkämpfer aufgespürt, die willens waren, mir einen Einblick in ihre Flirtmethoden zu gewähren. Die erhaltenen Tricks und Kniffe habe ich persönlich auf ihre Tauglichkeit getestet und die geheimen Erkenntnisse mit Gleichgesinnten auf der ganzen Welt ausgetauscht. Und natürlich hatte ich jede Menge sagenhaften Sex, von heißen Schäferstündchen über leidenschaftliche One-Night-Stands bis hin zu meiner derzeitigen, bereits zwei Jahre dauernden Beziehung mit der großartigsten Frau der Welt.

Und mit diesem Buch werde ich Ihnen den Weg ins Paradies weisen, ganz gleich, welches Ziel Sie verfolgen und über wie viel Erfahrung Sie verfügen. Sie wollen jeden Abend mit einer Anderen ins Bett? Kein Problem. Sie sind auf der Suche nach *der Richtigen*? Auch in diesem Fall wird sich das vorliegende Kompendium als hilfreich erweisen. Sie kennen Ihre Traumfrau bereits, trauen sich aber nicht, sie anzusprechen aus Angst vor einer Abfuhr? Damit ist jetzt ein für alle Mal Schluss. Ich verwandle Sie in einen selbstbewussten, erfahrenen Verführer, der nie wieder scheitert. Ein PAR investiert nämlich niemals viele Gefühle, ehe er sich von den Qualitäten der betreffenden Frau überzeugt hat.

Im Gegensatz zu anderen Ratgebern erfordert dieses Buch keinerlei Vorkenntnisse. Selbst wenn Sie noch nie mit einer Frau ein Wort gewechselt haben, werden Sie mit meiner Hilfe Schritt für Schritt vom Flirt-Laien zum selbstsicheren, erfolgreichen Verführungsspezialisten mutieren. Und falls Sie bereits ein erfahrener Verführer sein sollten: Lassen Sie sich bislang ungeahnte Möglichkeiten eröffnen und erleben Sie Höhenflüge, von denen Sie nicht zu träumen gewagt hatten!

Denken Sie an die schönste Frau, die Sie je kennen gelernt haben. Und nun stellen Sie sich vor, wie sie sich langsam mit der

Zungenspitze über die Lippen leckt, mit den Fingern leicht Ihren Arm berührt, sich zu Ihnen beugt und Ihnen verführerisch ins Ohr pustet, das Bein an Ihrem Schenkel reibt – kurz, wie sie praktisch darum bettelt, Sie nach Hause begleiten zu dürfen, um sich dort von Ihnen beglücken zu lassen, wie sie noch nie zuvor beglückt wurde.

Wenn Sie diesen Tagtraum in die Realität umsetzen wollen, dann lesen Sie weiter.

Einleitung: Jedem das Seine

Für die wahre Liebe muss man der richtige Typ sein. Es gibt Menschen, die überhaupt nichts damit anfangen können, andere wiederum scheinen dafür wie geschaffen. Dieses Buch wird Sie jedoch nicht lehren, woran man die so genannte »große Liebe« erkennt oder wie man sich verliebt, sondern wie man Frauen verführt. Das hier dargebotene Wissen kann wirkungsvoll eingesetzt werden, um mit täglich wechselnden Sahneschnitten hemmungslosen, unverbindlichen Sex zu haben, leistet aber auch auf der Jagd nach der großen Liebe unbezahlbare Dienste und bewahrt zudem vor vermeidbaren Fehlern.

Sobald Sie sich eine PAR-Mentalität angeeignet haben (was zwangsläufig geschehen wird, sofern Sie meine Ratschläge befolgen), werden Sie praktisch immun sein gegen jene Verzweiflung, mit der sich Menschen in einer monogamen Beziehung häufig an ihren Partner klammern. Damit bleiben Ihnen die typischen negativen Auswirkungen der ausschließlichen Fixierung auf einen einzigen Menschen (Eifersucht, Hilflosigkeit, Depression, et cetera) weitgehend erspart; Sie beugen einer solchen Entwicklung dank Ihrer völlig neuen Geisteshaltung vor – und Ihr neuer Lebenswandel wird diesen Gefühlen gar keine Gelegenheit bieten, ihr ganzes destruktives Potential zu entfalten.

Sollten Sie – zumindest eine Zeit lang – eine Casanova-Karriere anstreben, dürfte der Begriff »polyamourös« in Bezug auf Ihre künftigen Aktivitäten wohl den Nagel auf den Kopf treffen. Auch ein Casanova liebt übrigens – nämlich viele Frauen zugleich. Ein Mann, der nur in ein einziges Mädchen verliebt ist, womöglich auch noch unglücklich, hat aufgrund seiner einseitigen Fixierung ständig Angst, verschmäht zu werden, und ist infolgedessen nicht in der Lage, klar zu denken. Es schadet nachweislich dem Selbstbewusstsein, wenn Gefühle nicht (oder nicht auf die erhoffte Art und Weise) erwidert werden. Die daraus resultierende Verzweiflung schreckt andere Kandidatinnen ab – eine Negativentwicklung mit unaufhaltsamer Eigendynamik.

Wer dagegen viele Frauen zugleich liebt (oder, falls sie sich seiner Liebe noch nicht als würdig erwiesen haben, zumindest an vielen Frauen auf einmal interessiert ist), kann klar denken, weil er begriffen hat, dass es wunderbare Frauen in rauen Mengen gibt. Er wirkt selbstsicher und entspannt – und plötzlich liegen sie ihm scharenweise zu Füßen, magisch angezogen von seinem Selbstbewusstsein und seiner Coolness. Auch in diesem Fall entwickelt die Angelegenheit eine Eigendynamik – allerdings eine ungleich positivere.

Eine von reiner, bedingungsloser Liebe geprägte Beziehung ist für viele Menschen das absolute Ideal. Nun, was diese vollkommene Liebe angeht, die ist in der Tat ein Ideal. Nicht zustimmen kann ich allerdings der Behauptung, eine Liebesbeziehung habe stets aus genau zwei Protagonisten, nicht mehr und nicht weniger, zu bestehen. Zweifellos erfordern beispielsweise in einer Familie Kindererziehung und Sicherung des finanziellen Unterhalts die Anwesenheit sowohl eines Vaters als auch einer Mutter. Geht ein Elternteil verloren, so kann die Familie an diesem Verlust zerbrechen. Doch bedeutet dies, dass zum Schutze der Institution Familie *alle* Beziehungen stets aus zwei Parteien bestehen müssen? Dass Polygamie unter allen Umständen und für alle Menschen verboten werden sollte?

Selbstverständlich nicht. Schließlich fungieren wir nicht als Vorbilder für die Kinder anderer Leute, sondern haben als Erwachsene das Recht, uns aus freiem Willen für einen bestimmten Lebensstil zu entscheiden. Unsere diesbezügliche Wahl betrifft lediglich unser Privatleben und hat auf die Gesellschaft in ihrer Gesamtheit keinen Einfluss. Dafür sind weder Sie noch ich wichtig genug.

Noch ein weiteres Argument wird oft für die »Überlegenheit« der monogamen Beziehung herangezogen: Exklusivität, heißt es, verleihe der Liebe einen gesteigerten Wert, diene als Maßstab für besonders hohe »Qualität«. Zugegeben, für eine Weile mag das durchaus zutreffen; doch oft wird aus der trauten, hoch gelobten Zweisamkeit nur allzu bald Routine; die Liebe wird zur Selbstverständlichkeit und damit langweilig. Sind allerdings mehr als zwei Parteien im Spiel, so bleiben Spannung und Erotik ungleich länger erhalten.

Das dritte, besonders häufig strapazierte Argument in dieser Diskussion lautet, es liege »in der Natur der Sache«, dass man nicht mehrere Menschen auf einmal lieben könne. Diese Begründung führt sich bei näherer Betrachtung ad absurdum und zeugt lediglich von der Unwissenheit ihrer Verfechter, genauer gesagt, von deren Weigerung oder Unfähigkeit, ihre wahren Gefühle zu verstehen. Früher oder später muss jeder noch so verklemmte Moralapostel zugeben, dass es durchaus möglich ist, wenigstens zu einem gewissen Grad mehrere Menschen gleichzeitig zu lieben – wenn es nämlich um die Liebe zu den Eltern oder Kindern geht, die wohl kaum als »exklusiv« bezeichnet werden kann. Zugegeben, manchmal empfinden wir für einen Elternteil (oder ein Kind) mehr Liebe als für den (die) anderen. Aber wir lieben sie trotzdem alle, und zwar zur gleichen Zeit und nicht nacheinander. Man mag argumentieren, die sexuelle Liebe sei eine andere Art von Liebe, doch ich wage zu behaupten, dass einzig in der Intensität und Ausprägung ein Unterschied besteht. Liebe ist Liebe. Punkt.

Dazu kommt, dass Monogamie häufig nicht unbedingt auf Leidenschaft und Liebe zurückzuführen ist, sondern vielmehr auf Tradition und Bequemlichkeit. Angenommen, Sie haben nach jahrelanger erfolgloser Suche und zahlreichen schmerzhaften Zurückweisungen endlich eine Gefährtin gefunden. Sie finden einander sympathisch; die entstandene Partnerschaft deckt Ihren Bedarf an Sex und Nähe, ermöglicht Ihnen jenes Geben und Nehmen, das eine Liebesbeziehung ausmacht. Endlich können Sie sich mit einem erleichterten Seufzer zurücklehnen – ein DFL auf dem direkten Weg zum Traualtar.

Ich möchte ausdrücklich darauf hinweisen, dass es nicht das Geringste dagegen einzuwenden gibt, wenn sich zwei Menschen ineinander verlieben, eine monogame Beziehung eingehen und heiraten. Im Gegenteil: Ich kann es nur unterstützen, wenn Sie Ihre Vorstellungen von Liebe und Partnerschaft verwirklichen. Dieses Buch wird Sie Ihrem persönlichen Ideal Schritt für Schritt näher bringen, wie auch immer es aussehen mag.

Mein Einwand gegen die Exklusivität in der Liebe lautet, dass die Menschen allzu oft nur deshalb von »der einen großen Liebe« sprechen, weil sie glauben, sie hätten keine andere Wahl. Und sobald sich herausstellt, dass das nicht stimmt, dass es Alternativen gibt, dann schließen sie die Augen und fangen an, die Vorzüge ihres Way of Life anzupreisen und auf Andersdenkende mit Verachtung herabzublicken.

In diesem Buch geht es um Ihre Möglichkeiten. Es stattet Sie mit den nötigen Kenntnissen aus, um alle Optionen auszuloten, ehe Sie sich auf eine festlegen. Sie können meinetwegen nach Herzenslust Schürzenjäger spielen, sich verlieben, den Bund der Ehe eingehen oder sogar Mönch werden und ein zölibatäres Leben führen, solange Sie nur mit gutem Gewissen sagen können, dass Sie es aus freien Stücken tun und sämtliche Faktoren in Ihre Entscheidung haben einfließen lassen.

PHASE EINS

ABCHECKEN

I. Die zehn Gebote des Flirtens

1. Gebot: Übernehmen Sie das Kommando

Ich werde immer wieder gefragt, was denn einen erfolgreichen PAR ausmache. Was der wichtigste Unterschied zwischen einem masturbationssüchtigen DFL und einem sexuell befriedigten PAR sei?

Die Antwort auf diese Frage lautet schlicht und ergreifend: Kontrolle. Ein PAR hat stets alles unter Kontrolle. Ein DFL dagegen ist dem Diktat einer Frau, eines anderen Mannes oder seiner Gefühle ausgeliefert. Sie bestimmen, wie er sich verhält und was er im Endeffekt bekommt.

Wenn Sie bei Frauen Erfolg haben wollen, ist zunächst Selbstbeherrschung oberstes Gebot. Nervosität oder gar Panik sind im Zuge eines Flirts tabu! Sie müssen lernen, unter allen Umständen ruhig und gelassen zu bleiben und auf Ihre Mitmenschen selbstsicher und zuversichtlich zu wirken. Sie sollten sich weder selbst unter Druck setzen noch die Zurückweisung fürchten. Und falls Sie trotzdem Angst haben, so lassen Sie es sich um Himmels willen nicht anmerken.

Darüber hinaus gilt es, die Situation zu beherrschen. Der Flirt muss stets nach Ihren Spielregeln verlaufen: Sie gehen auf das Objekt Ihrer Begierde zu. Sie leiten das Gespräch. Mit raschem, zielstrebigem Handeln haben Sie die Schlacht schon so gut wie gewonnen.

Außerdem müssen Sie natürlich Ihre Auserwählte fest im Griff haben – aber bitte nicht mit Einschüchterung oder Machogehabe! Das Kommando zu übernehmen bedeutet in diesem Fall, die Betreffende mit subtilen Mitteln für sich zu gewinnen und in einen dauerhaften Zustand der Erregung zu versetzen, der Ihnen anschließend die Verführung ermöglicht. Demonstrieren Sie Selbstbewusstsein, Macht und Dominanz, dann wird sie sich instinktiv von Ihnen leiten lassen. Bedenken Sie jedoch, dass Macht stets an Verantwortung gekoppelt ist: Hören Sie ihr zu und respektieren Sie ihre Wünsche. Und wenn Sie ihr das aufregendste Abenteuer ihres Lebens verheißen, dann sehen Sie zu, dass Sie Ihr Versprechen auch einlösen.

Zu guter Letzt gilt es, niemals die Kontrolle über die Beziehung zu verlieren: Hüten Sie sich, ihr einen Drink zu spendieren oder sie zum Dinner einzuladen – es sei denn, als Belohnung, das heißt: *nachdem* sie bereits miteinander im Bett waren. Lassen Sie nicht zu, dass Sie versetzt oder schlecht behandelt werden. Machen Sie ihr klar, dass Sie kein Problem damit haben, sich eine andere anzulachen, dann wird sie es sein, die immer wieder zu Ihnen zurückkommt und nicht umgekehrt.

Sie finden, das sei leichter gesagt als getan? Mit dieser Einstellung sind Sie bereits ein Verlierer. Es liegt alles in Ihrer Hand, deshalb ist es ganz einfach, das Kommando zu übernehmen. Sie haben die Macht bereits, und mit der richtigen Einstellung, der passenden Technik und einer entsprechenden Anleitung (wie etwa dem vorliegenden Buch) können Sie nur gewinnen.

2. Gebot: Werden Sie der Alpha-Mann

Falls Sie sich hin und wieder eine Tierdokumentation auf dem Discovery Channel ansehen, sind Sie mit dem Begriff »Alpha-Männchen« vertraut. Das Alpha-Männchen ist der Boss, der anerkannte Herrscher über sämtliche Mitglieder seiner Herde, Gruppe, Horde, et cetera. Es wird von den Weibchen umschwärmt und von den übrigen Männchen respektiert. Das Alpha-Männchen hat also jede Menge Sex, während all die anderen Loser untätig herumsitzen und darauf warten, bis es abtritt. Und selbst dann gilt, erst einmal die Konkurrenz im Kampf um den Posten des neuen Anführers auszustechen, ehe eines von ihnen zum Zug kommt. Der Rest schaut wieder durch die Finger.

Wenn Sie genau aufpassen, wird Ihnen in diesen Dokumentationen etwas sehr Wichtiges auffallen: Das Alpha-Männchen ist nicht zwingend das kräftigste oder attraktivste Mitglied der Gruppe, sondern schlicht und ergreifend jenes Tier, dem die Weibchen in Scharen zu Füßen liegen. Und weshalb tun sie das? Weil es das Alpha-Männchen ist. Wir haben es hier mit einer so genannten selbsterfüllenden Prophezeiung zu tun: Wer eine Frau nach der anderen flachlegt, ist per definitionem ein Alpha-Mann. Legen Sie also ein Alpha-Verhalten an den Tag, und die Frauen werden sich um Sie reißen. Der erste Schritt ist nicht ganz einfach, doch danach wird es immer leichter – und besser.

Mit anderen Worten: Sie müssen einer Frau lediglich demonstrieren, dass Sie ein dominanter Mann sind, dann wird sie buchstäblich vor Ihnen auf die Knie fallen.

Dieses geheimnisvolle Phänomen hat einen ganz einfachen Grund: Frauen fühlen sich instinktiv zu dominanten Männern hingezogen, wobei instinktiv natürlich das Schlüsselwort ist. Jede noch so stolze, clevere, unabhängige Frau verspürt gelegentlich (und sei es nur für eine Nacht) den Wunsch, sich einem sexuell dominanten Partner hinzugeben. Ihre Emanzipiertheit dient nur dazu, die unterwürfigen Waschlappen von vornherein abzuschrecken. Sie will kein Weichei, sondern einen richtigen Kerl, der ihr ein würdiger Gegenspieler ist. Eine solche Frau mag zwar sowohl im Gespräch als auch im Bett die Zügel in der Hand halten (wogegen ja auch nicht das Geringste einzuwenden ist, im Gegenteil!), aber sie will ihren Partner auch am nächsten Morgen noch respektieren können.

Doch wie geht man vor, um sich in einen dominanten Mann zu verwandeln? Wie mutieren Sie über Nacht zum aktiven Verführer, ohne bereits jede Menge Frauen verführt zu haben? Ganz einfach: mit der entsprechenden Ausstrahlung – und damit meine ich nicht mithilfe von Muskeln oder Moneten, sondern indem Sie Ihre Einstellung grundlegend ändern. Wenn Sie daran glauben, dass Sie ein Alpha-Mann sind, dann glauben Sie auch, dass die Frauen auf Sie fliegen. Sobald Sie erst felsenfest davon überzeugt sind, ein Alpha-Mann zu sein, werden Sie von anderen für einen gehalten – und siehe da, die Frauen werden tatsächlich auf Sie fliegen.

Die Sache hat nur leider einen Haken: Sie können Ihre Überzeugung nicht vortäuschen. Sie müssen schon ernsthaft daran glauben, dass Sie und nur Sie der perfekte Partner für die Betreffende sind. Nur so werden Sie Ihre Wirkung auf andere und damit Ihre Wirklichkeit nachhaltig zum Positiven wenden. Wer simuliert, ist unweigerlich zum Scheitern verurteilt.

Die Metamorphose vom unterwürfigen Loser zum Gewinner ist am einfachsten, wenn Sie für sich definieren, was einen Alpha-Mann ausmacht und sich dann die entsprechenden Charakteristika aneignen. Ich betone nochmals: Ihr Vermögen und Ihr Körperbau sind in diesem Zusammenhang völlig unerheblich. Streben Sie also keine äußerlichen Veränderungen an, sondern stellen Sie sich stattdessen vor, Sie sind

- selbstbewusst, weil Sie ein Alpha-Mann sind.
- kontaktfreudig, weil Sie wissen, dass Frauen Ihre Gesellschaft schätzen.
- gepflegt, weil Ihnen bewusst ist, dass Sie im Mittelpunkt stehen.
- aufmerksam, weil Ihr Erfolg davon abhängt, dass Sie Frauen glücklich machen.
- dominant, weil Sie bestimmen, wo es langgeht.

- stets gut gelaunt, weil Sie wissen, dass Ihre Auserwählte über kurz oder lang mit Ihnen nach Hause geht, obwohl sie im Augenblick noch von einem unterwürfigen Verlierer angebaggert und auf Drinks eingeladen wird.

Ehe ich auf die einzelnen Punkte näher eingehe, möchte ich Sie noch auf ein letztes (vermutlich das wichtigste) Detail aufmerksam machen: Bei den Menschen gibt es im Gegensatz zur Welt der Tiere stets mehr als ein Alpha-Männchen. Dafür sind wir – anders als etwa Löwen oder Seehunde – aber auch nicht gezwungen, uns um ganze acht oder zehn Weibchen zu balgen. Uns stehen ohne Übertreibung Millionen von Frauen zur Auswahl. Kein Grund zur Panik also, falls irgendein Muskelprotz oder Süßholzraspler in Ihr Territorium eindringt. Sie müssen nicht der tollste Hengst im Stall sein, geschweige denn mit Nebenbuhlern kämpfen, um ihre Männlichkeit unter Beweis zu stellen. Um eine Frau rumzukriegen, reicht es schon, sich von der Masse armseliger Verlierer abzuheben – und das ist wirklich nicht besonders schwer.

Was ein richtiger PAR ist, zerbricht sich wegen anderer dominanter Männer nicht den Kopf. Wir sitzen alle im selben Boot, Jungs. Stürzen wir uns gemeinsam ins Vergnügen! Und immer schön die Beute im Auge behalten.

3. Gebot: Werfen Sie sich in Schale

Das Aufreißen von Frauen bedarf sowohl körperlich als auch seelisch einer gewissen Vorbereitung. Sie müssen sich großartig fühlen – und damit meine ich wirklich *großartig* und nicht bloß selbstbewusst. Der erste Schritt, um sich großartig zu fühlen, ist großartig auszusehen. Und zwar zu jeder Tages- und Nachtzeit.

Der typische DFL ist mit seinem Erscheinungsbild unzufrieden. Er findet sich zu klein oder zu dick, ist sich seiner Glatze oder seines Akneproblems bewusst, was sich unweigerlich in seiner Haltung, seiner Miene, seiner Körpersprache widerspiegelt. Ich kann es nur wiederholen: Auf das Aussehen kommt es nicht an. Wenn er sich eine Abfuhr holt, liegt das nicht an der Glatze, sondern an seinem Selbstbewusstsein, das wegen der Glatze einen Knacks hat.

Was zählt, ist einzig und allein, wie Sie sich selbst wahrnehmen, denn eine Frau wittert jede Unsicherheit – und das wird ihr Verhalten Ihnen gegenüber maßgeblich beeinflussen. Wenn Sie überzeugt sind, nicht gut genug auszusehen, kommt auch sie zu diesem Schluss. Vermitteln Sie ihr dagegen, dass Sie sich umwerfend attraktiv finden und sie sich glücklich schätzen kann, von einem Mann wie Ihnen überhaupt beachtet zu werden, dann haben Sie sie bereits für sich gewonnen – auch, wenn sie zunächst skeptisch reagiert.

Zerbrechen Sie sich nicht den Kopf über Dinge, die Sie nicht ändern können (und nein, eine Nasenoperation kommt nicht in Frage!), sondern konzentrieren Sie sich auf das, was Sie selbst in der Hand haben: Saubere, gut passende Kleidung, ordentliche Frisur, geputzte Zähne. Es geht nichts über einen frischen Atem. Muss ich erwähnen, dass Sie auf keinen Fall schmuddelig und verschwitzt sein sollten? Allzeit bereit, heißt das Stichwort – selbst, wenn Sie nur zum Laden an der Ecke gehen, um einen Sechserträger Bier zu besorgen. Männer und Frauen laufen sich an den seltsamsten Orten über den Weg, und nicht selten resultiert eine rein zufällige Begegnung in einer überaus lohnenden Beziehung – sofern Sie ausreichend vorbereitet sind, um die Gelegenheit beim Schopf packen zu können.

Richtig oder falsch gibt es hinsichtlich Ihres Outfits eigentlich nicht, aber denken Sie daran, dass Ihre Garderobe eine Botschaft vermittelt. Es ist also Vorsicht geboten – ein Armani-Anzug etwa, so schön er auch sein mag, erweckt bei den Frauen (fälschlicherweise!) den Eindruck, dass bei Ihnen das Geld locker sitzt und man Ihnen alles Mögliche aus dem Kreuz leiern kann. Topmodisch gekleidet heben Sie sich zwar von der Masse ab, es könnte allerdings sein, dass Sie nicht ernst genommen werden oder damit die eine oder andere Frau verunsichern, weil sie sich neben Ihnen womöglich spießig vorkommt.

Um jeden Preis vermeiden sollten Sie den klassischen Macho-Look (offener Hemdkragen, fette Goldhalsketten), sonst schlägt man Ihnen die Tür vor der Nase zu, ehe Sie überhaupt den Mund aufgemacht haben. Und kommen Sie um Himmels willen nicht auf die Idee, dieses Buch in der Gegenwart einer Frau zu konsultieren. Frauen stehen auf Spontaneität (oder wenigstens Originalität) und nicht auf auswendig gelernte Standard-Sprüche.

Wie wichtig ist mein Aussehen?

Nicht unerheblich, aber bei weitem nicht so wichtig, wie Sie vielleicht annehmen. Männer beurteilen Frauen in erster Linie nach ihrem Äußeren – Gesicht, Haare, Augen ... Okay, ich weiß, für so manch einen von Ihnen stehen Busen und Hintern ganz oben auf der Liste. Es ist nun mal eine Tatsache, dass wir Männer vor allem auf optische Reize reagieren, sei es nun positiv oder negativ. Da ist es nur natürlich, dass wir annehmen, das weibliche Geschlecht verwende dieselben Auswahlkriterien.

Tja, falsch gedacht. Für Frauen ist das Aussehen eines Mannes weit weniger wichtig als die Gefühle, die er ihnen vermittelt. Auf diese simple Erkenntnis stützen sich PAR – nicht zu Unrecht. Attraktivität (etwa in puncto Gesicht, Körper, Kleidung) wird Ihnen lediglich ein Vorsprechen bei einer Frau ermöglichen, mehr nicht. Nur wenn Sie einer Frau mit Worten und Taten Schmetterlinge in den Bauch zaubern, den Kopf verdrehen, den Atem rauben können, wird sie sich zu Ihnen hingezogen fühlen.

Falls Sie noch auf der Suche nach Ihrem persönlichen Stil sind, dann entscheiden Sie sich am besten für »lässig-elegant«: Ersetzen Sie die Khakis durch eine schwarze Designerhose und das Poloshirt durch ein schönes Hemd. Gehen Sie zu einem modernen Friseur anstatt zum Barbier um die Ecke. Dieses Outfit mag zwar keine Frau vom Hocker reißen, disqualifiziert Sie aber nicht schon von vornherein. Und nicht vergessen: Nicht die Kleider machen Leute, sondern die Ausstrahlung.

Parfüm

Bei diesem Thema gehen die Meinungen radikal auseinander. Mit folgenden Düften habe ich gute Erfahrungen gemacht:

- Gucci Nobile
- Armani (allerdings nicht Acqua di Gio)
- Fahrenheit von Christian Dior
- Aqua von Hugo Boss
- Black Jeans von Versace
- Fuck Oil von Dusty

Sollte ich mit dieser Auswahl auf Kritik stoßen, so ist das völlig in Ordnung. In einem Punkt sind sich jedoch alle erfolgreichen Verführungskünstler einig: Die Verwendung von Parfüm an sich bringt eindeutig Vorteile.

Denken Sie nur an Ihre eigene Reaktion auf den verführerischen Duft einer Frau. Wenn man bedenkt, dass Frauen im Allgemeinen eine viel sensiblere Nase haben als wir, dann können Sie sich lebhaft vorstellen, welche Wirkung Sie mit einem Rasierwasser bei einer Frau erzielen. Da sich Männer im Gegensatz zu Frauen überdies höchst selten den Luxus eines Parfüms leisten, werden Sie damit umso mehr hervorstechen. Ein unbezahlbarer Vorteil, für den Sie sich bei den zahlreichen Männern bedanken können, die es vorziehen, au naturel zu bleiben.

Besorgen Sie sich eine bekannte Marke – aus zweierlei Gründen:

1. Wenn Sie zufällig das Parfüm erwischen, das auch ihr Vater verwendet, kann sich das zu Ihrem Vorteil auswirken.
2. Frauen raten gerne, um welchen Duft es sich handelt. Somit liefert Ihnen Ihr Parfüm den idealen Einstieg in eine Unterhaltung über Kosmetik – ein Gebiet, auf dem sich Frauen gleich zu Hause fühlen. Wenn sie richtig geraten hat, ist zudem gleich eine gemeinsame Basis hergestellt.

Mir geht es hier aber nicht darum, Ihnen zu einem bestimmten Duft zu raten. Diese Entscheidung liegt ganz bei Ihnen. Eines kann ich Ihnen allerdings versichern: Wenn Sie sich nicht groß Gedanken über Ihr Parfüm und den erwünschten Effekt auf Ihre »Beute« machen, dann zeugt das definitiv von einem Mangel an Liebe zum Detail. Dabei sind es bei der Verführung einer Frau – genau wie in allen anderen Künsten – gerade die Kleinigkeiten, die den großen Unterschied machen.

4. Gebot: Treten Sie selbstbewusst auf

Selbstvertrauen ist die allerwichtigste Eigenschaft eines Alpha-Männchens. Selbstvertrauen, das bedeutet, dass Sie jederzeit zuversichtlich auf das andere Geschlecht zugehen können, weil Sie, noch ehe Sie eine Frau kennen gelernt haben, bereits wissen, dass Sie der perfekte Partner für sie sind. Als Alpha-Mann fragen Sie sich nicht, ob Sie gut genug für eine Frau sind, sondern umgekehrt, ob die Betreffende gut genug für Sie ist. Sie gehen nicht mit Ihren Vorzügen hausieren, sondern prüfen vielmehr das Angebot.

Und nun, da Sie wissen, was Selbstvertrauen ist, vergessen Sie das Wort einfach. Tun Sie so, als hätten Sie noch nie davon gehört. Wenn Sie sich nämlich vornehmen, selbstsicher aufzutreten, dann wirken Sie nur umso nervöser und unsicherer. Ein echter Alpha-Mann macht sich mit derart unerschütterlicher Zuversicht auf die Suche nach sexuellen Abenteuern, dass ihm das Wort Selbstvertrauen gar nicht in den Sinn kommt. Sich ganz natürlich zu geben und dabei so toll zu fühlen, dass man überhaupt keinen Gedanken an das Thema Selbstvertrauen verschwendet, das ist der Gipfel an Selbstvertrauen. Mit einer derart entspannten, positiven Grundeinstellung werden Sie auf jede Frau wirken wie das Selbstbewusstsein in Person.

Statt zu denken: »Sei selbstbewusst! Sei selbstbewusst! Sei selbstbewusst!«, ehe Sie eine Frau ansprechen, sollten Sie sich lieber folgendes Mantra aufsagen: »Ich bin das Beste, was dieser Frau jemals passiert ist. Ich liefere ihr die Chance auf eine großartige Erfahrung.« Stellen Sie sich vor, dass sie dank der Empfindungen, die Sie bei ihr hervorrufen werden, eine Gänsehaut bekommt. Wenn Sie wollen, können Sie sich auch kurz ausmalen, wie Sie sie zum Orgasmus bringen. Aber verzetteln Sie sich nicht. Gehen Sie einfach auf sie zu und bieten Sie ihr das aufregendste Abenteuer ihres Lebens.

5. Gebot: Legen Sie sich die richtige Einstellung zu

In jedem Club und jeder Disco können Sie Männer beobachten, die untätig in der Nähe der Tanzfläche herumlungern, Mädchen anspannen und darauf warten, dass ein Wunder geschieht. Diese Typen denken: »Wenn ich lange genug hier herumstehe, wird sich schon etwas ergeben.« Eine lachhafte Vorstellung. Ich nenne diese Versager die »zum Tode Verurteilten«, und zu denen wollen Sie natürlich unter keinen Umständen gehören.

Doch warum benehmen Sie sich dann selbst wie einer dieser armseligen Clowns – nicht nur im Nachtclub, sondern auch im täglichen Leben? Fallen Ihnen all die schönen Frauen, die Ihnen Tag für Tag begegnen, überhaupt auf? Legen Sie es auf Blickkontakt an? Oder beschränken Sie sich darauf, ihnen auf den Hintern zu starren, wenn Sie sich unbeobachtet fühlen, nur um sich abzuwenden, sobald sich die Betreffende umdreht? Manche Männer rechtfertigen dieses Verhalten mit Furcht, andere mit Gleichgültigkeit. Wie dem auch sei, es macht Sie automatisch zum Todeskandidaten. Wenn Sie die Tatsache, dass Sie jede Minute Ihres Lebens von schönen Frauen umgeben sind, nicht nutzen, dann sind Sie keinen Deut besser als die Spanner am Rande der Tanzfläche. Wie die gehen Sie alleine nach Hause, wo Sie sich mit all den schönen Frauen vor Ihrem geistigen Auge wieder einmal mithilfe Ihrer »fünf Freunde« Erleichterung verschaffen.

Das muss nicht sein! Wagen Sie sich schleunigst aufs Parkett, sowohl in der Disco als auch tagsüber. Machen Sie sich, schon bevor Sie Ihre Wohnung verlassen, bewusst, dass Sie im Begriff sind, einer schönen Frau zu begegnen. Bereiten sie sich mental darauf vor, damit Sie im entscheidenden Moment mehr tun können, als ihr auf den Hintern zu starren und zu hoffen, nicht dabei ertappt zu werden.

6. Gebot: Beherzigen Sie die Drei-Sekunden-Regel

Die Drei-Sekunden-Regel ist ein altes PAR-Geheimnis und möglicherweise das Wichtigste, was Sie von mir lernen werden.

Sie besagt, dass Sie, sobald Ihnen eine mögliche Wunschfrau ins Auge sticht, stets binnen drei Sekunden in Aktion treten müssen. Wenn Sie auch nur eine Sekunde länger zögern, können Sie es gleich vergessen und sich ein neues Opfer suchen.

Halten Sie sich auch dann an die Drei-Sekunden-Regel, wenn Ihnen noch keine Einleitung für ein Gespräch eingefallen ist. Es gilt, die Aufmerksamkeit der Frauen zu erregen und einen guten ersten Eindruck zu machen! Wer sich an die Drei-Sekunden-Regel hält, beweist Courage; er ergreift die Initiative, ist gewillt, ein Risiko einzugehen. Das kann nur zu seinem Vorteil gereichen.

Wer sich dagegen länger Zeit lässt, gerät entschieden ins Hintertreffen. Es wirkt schwach und unsicher statt spontan und mutig, wenn Sie selbst nach ausgiebigem Blickkontakt noch zögern, eine Unterhaltung anzuleiern. Außerdem geben Sie der Frau damit Zeit und Gelegenheit, sich eine Meinung über Sie zu bilden – und zwar eine negative: Der ist genau so feige und zaghaft wie alle anderen Weicheier.

Dabei bringt Ihnen das Abwarten rein gar nichts, im Gegenteil: Je länger Sie zögern, desto eher zweifeln Sie an sich selbst, bis Ihnen jede Menge Gründe eingefallen sind, die Frau nicht anzusprechen.

Das ist der dritte Vorteil der Drei-Sekunden-Regel: So bekommen Sie keine Gelegenheit, die Situation zu überdenken. Für Schwitzen, Zittern oder Stottern (alles typisch DFL) bleibt Ihnen zunächst gar keine Zeit. Natürlich kann es passieren, dass Sie, wenn Sie ein Anfänger sind oder es mit einer überaus attraktiven Frau zu tun haben, plötzlich mitten im Gespräch stocken oder anfangen zu schwitzen, aber zu diesem Zeitpunkt haben Sie bereits den Fuß in der Tür. Der gute erste Eindruck hält viel länger als der Schweiß an Ihren Händen. Außerdem haben Sie gute Chancen, während der Unterhaltung von zittrigen Knien verschont zu bleiben, wenn Sie von Anfang an alles richtig gemacht haben.

Und keine Sorge: Nach den ersten paar Anwendungen der Drei-Sekunden-Regel lernen Sie, sich bereits auf dem Weg zum Objekt Ihrer Begierde einen guten Aufhänger für das Gespräch zurechtzulegen.

7. Gebot: Spielen Sie nie den netten Kerl

Die Streitfrage »netter Kerl oder böser Bube?« spaltet seit jeher die Männerwelt. Ein netter Kerl, zuvorkommend, freundlich, zärtlich, aufmerksam und romantisch, hat meist ungleich mehr »weibliche Kumpels« als Sexpartnerinnen. Er kann die ganze Nacht mit einer schönen Frau plaudern, und kaum verschwindet er kurz auf der Toilette, lässt sie sich von irgendeinem Casanova abschleppen.

Die bösen Buben kriegen die Frauen, das ist eine Tatsache. Aus diesem Grund nehmen die meisten Menschen an, ein Flirtratgeber wie der vorliegende müsste Männer lehren, sich in böse Buben zu verwandeln. Wissen Sie was? Das ist völlig richtig.

Allerdings muss ich hinzufügen, dass die meisten – oder sagen wir, all jene, die nicht mit den Spielregeln vertraut sind, eine ganz falsche Auffassung von den Begriffen »netter Kerl« und »böser Bube« haben. Sie denken bei dem Begriff böser Bube an einen arroganten, aggressiven, unhöflichen, egoistischen, sexbesessenen Muskelprotz, dem die Frauen, mit denen er schläft, allesamt gleichgültig sind. Was nicht den Tatsachen entspricht – aber selbst ich muss zugeben, dass so einer in neun von zehn Fällen das Glück hat, sich oben im Schlafzimmer mit einer Braut zu vergnügen, während der nette Kerl mit einem vor sich hinwelkenden Strauß Blumen draußen vor der Tür im Regen steht.

Wie kommt das? Es liegt nicht daran, dass Frauen prinzipiell auf rüpelhafte, gedankenlose Typen stehen. Im Gegenteil – sie bevorzugen eindeutig Höflichkeit und Aufmerksamkeit. Das Problem liegt in der Präsentation: Die netten Kerle sind der Ansicht, sie müssten ihre Sexualität ausschalten, um liebenswürdig und romantisch zu erscheinen. Sie unterdrücken ihr Begehren, aus Angst, damit Anstoß zu erregen, und wirken infolgedessen asexuell und androgyn, unmännlich und schwächlich.

Ihr vermeintliches Desinteresse verwirrt Frauen (»Findet er mich denn gar nicht attraktiv?«) und führt im schlimmsten Fall dazu, dass sie jeden Respekt verlieren. Und damit ist der Ofen aus.

Frauen wollen spüren, dass sie begehrt werden. Um ihnen das deutlich zu machen, müssen Sie zu Ihrer Sexualität stehen und sich mit dem Thema allgemein anfreunden. Damit schaffen Sie erstens eine solide Basis und nehmen ihnen zweitens die Angst, ihr Begehren könnte womöglich nicht erwidert werden. Was ist falsch daran, einer Frau zu signalisieren, dass Sie sie attraktiv und erregend finden, oder ohne Umschweife zuzugeben, dass Sie wie jeder andere Mensch gerne Sex haben? Ganz recht, nichts!

Das ist es, was böse Buben den netten Kerlen voraushaben: Sie bekennen sich zu ihrer Sexualität. Genau das reizt die Frauen an ihnen. Frauen haben schließlich dieselben Bedürfnisse – und sie sind auf der Suche nach einem Partner, der genügend Selbstvertrauen hat, um diese Bedürfnisse zu befriedigen.

Seien Sie also nach Herzenslust galant, aufmerksam, romantisch und rücksichtsvoll (Sie werden im Laufe Ihrer Lektüre noch lernen, diese Eigenschaften bestmöglich einzusetzen), aber vergessen Sie darüber nicht, Ihr zu zeigen, dass Sie mit ihr in die Kiste wollen.

Ein PAR wird meist von zwei Gruppen als böser Bube eingestuft: von den Männern, denen er die Frauen ausspannt, und von den Frauen, die der Meinung sind, er hätte sie angelogen und behandelt wie Dreck. Die Männer können Sie getrost vergessen – das sind alles Verlierer. Bei den Frauen sollten Sie dagegen sehr auf Ihren Ruf achten. Hüten Sie sich vor Lügen. Falls Sie mehrere Geliebte haben oder nur auf einen One-Night-Stand aus sind, dann sagen Sie ihr das – bevor Sie mit ihr ins Bett gehen. Und wenn Sie einer Frau versprechen, anzurufen, dann tun Sie es auch. Ausnahmslos immer.

8. Gebot: Verzichten Sie auf herkömmliche »Dates«

Vielleicht schwebt ja dem einen oder anderen meiner geneigten Leser ein klassisches Date mit einer attraktiven Frau vor, die ihn respektiert und begehrt und ihre Augen nicht von ihm abwenden kann ... ein romantisches Dinner for two bei Kerzenschein ...

Tja, mein Lieber, wenn Sie ein erfolgreicher PAR werden oder auch einfach nur die Frau Ihrer Träume erobern wollen, dann verabschieden Sie sich lieber gleich von dieser Vorstellung. Zumindest vorerst.

> **Preisfrage: Was ist der größte Fehler, den Sie beim Flirten machen können?**
>
> Eine Frau auf ein Getränk einladen. Damit senden Sie garantiert jede erdenkliche falsche Botschaft aus: Verzweiflung, Freigiebigkeit, Schwäche ... und abgesehen davon ist es das schlimmste Klischee seit der Erfindung des Flirts. Ich kann es gar nicht oft genug wiederholen: Zücken Sie für eine Frau erst die Brieftasche, nachdem sie Ihnen eine entsprechende Leistung geboten hat.

Es gibt Millionen und Abermillionen bessere Möglichkeiten, eine Frau kennen zu lernen: treiben Sie gemeinsam Sport, leihen Sie sich ein Video aus oder verabreden Sie sich mit ihr zum Kaffee. Aber vermeiden Sie unbedingt das Wort »Date« und übernehmen Sie um Himmels willen nicht die gesamte Rechnung. Wenn sie sich weigert, ihren Anteil zu bezahlen, servieren Sie sie ab. Dann hatte sie es nur auf das Gratisgetränk abgesehen. Gehören Sie etwa zu den Männern, die für Sex bezahlen? Ich glaube nicht.

Wann ist denn nun der geeignete Zeitpunkt für ein echtes Date? Ganz einfach: Nachdem Sie mit ihr geschlafen haben. Eine richtige Verabredung mit Ihnen ist ein Privileg; eine Belohnung; und damit basta.

9. Gebot: Lassen Sie sich nicht entmutigen

»Der Unterschied zwischen Gewinnern und Verlierern ist, dass Verlierer nicht oft genug versagen.«

Ross Jeffries (www.seduction.com)

Eins gleich vorweg: Sobald Sie dieses Buch gelesen und die darin enthaltenen Ratschläge verinnerlicht haben, werden Sie so gut wie nie mehr einen Korb bekommen. Warum? Nun, weil Sie nicht mehr den Fehler begehen werden, einen schmalzigen Aufreißspruch zu bringen, aus heiterem Himmel um einen Tanz zu bitten oder einer Frau die Gelegenheit zu liefern, Sie auf der Stelle abblitzen zu lassen. Dank dieser Lektüre sind Sie nämlich in der Lage, die Zeichen richtig zu deuten und den Schleudersitz zu betätigen, ehe Sie abgeknallt werden – und dann ist sie es, die eine Bruchlandung hinlegt.

Am Anfang jedoch und gelegentlich auch später noch werden Sie Niederlagen einstecken müssen. Nehmen Sie's nicht persönlich. Nur weil eine Frau Sie im Augenblick nicht erhören will, müssen Sie sie nicht unbedingt für immer abschreiben. Vielleicht haben Sie es falsch angepackt oder sich nicht genügend ins Zeug gelegt. Möglicherweise war sie schlechter Laune – oder sie hat einen Freund und wollte Sie abwimmeln, ehe Sie sie davon überzeugen konnten, ihn zu betrügen.

Sie könnte ihre Meinung immer noch ändern, in ein paar Stunden oder an einem anderen Abend. Und wenn sie es nicht tut, kann Ihnen das eigentlich völlig egal sein. Sie ist letztlich diejenige, die eine fantastische Gelegenheit verpasst. Sie wollten sie mit einem Erlebnis der Sonderklasse beglücken und sie hat abgelehnt. Die Ärmste.

»Ich hole mir keine Abfuhren; ich teste,
ob eine Frau einen guten Geschmack hat oder nicht.«

Ross Jeffries (www.seduction.com)

Tatsache ist, selbst die besten PAR müssen Niederlagen einstecken. Stellen Sie sich vor, Sie hätten eine Erfolgsquote von über fünfzig Prozent – das würde bedeuten, dass jede zweite Frau Ja sagt und mit Ihnen schläft! Glauben Sie mir, das ist unrealistisch. Eine derartige Glückssträhne hält vielleicht eine Woche, einen Monat oder einen Sommer lang an, aber auf lange Sicht kann man dieses Tempo gar nicht durchhalten.

Der Schlüssel zum Erfolg ist der richtige Umgang mit der Zurückweisung. Sie sollten sich von einer schlechten Erfahrung nicht aus der Fassung bringen oder das Selbstbewusstsein ruinieren lassen, sondern versuchen, ihr etwas Positives abzugewinnen: Jedes Mal, wenn Sie abblitzen, lernen Sie etwas dazu. Mit anderen Worten: Wann immer eine Frau Sie abweist, kommen Sie Ihrem Ziel ein Stück näher.

Laut PAR Johnny Shack gibt es nur drei Gründe für eine Zurückweisung:

1. Sie ist ihrem Freund treu (hat also nichts mit Ihnen zu tun).
2. Sie steht auf Ihren Begleiter (auch keine Schande, schließlich ist er ebenfalls ein PAR).
3. Es mangelt ihr an Selbstbewusstsein. Ob Sie es glauben oder nicht, viele Frauen wimmeln Männer ganz automatisch ab, weil sie nicht selbstsicher genug sind, um Ja zu sagen (wiederum nicht Ihr Problem – auf zur nächsten Kandidatin).

Egal, ob der liebe Johnny recht hat oder nicht, rufen Sie sich diese drei Punkte in Erinnerung, wann immer Ihr Selbstvertrauen zu schwinden droht. Und nicht vergessen: Sie ist diejenige, die etwas verpasst.

Wer nicht wagt, kann schließlich auch nicht gewinnen, also geben Sie nicht auf und messen Sie weder Ihren Erfolgen noch

Ihren Misserfolgen allzu viel Bedeutung bei. Eine Abfuhr ist kein Grund, lange Trübsal zu blasen. Nicht Sie sind der Verlierer, sondern die Frau, die kein Interesse zeigt und offenbar nicht ahnt, was ihr entgeht. Begeisterungstürme aufgrund von positiver Resonanz sind übrigens genauso unangebracht. Es geht einfach um Sex. Ein aufregendes Liebesabenteuer macht noch lange keinen Gewinner fürs Leben aus Ihnen.

Verstehen Sie mich nicht falsch – eine Abfuhr ist nicht immer leicht wegzustecken. Für die meisten Männer besteht genau hierin die große Schwierigkeit bei der Verwandlung vom DFL zum PAR. Deshalb finden Sie im nächsten Abschnitt eine Menge praktischer Tipps, die Ihnen helfen werden, derartige Rückschläge gelassen hinzunehmen und aus Ihrem Gedächtnis zu streichen. Sobald Sie gelernt haben, mit Absagen umzugehen, wird sich alles andere ganz automatisch ergeben: Selbstvertrauen, Einstellung, Ausstrahlung. Wer Abfuhren lässig-nonchalant wegsteckt, darf sich mit Fug und Recht ein Alpha-Männchen nennen.

10. Gebot: Legen Sie die Scheuklappen ab

Ich bin mir dessen bewusst, dass viele meiner Leser zu diesem Buch gegriffen haben dürften, damit sie endlich den Mut aufbringen, das hübsche Traummädchen anzusprechen, das ihnen jeden Tag im Café begegnet. Tja, so wird das leider nicht klappen. Das ist nämlich die grundfalsche Einstellung.

Nur auf eine einzige Frau fixiert zu sein, Tag und Nacht an sie zu denken, sich immer wieder auszumalen, wann, wie und wo Sie das erste Mal mit ihr reden und sie dazu bringen, Sie sympathisch zu finden – das nennt man Verzweiflung. Und die merkt man Ihnen an. *Sie* wird sie Ihnen anmerken, bewusst oder unbewusst. Und nichts finden Frauen abstoßender als einen verzweifelten Kerl.

Wenn Sie von einer Frau derart besessen sind, dann fangen Sie an, krankhaft jede Handlung, jedes Wort Ihres Traummädchens zu analysieren und jedes Detail mit sich selbst in Verbindung zu bringen. Das Resultat: Verwirrung, Frust, Furcht. Ihre Selbstsicherheit ist dahin, und dahin auch jede Chance, sich ihr von der positiven, zuversichtlichen Seite zu präsentieren.

Ihre Besessenheit wird nicht nur Sie zum Wahnsinn treiben, sie hat auch gravierende Auswirkungen auf das Objekt Ihrer Begierde. Sobald eine Frau wittert, dass ein Mann ganz verrückt nach ihr ist und jede ihrer Bewegungen verfolgt, wird sie in seiner Gegenwart befangen. Im schlimmsten Fall bekommt sie es mit der Angst zu tun und geht ihm künftig aus dem Weg.

Nun fragen Sie sich vielleicht: Was, wenn sie sich zu ihm ebenso hingezogen fühlt? Es wäre doch möglich, dass sie, wenn sie merkt, dass er auf sie steht, aber nicht genug Mut hat, sie anzusprechen, ein positives Signal aussendet. Damit ließe der Druck nach und das Happyend wäre quasi vorprogrammiert. Ja, wäre es nicht sogar denkbar, dass sie den ersten Schritt macht, wenn der Mann seine Schwäche für sie nur deutlich genug zeigt?

Ist Ihnen überhaupt bewusst, was für einen erbärmlichen Schwachsinn Sie da von sich geben? Denken Sie an das erste Gebot: Niemals die Zügel aus der Hand geben! Sie müssen die Situation unter Kontrolle haben, andernfalls besteht keinerlei Aussicht auf Erfolg.

Zweitens: Angenommen, Ihre Angebetete gibt Ihnen ein Zeichen, würden Sie es ohne jeden Zweifel erkennen? Wenn nicht (was sehr wahrscheinlich ist), hätten Sie erneut einen Grund, um die Kontaktaufnahme hinauszuschieben.

Hier ein guter Rat für alle Männer, die dermaßen auf eine einzige Frau fixiert sind, dass sie allein den Gedanken an eine Abfuhr von ihr nicht ertragen können (typisches DFL-Verhalten): Schlafen Sie mit mindestens zehn anderen Frauen. Danach werden Sie nicht mehr derart besessen von ihr sein und in ihrer Gegenwart viel weniger verkrampft wirken. Falls Sie zum ersten

Mal verliebt sind oder dieses Buch nur ihretwegen gekauft haben, sollten Sie sogar mit mindestens zwanzig Frauen schlafen. Erst dann haben Sie sich die richtige Einstellung antrainiert, um ihre Traumfrau in PAR-Manier zu erobern. Und wer weiß, vielleicht kommen Sie ja, nachdem sie mit zwanzig anderen Frauen im Bett waren, zu dem Schluss, dass Sie sich gar nicht mehr nur auf diese eine beschränken wollen. Sollte sie trotz allem noch Ihre Traumfrau sein, dann herzlichen Glückwunsch. Dank meiner Tipps und Ihrer Erfahrung wird sie bestimmt schon bald in Ihre Arme sinken.

Doch ehe es soweit ist, gilt es wie gesagt, mindestens zwanzig andere Bräute aufzugabeln. Wie Sie das am besten bewerkstelligen, lernen Sie in den kommenden Kapiteln.

Und nicht vergessen ...

Betrachten Sie sich als Gourmet-Koch, der den Frauen einen Einblick in die Speisekarte gewährt, einen kurzen Vorgeschmack bietet ... mit der Option, sich das gesamte Menü zu Gemüte zu führen, sofern sie ihre Trümpfe richtig ausspielen.

Ein DFL betrachtet Frauen als »Güter«, die er sich mithilfe von Kinokarten, Einladungen zum Essen oder Geschenken anzueignen versucht. In Wirklichkeit ist es genau umgekehrt: Sie sollten sich um- und erwerben lassen, und zwar beileibe nicht von jeder x-beliebigen, sondern von einer exklusiven Gruppe potentieller Kundinnen. Sie haben es nicht nötig, hausieren zu gehen oder gar Druck auszuüben. Sie wissen, was Sie zu bieten haben – falls kein Interesse besteht, ist das nur für die betreffende Frau wirklich schade. Die nächste wird nur zu gern dabei sein.

Ohne ein klein wenig Reklame bleiben Sie allerdings auf Ihren »Köstlichkeiten« sitzen. Verteilen Sie daher Kostproben, indem Sie Persönlichkeit und Werte demonstrieren. Aber nicht zu viel auf einmal! Sie sind ein hochwertiges Produkt und können einen entsprechenden Preis verlangen.

II. Grundsätzliches

Die Wahrheit über Frauen

Es heißt, um mit einem Mann auszugehen, müsste eine Frau total auf ihn stehen, ja, geradezu verrückt nach ihm sein. Lassen Sie sich von solchen Schauermärchen nicht entmutigen! Sie entsprechen nämlich nicht im Geringsten der Wahrheit. Sie werden feststellen, dass Frauen die Avancen eines Mannes in den meisten Fällen billigen (wenn auch nicht gleich bis zur letzten Konsequenz), vorausgesetzt, sie finden ihn halbwegs attraktiv und vor allem interessant.

Tatsache ist: Die Mehrheit der Singlefrauen fühlt sich einsam. Wie oft kommt es vor, dass sich ein Mann einer Frau mit der Absicht nähert, sie um eine Verabredung zu bitten, aus unerfindlichen Gründen dann aber doch davor zurückschreckt; insbesondere, wenn er es mit einem ausnehmend attraktiven Exemplar der weiblichen Spezies zu tun hat. Danken wir also jedem einzelnen DFL dort draußen, der dafür gesorgt hat, dass sich diese Frauen nach einem richtigen Kerl sehnen, der sich angesichts ihrer Schönheit nicht in die Hosen macht. Bringt so ein Alpha-Typ (Sie zum Beispiel) dann den Mut auf, ihr einen romantischen Abend zu zweit vorzuschlagen, so nehmen die meisten gerne an, auch wenn Sie (noch) nicht ihr Traumprinz sind.

Es geht noch ein weiteres Gerücht um: Dass Frauen sehr gut ohne Männer (oder Sex) auskämen. Auch das ist falsch! Frauen lieben Romantik. Sie wünschen sich einen Partner, den sie küssen und umarmen können und der mit ihnen ins Kino geht. Sie sehnen sich danach, im Sturm erobert zu werden.

Doch sie sind auch auf der Hut, weshalb der erste Eindruck von ihnen meistens täuscht. Lassen Sie sich dadurch aber nicht von Ihren Plänen abbringen! Viele Frauen verhalten sich ganz absichtlich abweisend. Die »Finger weg oder ich reiße dir den Kopf ab«-Masche dient einerseits zum Schutz vor einem gebrochenen Herzen und andererseits zum Aussieben. Auf diese Weise bleiben sie von all jenen bettelnden DFL verschont, die keinen blassen Schimmer vom Umgang mit Frauen haben und sich von jeder noch so kleinen Herausforderung abschrecken lassen.

Keine Sorge also, in den meisten Fällen handelt es sich nur um einen Schutzschild und keine komplette Rüstung. Hinter der kühlen, abweisenden Fassade verbirgt sich oft ein höchst romantisches Herz. Wenn Sie zuversichtlich auf sie zugehen und nicht gleich beim ersten Nein die Flucht ergreifen, macht sich das bezahlt. Seien Sie ruhig ein bisschen hartnäckig und denken Sie immer daran, dass der erste Schritt in Richtung Verführung immer der wichtigste ist. Sie müssen nur den Fuß in die Tür bekommen, den Schutzschild beiseite schieben, dann haben Sie das Rennen schon so gut wie gewonnen.

Um es auch erfolgreich ins Ziel zu schaffen, sollten Sie die Gedanken Ihrer Auserwählten im Laufe der anfangs harmlosen Unterhaltung unmerklich in Richtung Sex dirigieren, sodass sich ihr Bild von Ihnen allmählich wandelt, bis sie Sie nicht mehr nur als netten Gesprächspartner betrachtet, sondern als potentiellen Bettgenossen. Ist es Ihnen schon einmal passiert, dass Sie eine Frau sympathischer fanden, als sie plötzlich Interesse an Ihnen signalisierte? Im Grunde genommen läuft es beim Flirten nicht anders: Sie schleichen sich in ihre Gedanken ein und lenken diese dann auf das Thema Sex. Und schon haben Sie bei ihr eine Chance!

Das Ziel des Flirtens besteht nicht darin, sie stante pede flachzulegen, obwohl auch das zuweilen vorkommt (ich werde Ihnen noch verraten, woran man die dafür empfänglichen Frauen erkennt). Aber in den meisten Fällen haben Sie Ihr Ziel praktisch schon erreicht, wenn sie Ihnen ihre Telefonnummer gibt.

An diesem Punkt sollten Sie nun schleunigst einen Abgang machen, damit Ihnen der Fisch nicht mehr vom Haken flutschen kann. Aber für Ihren Erfolg spielt noch ein anderer Faktor eine wichtige Rolle: Die Aussicht auf eine Verabredung mit einem Fremden ist eine höchst aufregende. Die »Alles ist möglich«-Atmosphäre sollte es Ihnen erleichtern, die Frau umzustimmen. Geben Sie ihr also das Gefühl, sämtliche Warnungen in den Wind zu schlagen, wecken Sie in ihr den Drang, etwas Verwegenes zu tun, das sie normalerweise nicht tun würde!

Höchste Ansprüche

Selbst für die blutigen Anfänger in Sachen Verführung gilt: Steuern Sie unter allen Umständen stets nur die attraktivsten Frauen an! Das ist eine verbindliche Regel, die niemals gebrochen werden darf. Sie können die Liste meinetwegen von oben nach unten durcharbeiten, aber umgekehrt wird es nicht funktionieren. Welche schöne Frau wird sich noch von Ihnen aufreißen lassen, nachdem Sie bei einer hässlichen Konkurrentin abgeblitzt sind? Richtig. Keine.

Nun fühlen Sie sich vermutlich unter Druck gesetzt und denken: »Warum sollte eine super-attraktive Frau ausgerechnet mit mir zusammen sein wollen?« Doch was bringt es Ihnen, Ihr Glück bei einer weniger Begehrenswerten zu versuchen? Glauben Sie, Sie hätten bei einer, die seltener angemacht wird, die besseren Chancen? Hoffen Sie, dass sie sich aus reiner Verzweiflung willig zeigen wird? Oder geht es darum, dass Sie sich mit einer Frau, die »in Ihrer Liga spielt«, einfach wohler fühlen würden?

Wie dem auch sei, ich kann Ihnen versichern, dass Sie sich irren. Erstens sind Sie gut genug für jede noch so schöne Frau dort draußen – und wenn Sie davon nicht überzeugt sind, können Sie gleich ins Schlafzimmer abdampfen und sich einen runterholen. Es geht nicht um Aussehen oder Geld. Sie sind genau der Mann, der ihr liefern kann, was sie will: Spaß.

Zweitens sind attraktive Frauen nicht schwieriger aufzureißen als hässliche. *Alle* Frauen lieben Romantik und wollen das Gefühl haben, etwas Besonderes zu sein, und nur sehr wenige sind zufrieden mit dem, was sie haben oder bekommen. Schöne Frauen stehen oft im Mittelpunkt des Interesses, aber sie flößen Männern auch einen Heidenrespekt ein, sodass kaum einer es jemals wagt, sie um eine Verabredung zu bitten.

Mit anderen Worten: Wenn Sie unnahbar erscheint, dann höchstwahrscheinlich nicht nur auf Sie, sondern auch auf alle anderen Kerle. Das bedeutet, dass sie vermutlich solo ist. Also, worauf warten Sie noch?

Frauen ansprechen – immer und überall

Sie fühlen sich in der Gegenwart einer schönen Frau noch ein wenig befangen? Das ist im Anfangsstadium völlig in Ordnung. Niemand verwandelt sich über Nacht vom DFL zum PAR. Aber auch die Evolution vom Fisch zum Säugetier begann mit einem ersten Ausflug an Land.

Voraussetzung Nummer eins für die Entwicklung vom schwitzenden, stotternden DFL zum souveränen, weltgewandten PAR ist natürlich Erfahrung. Ich kann hunderte Regeln aufzählen und Ihnen Tausende von Tipps geben, aber worauf es beim Flirten wirklich ankommt, das ist die Intuition. Und die stellt sich eben nur beim Training am lebenden Objekt ein.

Erfolg beim weiblichen Geschlecht erfordert also nebst Selbstvertrauen ein intuitives Gespür dafür, was Frauen fühlen. Um dieses Gespür zu entwickeln, müssen Sie mit Frauen reden – immer und überall, sei es im Park oder Bus, bei McDonalds, im Supermarkt, an der Tankstelle, beim Kegeln, am Flughafen und im Waschsalon. Egal, wo Sie hingehen, überall werden Ihnen schöne Frauen über den Weg laufen – seien Sie jederzeit bereit, sie anzusprechen. Um zum erfahrenen PAR mit massenhaft Flirttricks im Ärmel zu avancieren, sollten Sie jede Woche mit mindestens fünfzig Ihnen unbekannten Frauen anzubandeln versuchen. Und das ist das absolute Minimum – je mehr, desto besser.

Nehmen Sie sich abends oder am Wochenende ein paar Stunden Zeit, um jede einzelne schöne Frau anzuquatschen, die Ihnen begegnet. Und damit meine ich wirklich ausnahmslos jede, ganz gleich, wie einschüchternd sie wirken mag oder wie peinlich Ihnen die Situation erscheint. Wenn Sie sich nicht zwingen, lernen Sie es nie – und legen auch keine Frauen flach.

Sie brauchen noch etwas Unterstützung? Keine Sorge, ich begleite Sie Schritt für Schritt auf dem Weg vom schüchternen Neuling zum Verführer (oder zumindest zum versierten Unterhalter). Aber erst gilt es noch einige wichtige Basics abzuklären.

Carpe diem!

Angenommen, eine Frau signalisiert Interesse an Ihnen, weil Sie ein cleverer, gut situierter, selbstbewusster Alpha-Typ sind. Das kann eine Arbeitskollegin sein oder eine Nachbarin, eine Kommilitonin oder die Kassiererin in Ihrem bevorzugten Sandwich-Shop.

Lassen Sie diese Gelegenheit nicht ungenutzt verstreichen! Sie sind ihr bereits sympathisch, also starten Sie Ihren Feldzug, ehe sie womöglich auf einen Ihrer Konkurrenten aufmerksam wird. Selbst ohne potentielle Nebenbuhler (aber wer kann es schon mit Ihnen aufnehmen?) ist nicht ausgeschlossen, dass ihr Interesse aus unerfindlichen Gründen schwindet.

Körpersprache: Hinweise auf Interesse

Ich selbst glaube nicht an das Konzept der Körpersprache. Falls eine Frau im Augenblick nicht an Ihnen interessiert ist, bedeutet das lediglich, dass Sie noch etwas Arbeit investieren müssen, um ihre Neugier zu wecken. Das Einzige, das zählt, ist, ob Sie Interesse an ihr haben. Ich verstehe allerdings, dass es eine Weile dauert, sich diese Denkweise anzueignen. Deshalb hier eine Art Spickzettel für alle Einsteiger, basierend auf einer Liste von Don Steele, damit Sie schon von weitem erkennen, ob Sie Chancen haben oder nicht.

Interesse:	Kein Interesse:
Seitenblicke aus dem Augenwinkel	Keine verstohlenen Seitenblicke
Wiederholte Blicke	Rascher Blickkontakt
Kurzer Blickkontakt	Wendet Blick rasch ab
Schlägt die Augen nieder und wendet den Blick ab	Wendet den Blick ab, ohne die Augen niederzuschlagen
Haltung plötzlich aufrechter	Haltung unverändert
Nesteln an Haar oder Kleidung	Kein Zupfen oder Nesteln
Wendet sich Ihnen zu	Wendet sich von Ihnen ab
Schief gelegter Kopf	Gerade Kopfhaltung
Leicht verengte Augen	Augen unverändert
Lächeln	Kein Lächeln
Imitiert Ihre Pose	Imitiert Ihre Pose nicht
Leuchtende Augen	Augen unverändert
Leckt sich die Lippen	Keine Zunge zu sehen
Streckt Brust heraus	Hängende Schultern

Beenden Sie also ihre Qualen und kommen Sie ihr entgegen.

Vermeiden Sie es jedoch, wieder in alte DFL-Gewohnheiten zurückzufallen. Das ist der Hauptgrund für das »Ich fand ihn nett, bis er anfing, mich nett zu finden«-Phänomen. Auch wenn eine Frau von sich aus Interesse signalisiert, gelten dieselben Regeln. Halten Sie sich daran! Demonstrieren Sie Selbstbewusstsein und überzeugen Sie sie mithilfe der Techniken aus diesem Buch davon, dass Sie ihr Traummann sind. Verlieren Sie keine Zeit.

Warten Sie weder auf die »perfekte Gelegenheit«, sie anzusprechen, noch darauf, dass sie den ersten Schritt macht. Sie wird es nicht tun, sondern stattdessen zu dem Schluss kommen, dass Sie a) kein Interesse haben oder, schlimmer noch, b) ein Feigling und Versagertyp sind, der nicht wagt, sich zu nehmen, was er haben will.

Sie fürchten, dass sie gar nicht wirklich Interesse hat; dass die vermeintlichen Hinweise nur ein Produkt Ihrer Fantasie oder reine Freundlichkeit sind? Schämen Sie sich! Jetzt denken Sie wie ein echter DFL. Verleugnen Sie niemals die Tatsachen, weil Sie eine Ausrede brauchen, um nicht in Aktion treten zu müssen. Glauben Sie mir: Wenn Sie irgendwelche Anzeichen registriert haben, dann sind die garantiert nicht Ihrer Einbildung entsprungen.

Der Mythos vom richtigen Timing

Über folgenden anonymen Rat stolperte ich kürzlich in einem Chatroom im Internet:

»Beim Sex mit Singlefrauen gilt das Motto ›Eile mit Weile‹ ... Riskieren Sie erst einen Kuss, wenn Sie sicher sind, dass Stimmung, Zeitpunkt und Ort passen, ansonsten lassen Sie es besser bleiben. Wenn sie wirklich Interesse hat, werden sich Ort und Zeit irgendwann automatisch ergeben.«

Oh je! Mit dieser Einstellung können Sie warten, bis Sie schwarz werden. Sie bestimmen, wie, wo und wann – nämlich genau jetzt! Sie richten sich nicht nach ihr. Ein Flirt zielt schließlich darauf ab, die Frau in eine derartige Erregung zu versetzen, dass sie am liebsten noch an Ort und Stelle über Sie herfallen würde. Senden Sie daher keine zweideutigen Signale aus. Natürlich sollten Sie nicht gleich mit der Tür ins Haus fallen, aber lassen Sie keinen Zweifel darüber aufkommen, worauf Sie hinauswollen.

Sie sind ein Mann. Sie haben sexuelle Bedürfnisse und die brauchen Sie nicht zu verleugnen. Ihr Mantra lautet: »Ich bin ein Mann. Ich will Sex und ich stehe dazu. Über Scheinheiligkeit und Prüderie kann ich nur lachen.« Falls eine Frau in Anbetracht dieses Mottos die Nase rümpft, müssen Sie sich bei ihr eben ganz besonders ins Zeug legen. Hinterher wird sie gar nicht mehr wissen, weshalb sie sich eigentlich gesträubt hat.

Die besten Locations

Sie können es schon gar nicht mehr erwarten, sich an die Arbeit zu machen. Sie haben Ihre Wohnung auf Vordermann gebracht, sind geschniegelt und gestriegelt und strotzen vor Selbstbewusstsein. Sie sind ein Alpha-Mann auf Streifzug, jederzeit bereit, binnen drei Sekunden loszuspurten und sich ins Getümmel zu stürzen. Fehlen nur noch die Bräute. Also, auf in die nächste Disco oder Bar …

Nicht so voreilig, Romeo. Es gibt weitaus günstigere Orte, um Frauen kennen zu lernen, als einen Tanzschuppen, in dem die Erwartungshaltung hoch ist, die Musik laut und der Großteil der Anwesenden alkoholisiert. Ganz gleich, wie selbstsicher und geübt Sie bereits sind, die folgenden Alternativen werden sich sowohl auf Ihre Brieftasche als auch auf Ihr Selbstbewusstsein ungleich vorteilhafter auswirken; vor allem, wenn Sie ein Anfänger sind:

Einkaufszentren. Bis auf eine Ausnahme mit Abstand der beste Ort, um Frauen aufzureißen. Hier wimmelt es meist von hübschen Frauen, die üblicherweise von Laden zu Laden schlendern. Das heißt, Sie können sich relativ einfach aus etwaigen problematischen Situationen retten, ohne die Kandidatin, bei der Sie eben abgeblitzt sind, die kommenden drei Stunden anstieren zu müssen, wie das in der Disco der Fall wäre (sehr wichtig für Amateure, die noch nicht so gut mit Zurückweisungen zurechtkommen).

Sehen Sie sich auch in den Geschäften um. Die Waren in den Regalen bieten Ihnen den perfekten Aufhänger für ein Gespräch, vor allem, wenn Sie sich an eine attraktive Verkäuferin wenden – es ist schließlich ihr Job, mit Ihnen über die dargebotenen Produkte zu reden. Falls sich ein Bürogebäudekomplex in der Nähe befindet, flanieren Sie durch die »Restaurantmeile«. Dort tummeln sich zur Mittagszeit jede Menge einsame Büroangestellte, die sich über Gesellschaft freuen.

Cafés. Vom Prinzip her einer Bar nicht unähnlich, nur ohne die Erwartungshaltung, die laute Musik und den Alkohol. Cafés werden morgens, mittags und nachmittags von zahlreichen Frauen frequentiert – eine ideale Gelegenheit, um sich einfach an einem Tisch niederzulassen und eine Unterhaltung anzuleiern.

Büchereien. Wenn es einen Ort gibt, an dem die Mädels immer in der Überzahl sind, dann Bibliotheken. Der Vorteil: Eine Frau rechnet nicht damit, hier angemacht zu werden. Und ehe sie es sich versieht, hat sie sich in ihrer Überraschung schon bereit erklärt, all den langweiligen Büchern eine Weile den Rücken zu kehren.

Selbsthilfeseminare. Hier finden sich stets zahlreiche schöne, leicht beeinflussbare Frauen, die offen sind für Ratschläge und neue Erfahrungen. Sie müssen sich noch nicht einmal für einen

Kurs einschreiben. Begeben Sie sich einfach an eine entsprechende Institution, postieren Sie sich vor der Türe und warten Sie auf die Kaffee-, Tee und Pinkelpausen.

Fitnesscenter. Führe ich erst gegen Ende der Liste auf, weil Sie sich, wenn Sie nicht gerade topfit sind oder es Ihnen noch an Selbstvertrauen mangelt, neben all den durchtrainierten Leuten vermutlich unbehaglich fühlen. Für Einsteiger also nicht gerade der ideale Ort, um Frauen anzuquatschen. Andererseits laufen in einem Fitnesscenter meist ziemlich heiße Frauen herum. Yoga, Tai-Chi und ähnliche »Body und Mind«-Übungsstunden locken sportliche, freundliche und für alles aufgeschlossene Teilnehmerinnen en masse an. Gibt es eine bessere Kombination?

Universitätsgelände. Können ebenfalls einschüchternd und beklemmend wirken, vor allem, wenn Sie bereits über fünfundzwanzig sind. Aber hier tummeln sich nun mal die Studentinnen. Grund genug, sich zu überwinden.

Kontaktanzeigen

Viele Anfänger halten Kontaktanzeigen für die perfekte Möglichkeit, Frauen kennen zu lernen, weil sie es ihnen ersparen, auf eine Frau zugehen und ihre Aufmerksamkeit erregen zu müssen. Genau da liegt allerdings der Hund begraben. Sie wollen doch ein PAR werden, stimmt's? Wenn Sie also die Abkürzung über die Kontaktanzeigen nehmen, werden Sie sich die nötigen Fähigkeiten nie aneignen. Sie sind und bleiben ein feiger Kontaktanzeigenschreiber, der, anstatt selbst auf die Jagd zu gehen, abwartet und hofft, dass ihm die Beute in den Schoß fällt.

Das ist keine Taktik, sondern ein fauler Kompromiss! Und außerdem antworten auf Kontaktanzeigen nur fade Mauerblümchen.

Bars und Nachtclubs

Wie bereits erwähnt halte ich Bars und Discos nicht für die geeigneten Orte, um Frauen aufzugabeln. Nun mögen Sie sich fragen, weshalb; schließlich gibt es dort Frauen in rauen Mengen. Besteht zwischen einer Bar und einem Einkaufszentrum wirklich ein so großer Unterschied?

Allerdings, weil die Einstellungen und Erwartungshaltungen der Frauen an diesen beiden Orten nämlich grundverschieden sind.

Eine Raubkatze im Zweiteiler

Ich hatte eine sehr hübsche Mitarbeiterin, die Männer am laufenden Band abzuwimmeln pflegte. Ich habe live miterlebt, wie sie Dutzende von Kerlen in diversen Bars abblitzen ließ. Die Ärmsten hatten von vornherein keine Chance bei ihr. Sie war mit Abstand eine der härtesten Nüsse, die ich je kennen gelernt habe. Sie liebte es geradezu, ihren bemitleidenswerten Verehrern ins Gesicht zu lachen und sie zum Spaß zu demütigen.

Umso verblüffter war ich, als sie eines Tages ganz aufgeregt ins Büro kam und erzählte, sie sei eben von einem Mann angebaggert worden – noch dazu mit einem klassischen Anmachspruch!

Sie trug an dem betreffenden Tag ein Kostüm, in dem sie, wie sie selbst fand, besonders sexy aussah (was übrigens den Tatsachen entsprach), und war infolgedessen bereits in der geeigneten Stimmung – nichts ahnend, aber durchaus empfänglich für wohlwollende Worte. Als der Typ (durchschnittliches Aussehen, aber offensichtlich ein Meister seines Faches) sie mitten auf der Straße anhielt, um ihr ein Kompliment zu machen, war sie derart perplex, dass sie sich auf ein Gespräch mit ihm einließ, statt ihn zur Schnecke zu machen – und er hatte dank ein, zwei weiterer geschickter Schachzüge binnen kürzester Zeit ihre Telefonnummer in der Tasche.

Die Affäre dauerte nur eine Woche, war dafür aber, wie ich hörte, umso leidenschaftlicher. Und der krönende Abschluss – jedenfalls für mich – war, als mir etwas später zu Ohren kam, dass meine Kollegin, die rücksichtslose Eisprinzessin, angeblich ein Piercing an einer ziemlich pikanten Stelle vorweisen und zudem im Bett eine wahre Raubkatze sein konnte. Was nur beweist, dass man nie wissen kann, mit welchen Überraschungen das Leben aufwartet, wenn man es schafft, eine Frau zu überrumpeln.

Im Gegensatz zu einem PAR ist eine Frau nämlich nicht jederzeit und überall auf ein Abenteuer gefasst. Wenn Sie sie also in einem Einkaufszentrum, Café oder an einem anderen für eine Anmache eher untypischen Ort ansprechen, wird sie höchstwahrscheinlich verblüfft sein – was sich in der Mehrheit der Fälle zu Ihren Gunsten auswirkt. Weil sie nicht mit Ihrer Aufmerksamkeit gerechnet hat, empfindet sie es als besonders schmeichelhaft, dass sie Ihnen aufgefallen ist. Außerdem wird der Überraschungseffekt sie denken lassen, Ihre Worte seien spontan und nur für sie gedacht gewesen. Was wiederum die Wahrscheinlichkeit steigert, dass sie Ihnen ihre Telefonnummer verrät. Darüber hinaus wird sie sich bei Ihrem späteren Anruf positiv an Sie erinnern, auch wenn Ihre erste Unterhaltung nur wenige Minuten gedauert hat.

In einer Bar oder Disco dagegen erwarten die Frauen Avancen. Falls es sich um eine richtig scharfe Braut handelt (eine für Sie weniger attraktive würden Sie ohnehin nicht anvisieren, oder?), wurde sie höchstwahrscheinlich bereits ein paar Mal angemacht, was nur zu Ihrem Vorteil gereichen kann, weil Sie sich dank dieses Buches nicht so dumm anstellen werden wie Ihre Vorgänger. Und wer weiß, womöglich ist sie ja selbst auf der Suche nach einem heißen Flirt. Frauen beherrschen das Aufreißspielchen nämlich auch.

Im Allgemeinen finde ich es jedoch ungleich einfacher, eine unvorbereitete Frau angenehm zu überraschen, als eine zu beeindrucken, die auf der Hut ist. In einer Bar sind die Frauen einfach schon psychologisch darauf eingestellt, die kalte Schulter zu zeigen. Auf der Straße dagegen hegen sie keinerlei Verdacht und sind um einiges aufgeschlossener.

Freizeit und Freunde

Einer Frau ist es am liebsten, wenn ihr der Traumprinz zufällig über den Weg läuft. Sie gibt allerdings nur ungern zu, ihn einfach auf der Straße oder, schlimmer noch, in einer Bar oder einem Nachtclub kennen gelernt zu haben, und zieht es daher vor, die Bekanntschaft eines Mannes bei privaten Feierlichkeiten (Geburtstagspartys, Hochzeiten und Ähnliches), über gemeinsame Freunde oder im Rahmen einer vom Fitnessclub oder der Tanzschule organisierten Veranstaltung zu machen. Das ist ungleich romantischer, und Frauen lieben Romantik.

Es erleichtert die Angelegenheit auch für Sie, denn so sind Sie kein Wildfremder mehr, sondern erhalten gewissermaßen eine Empfehlung von Ihren Freunden oder der entsprechenden sozialen Gruppe. Es existiert bereits eine gemeinsame Basis, über die Sie mit ihr sprechen können. Und außerdem wird sie, wenn Sie sich über Freunde kennen lernen, jegliche Zweifel über Bord werfen und nie auf die Idee kommen, Sie könnten womöglich ein Perverser, ein Versager oder (Gott bewahre!) ein notorischer Schürzenjäger sein.

Da sich jedoch naturgemäß nicht jeden Tag die Gelegenheit ergibt, über diese Schiene Frauen abzuschleppen, ist es hilfreich, sich ein paar nützliche weibliche Kontakte und das eine oder andere Steckenpferd zuzulegen. Frauen aufzureißen und mit ihnen ins Bett zu gehen ist natürlich ein toller Zeitvertreib, aber etwas mehr Vielseitigkeit kann nicht schaden.

Interessante Hobbys und gute Kontaktpersonen rechtfertigen allerdings nicht das Ende Ihres knallharten Aufreißtrainings! Gerade weil sie so schwierig ist, bietet die spontane Anmache auf der Straße oder im Einkaufszentrum die ideale Möglichkeit, wertvolle Erfahrung und Selbstbewusstsein zu akkumulieren. Haben Sie schon die Nase voll von meinem »Üben, Üben, Üben!«-Gelaber? Denken Sie womöglich: »Schluss damit, ich will doch bloß möglichst schnell einer Frau an die Wäsche; je einfacher, desto besser«?

Lassen Sie es mich noch einmal betonen: Übung macht tatsächlich den Meister. Gerade in der Anfangsphase müssen Sie ständig an Ihre Technik denken und daran feilen, damit Sie später nicht nur hin und wieder rein zufällig den einen oder anderen Treffer landen, sondern mit voller Absicht – jedes Mal. Wenn Sie erst einmal Ihr Aufreißer-Diplom in der Tasche haben, wird es Ihnen sogar Spaß machen, immer wieder den Schauplatz zu wechseln. Sie werden neue Herausforderungen geradezu suchen. Und ich kann Ihnen versichern, irgendwann haben Sie an der Jagd genauso viel Vergnügen wie danach mit der Beute zwischen den Laken.

Ganz egal, ob Sie noch Anfänger sind oder bereits im fortgeschrittenen Stadium, etwas Abwechslung kann nicht schaden. Hobbys und gemeinsame Bekannte erleichtern die Eroberung einer Frau zwar, dafür ist der Aufriss in Eigenregie lohnender. Sie haben natürlich die Wahl, aber ich empfehle den goldenen Mittelweg. Sobald Sie den spontanen Aufriss mit links beherrschen, ist das Aufgabeln von Frauen im Rahmen eines Hobbys oder im Bekanntenkreis ohnehin ein Kinderspiel.

Schluss mit schüchtern

Nun, da Sie mit den Basics vertraut sind, wird es Zeit für das Training am lebenden Objekt. Wir werden bei Null anfangen und Schritt für Schritt gemeinsam den Prozess des Verführens durchgehen, vom Abchecken über Annäherung und Anmache bis hin zum Aufriss. Wer noch nie mit einer fremden Frau gesprochen hat, kann natürlich nicht einfach hingehen und mit einer scharfen Braut flirten. Und nein, wir trainieren nicht erst einmal mit den weniger scharfen Bräuten!

Ich habe Ihnen im Folgenden ein Vier-Stufen-Programm zusammengestellt, mit dem Sie zunächst lernen, in neutralen Situationen mit Frauen zu sprechen. Auf diese Weise stehen Sie nicht unter Druck und haben auch weniger Angst vor einer Abfuhr. Nehmen Sie sich für diese Übung Zeit, so viel Sie brauchen; gehen Sie aber zur nächsten Stufe über, sobald Sie sich auch nur annähernd bereit dafür fühlen.

Je eher Sie die Anfängerphase hinter sich bringen, desto rascher landen Sie mit einer Frau im Bett. Falls Sie bereits über ausreichend Erfahrung und Zuversicht verfügen, um diese Übung ganz zu überspringen, lesen Sie im nächsten Abschnitt weiter.

Schritt 1: Blickkontakt

Um mit einer Frau zu flirten, müssen Sie ihre Aufmerksamkeit erregen. Das ist Regel Nummer eins. Regel Nummer zwei: Sie soll einen positiven Eindruck von Ihnen bekommen. Blickkontakt herzustellen ist eine gute Möglichkeit, sie auf sich aufmerksam zu machen und ihr zugleich zu vermitteln, dass Sie selbstbewusst sind, sich nicht einschüchtern lassen und wissen, was Sie wollen. Das törnt Frauen an.

Ziel ist es jedoch nicht, sie wie ein Psychopath anzuglotzen, sondern ihr fest in die Augen zu sehen, ohne den Blick zu senken. Damit demonstrieren Sie Stärke. Und so funktioniert's:

Flanieren Sie durch ein Einkaufszentrum und warten Sie, bis Ihnen eine schöne Frau entgegenkommt. Sobald sie noch etwa zehn Meter von Ihnen entfernt ist, sehen Sie ihr in die Augen. Falls Sie den Blick erwidert, versuchen Sie, den Blickkontakt aufrechtzuerhalten. Sehen Sie nicht von einem Auge zum anderen und vermeiden Sie es, zu blinzeln oder den Blick abzuwenden. Konzentrieren Sie sich auf ein Auge und halten Sie den Blickkontakt, so lange es geht, ohne den Kopf drehen zu müssen.

Nun gibt es drei Möglichkeiten: In etwa der Hälfte der Fälle wird sie Sie nicht weiter beachten. Erzwingen Sie nichts (kein beklemmendes Starren!), sondern gehen Sie weiter und suchen Sie sich das nächste Versuchskaninchen. Gut ein Drittel der Frauen wird Ihren Blick einen Moment lang halten und dann die Augen abwenden. Tun Sie es ihr nach und setzen Sie Ihren Weg unbeirrt fort.

Es gibt aber auch Frauen, die den Blickkontakt länger halten. Gehen Sie einfach weiter, ohne eine Miene zu verziehen oder langsamer zu werden. Wenden Sie den Blick nur ab, wenn sie es auch tut. Falls Sie Ihnen ein Lächeln schenkt (auch das kommt vor), lächeln Sie zurück.

Zwingen Sie sich nicht, als Erster zu lächeln, aber denken Sie daran, dass ein Lächeln laut Statistik in fünfundachtzig Prozent der Fälle erwidert wird. Wenn Sie also experimentierfreudig sind oder vom bloßen Blickkontaktspiel genug haben, können Sie getrost zum nächsten Level übergehen. Lächeln Sie Frauen an und überprüfen Sie, ob die Statistik Recht hat. Sie werden bald feststellen, dass es richtig Spaß macht, ein Mädchen im Vorbeigehen zum Lächeln zu bringen.

Aber nicht vergessen: Der erste Schritt ist immer der Blickkontakt. Es ist keine Selbstverständlichkeit, sondern ein sehr gutes Zeichen, wenn eine Frau aus irgendeinem Grund so von Ihnen fasziniert ist, dass sie Ihrem Blick standhält. Damit haben Sie eine direkte Verbindung zu ihrem Gehirn und ihren Gefühlen aufgebaut – die perfekte Art und Weise, einen positiven Eindruck zu hinterlassen. Und das alles binnen Sekunden!

Falls Ihnen ein- und dieselbe Frau regelmäßig über den Weg läuft, ringt sie sich vielleicht irgendwann dazu durch, »Hallo« zu sagen, wenn Sie einander begegnen. Erwidern Sie den Gruß, ohne stehen zu bleiben. Verschwenden Sie keinen Gedanken an die nächste Phase – Sie üben lediglich den Blickkontakt. Es besteht also keinerlei Zugzwang. Bislang sind weder Sie noch Ihr Versuchskaninchen wirklich aktiv geworden, und doch haben Sie bereits gelernt, wie man einen Kontakt herstellt.

Schritt zwei: Hilfsbereitschaft

Nach diesem ersten Schritt gilt es, die nächste große Hürde zu nehmen: Frauen ansprechen. Ihnen bricht schon bei dem Gedanken daran der kalte Schweiß aus? Dann versuchen Sie es mit dieser Masche: Gehen Sie auf eine schöne Frau zu, weisen Sie sie darauf hin, dass der Stöckel ihres Schuhs zu wackeln scheint, ihre Schnürsenkel offen sind oder sie Wimperntusche auf der Wange hat – und gehen Sie dann weiter. Hilfsbereit und völlig harmlos!

Sollte Ihnen in den zwei Sekunden, die Sie benötigen, um auf sie zuzugehen, partout nichts auffallen, das weggewischt oder zurechtgerückt werden muss, dann erfinden Sie einfach etwas – einen Fleck auf ihrer Haut, eine Fussel im Haar. Keine Sorge, da Sie den Galan spielen, wird ihr Selbstbild keinerlei Schaden nehmen.

Dank dieser Übung werden Sie lernen, selbst in der Gegenwart der attraktivsten Frauen Ruhe zu bewahren. Außerdem können Sie damit wunderbar Eindruck schinden, denn Sie haben im Gegensatz zu allen anderen notgeilen DFL nicht bloß mit offenem Mund geglotzt, sondern sich für etwas eingesetzt, worauf alle schönen Frauen extrem viel Wert legen: ihr Aussehen. Und anstatt sie bei dieser Gelegenheit anzubaggern, sind Sie einfach weitergegangen – ein echter Gentleman!

Das Wichtigste ist jedoch, dass Sie sich auf diese Weise angewöhnen, schönen Frauen nicht unterwürfig gegenüberzutreten, sondern eher mit einer leicht herablassenden Nonchalance: Sie ziehen sie auf und verwirren sie, was Ihre Absichten angeht. Ein typisches Alpha-Verhalten also, anhand dessen Sie sich (jedenfalls für die betreffende Frau) als Alpha-Mann qualifizieren. Je öfter Sie diesen Trick anwenden, desto schneller eignen Sie sich genau jene Ausstrahlung an, die einen erfolgreichen PAR auszeichnet und mit der Sie auf Ihre Traumfrauen absolut unwiderstehlich wirken.

Halten Sie sich auch bei dieser simplen Übung wieder strikt an die Drei-Sekunden-Regel– kein Zögern und Zaudern! Sie werden verblüfft sein, wie rasch sich damit in puncto Selbstvertrauen und Technik Fortschritte erzielen lassen.

Schritt drei: Komplimente

Die folgende Übung funktioniert nach demselben Prinzip wie die vorangegangene, mit dem Unterschied, dass Sie diesmal nicht nur zwei, drei Worte sagen, sondern eine richtige Unterhaltung anleiern sollen. Sie brauchen also nicht bloß eine Ausrede, um sie anzusprechen, sondern legen sich ein paar Sätze zurecht, um an Ihre erste Bemerkung anzuknüpfen. Auf diese Weise trainieren Sie nebst der Fähigkeit zum Smalltalk auch Ihre Aufmerksamkeit, weil Sie wie immer nur drei Sekunden Zeit haben, um ein Kompliment aus dem Ärmel zu schütteln, das auf die Betreffende und die Situation passt und nicht zu allgemein ist.

Auch diesmal üben Sie nur, mit Frauen ins Gespräch zu kommen. Sie stehen also nach wie vor nicht unter dem Druck, eine aufreißen zu müssen. Zugegeben, Komplimente zu machen ist schwieriger als Hilfsbereitschaft zu mimen. Der Versuch, einer Frau etwas Nettes zu sagen, birgt immer ein gewisses Risiko, denn Sie haben eigentlich keinen triftigen Grund, sie anzusprechen.

Ziel ist es, dem Kompliment *mindestens zwei Fragen* folgen zu lassen. Damit sind Sie dann bereits mitten in der Unterhaltung. Stellen Sie so genannte offene Fragen, die eine ausführliche Antwort erfordern und nicht bloß ein knappes Ja oder Nein. Wenn Sie sich beispielsweise anerkennend über ihr Kleid äußern, dann erkundigen Sie sich, wo sie es gekauft hat oder aus welchem Material es besteht. Je mehr Sie über das betreffende Thema wissen, desto besser. Aber bitte kein Fachchinesisch, Sie führen nur eine lockere, kurze Unterhaltung.

Auf den genauen und möglichst wirkungsvollen Einsatz von Komplimenten (es gibt auch verfängliche!) werde ich im gesamten Buch immer wieder zurückkommen.

Schritt vier: LUFS-Falle vermeiden

Über Blickkontakt, Hilfsbereitschaft, Komplimente und Fragen sind wir nun also bei der Unterhaltung angelangt. Gut und schön, doch selbst nach einem so viel versprechenden Start begehen viele Männer einen entscheidenden Fehler: Sie gleiten in die gefürchtete LUFS (lass uns Freunde sein)-Zone ab. Die Worte »lass uns Freunde sein« sind für jede potentielle sexuelle Beziehung garantiert der Todesstoß. Es gibt natürlich verschiedene Möglichkeiten der »Wiederauferstehung von den Toten«, doch genau wie bei Ihrer Gesundheit sind Sie mit rechtzeitiger Prophylaxe ungleich besser beraten, denn Freunde haben Sie vermutlich schon mehr als genügend.

Auch die Umschiffung dieser gefährlichen Klippe erfordert die viel zitierte richtige Ausstrahlung – sexy und souverän. Als Anfänger haben Sie den Dreh vermutlich noch nicht ganz heraus; lassen Sie Ihr Interesse also möglichst direkt und unmissverständlich durchklingen.

Sobald Sie Schritt drei gemeistert haben und Ihnen der entspannte Smalltalk mit schönen Frauen keine Schwierigkeiten mehr bereitet, sollten Sie anfangen, die Unterhaltung in die gewünschte Richtung zu lenken – natürlich nicht mithilfe einer plumpen Anspielung oder einer unanständigen Bemerkung, die das Gespräch sofort beenden würde. Stellen Sie ihr lieber folgende unverfänglich klingende, eigentlich aber äußerst raffinierte Frage: »Sind Sie die Art von Frau, die ich näher kennen lernen sollte?« Sie müssen sich noch nicht einmal eine Überleitung dafür einfallen lassen. Egal, worüber Sie bisher gesprochen haben, sie passt garantiert, da Sie sich eben erst kennen gelernt haben.

Der Trick dabei ist, die Betreffende damit zu überrumpeln und ihr klar zu machen, dass die Konversation, so unschuldig sie bisher gewesen sein mag, durchaus auf ein höheres Ziel hinausläuft. Sie reden nicht um des Redens willen; es geht hier um eine Frau und einen Mann. Um Sex.

Daran soll sie erst einmal knabbern. Und das Beste daran: Jetzt haben Sie den Spieß umgedreht. Jetzt ist sie es, die einer Beurteilung unterworfen wird. Da dies vermutlich Neuland für sie ist, wird sie versuchen, vor Ihnen nicht das Gesicht zu verlieren. Wenn sie auf Ihre Frage hin mit einem »Nein!« herausplatzte (höchst unwahrscheinlich!), würde das kein gutes Licht auf sie werfen. Auf jede andere Antwort muss von Ihnen logischerweise ein »Warum?« folgen. Und schon führen Sie eine typische PAR-Unterhaltung!

Ihr Zuhause als Liebesnest

Frauen verabscheuen faule, gleichgültige Schmutzfinken. Lassen Sie also nicht zu, dass Ihre Bude ein falsches Bild von Ihnen suggeriert! Wenn Sie in Ihren eigenen vier Wänden mit einer Frau Sex haben wollen, dann sorgen Sie dafür, dass sich Ihre Wohnung in einem entsprechenden Zustand befindet, damit Ihre Auserwählte nicht schon an der Eingangstür auf dem Absatz kehrtmacht und davonstürmt:

- Räumen Sie Ihre Wohnung auf, halten Sie die Böden sauber, lassen Sie nicht überall achtlos Klamotten herumliegen und bringen Sie um Himmels Willen regelmäßig den Müll raus!
- Es sollte so warm sein, dass Sie sich ausziehen können, ohne zu frieren, aber nicht so heiß, dass Sie Schweißausbrüche bekommen.
- Lichtschalter mit Dimmer sind eine lohnende Investition, Kerzen tun es aber auch. Kaufen Sie am besten gleich ein paar auf Reserve. Frauen *lieben* Kerzenlicht.
- Legen Sie sich einen Vorrat an Süßigkeiten an und stellen Sie stets eine Flasche Weißwein oder Sekt kühl. Im Grunde eignet sich jede Art von Schleckereien, aber vor allem Schokolade gilt als Aphrodisiakum. Von der Verwendung alkoholischer Getränke (sei es nun, um sich Mut anzutrinken oder die Lady »aufzulockern«) rate ich persönlich zwar eher ab, in Maßen gelten sie aber gemeinhin als stilvoll und romantisch. Versuchen Sie jedoch niemals, eine Frau absichtlich abzufüllen – Sie sind ein PAR und kein Vergewaltiger!
- Ihre Wohnung sollte angenehm riechen. Mit Duftkerzen sorgen Sie zugleich für romantische Beleuchtung.
- Halten Sie passende CDs bereit. Keine Schmuse-Interpreten wie etwa Barry White, stattdessen lieber Enya, diverse Soundtracks oder sonstige frauenfreundliche Musik. Klassik ist ideal und in den meisten Läden so billig zu kaufen, dass Sie die CD gleich doppelt besorgen und ihr zum Andenken an den wundervollen Abend eine mitgeben können.
- Deponieren Sie Präservative unsichtbar (aber nicht so gut versteckt, dass Sie danach suchen müssen) an diversen Stellen Ihrer Wohnung – man kann nie wissen!
- Toilette und/oder Badezimmer müssen um jeden Preis blitzblank sein! Sonst wird ihr im Handumdrehen die Lust

vergehen. Zu sehen sein sollten lediglich Markenparfüm, -shampoo und -duschgel sowie einige weitere Toilettenartikel, die auf Liebe zum Detail schließen lassen.

- Halten Sie unbedingt große flauschige Badetücher, zwei Bademäntel sowie eine noch verpackte Zahnbürste bereit und besorgen Sie ein paar zusätzliche Kissen.
- Stecken Sie das Telefon aus, *bevor* die Sache so richtig ins Rollen kommt.

Abgeschossen!

Für alle, die ein Problem damit haben, sich ihrer Angst vor einer Zurückweisung zu stellen, hier zur Abhärtung eine Empfehlung von einem PAR, der sich »Razor Cat« nennt. Die Anfänger unter Ihnen dürften es hilfreich finden, sich zwecks Durchführung der folgenden Übung in einen anderen Stadtteil zu begeben – oder zumindest in ein Lokal, das Sie nicht oft frequentieren.

Zweck der Übung ist es, sich beim Aufreißen von Frauen so richtig zum Clown zu machen. Bringen Sie die billigsten Anmachen, die banalsten Zweideutigkeiten, die dämlichsten Tricks, die Ihnen einfallen. Graben Sie abgelutschte Uraltsprüche aus den Siebziger Jahren aus, die ein PAR ansonsten nicht in den Mund nimmt, ohne sich dafür in Grund und Boden zu schämen. Oder greifen Sie zur Schlager-Keule: »Bist du sauer, wenn ich dir einfach sag, ich möchte gern mit dir schlafen?« Ziel ist es, mehrmals hintereinander abgeschossen, ja, abgeschmettert zu werden. Geben Sie sich nach Herzenslust der Lächerlichkeit preis. Sie werden sehen, es macht richtig Spaß, abzublitzen, wenn Sie es zur Abwechslung darauf anlegen. So lernen Sie auf spielerische Weise, dass eine Abfuhr kein Weltuntergang ist, dass Sie noch lange kein Versager sind, nur weil Sie sich vor einer Frau zum Horst machen. Ihre Angst vor einer Zurückweisung wird merklich schwinden – auch im Ernstfall.

Was ist schon der Respekt einer einzigen Frau, wenn noch Millionen weitere auf Sie warten?

Jeder gescheiterte Versuch ist nur ein weiterer Schritt auf dem Weg zum Erfolg. Wirklich versagt hat nur, wer es gar nicht erst versucht.

»Hallo« sagen

So mancher Mann verliebt sich bis über beide Ohren in das Mädchen, das ihn jeden Morgen im Café bedient, oder in eine Fremde, die ihm täglich auf dem Heimweg begegnet. Vielleicht geht es Ihnen ähnlich, vielleicht schwärmen auch Sie heimlich für eine Frau. Vielleicht ist sie sogar der Grund dafür, dass Sie sich dieses Buch zugelegt haben. Ich habe ja bereits erwähnt, dass Sie sich, um ein PAR zu werden, zumindest vorerst von Ihren Tagträumen verabschieden und mit anderen Frauen ins Bett gehen müssen, für die Sie nicht so stark empfinden.

Doch bevor wir uns daran machen, diesen Plan in die Tat umzusetzen, liefere ich Ihnen eine Strategie, die genau so simpel ist, wie Sie sich das erhofft haben. Sie eignet sich hervorragend für Anfänger, weil Sie dabei weder großartig aktiv werden noch das Alpha-Tier hervorkehren müssen. Sie wird genau deshalb aber auch schnell langweilig. Die einzigen Voraussetzungen dafür sind Konsequenz und Beharrlichkeit. Es handelt sich um eine Art Vorstufe für die eigentliche Anmache und erweist sich als vorteilhaft, weil Sie damit auf jeden Fall den Fuß in die Tür bekommen. Und während Sie auf diese Weise allmählich ihre Traumfrau bezirzen, können Sie den direkteren Ansatz an Dutzenden anderen Kandidatinnen ausprobieren und mit deren Hilfe lernen, wie ein echter Profi Frauen beglückt.

Und so wird's gemacht: Sobald Sie das (noch) unerreichbare Objekt Ihrer Begierde erspähen, unterbrechen Sie kurz Ihre momentane Tätigkeit, stellen Blickkontakt her und sagen einfach

»Hallo.« Dann lächeln Sie und wenden sich ab. Wiederholen Sie dieses Verhalten, wann immer Sie einander über den Weg laufen. Spätestens nach dem dritten »Hallo« wird sie anfangen, sich über Sie zu wundern. Beim fünften wird sie sich fragen, warum Sie immer nur dieses eine Wort sagen, und beim zehnten wird sie darauf brennen, zu erfahren, weshalb Sie sie nicht anbaggern. Beim zwanzigsten »Hallo« wird sie sich aus Neugier überwinden, Sie anzusprechen. Sie wird höchstwahrscheinlich mehr über Sie wissen wollen oder sogar ohne Umschweife fragen, weshalb Sie nie mehr sagen als »Hallo«. Liegt es an ihr? Kennen Sie sich von irgendwo? Antworten Sie möglichst ausweichend und geben Sie sich mysteriös – schließlich sind Sie sich bereits zwanzigmal begegnet. Sie wird also das Gefühl haben, Sie zu kennen, obwohl Sie stets nur ein einziges Wort gewechselt haben. An diesem Punkt müssen Sie dann aktiv werden (wie, das verrate ich Ihnen noch). Aber siehe da, Sie führen ein Gespräch mit der Frau Ihrer Träume! Sie haben ihre Neugier geweckt und das mit praktisch null Einsatz und einem minimalen Risiko, sich zum Narren zu machen.

Worum geht es hier eigentlich?

Nein, es geht nicht bloß darum, dass Sie eine Frau flachlegen. Das wäre viel zu einfach und auch alles andere als hilfreich. Der Schlüssel zur erfolgreichen Verführung ist es, sie in Stimmung zu bringen – auf Sex mit Ihnen. Dass auf Ihrer Seite Interesse besteht, sollte ohnehin klar sein und steht somit nicht zur Debatte. Ihre Aufgabe ist es, ihre Lust zu wecken, sie so richtig in Ekstase zu versetzen und ihr zugleich zu suggerieren, was für ein großartiger Liebhaber Sie sind. Sobald Sie das bewerkstelligt haben, benötigt sie nur noch einen sanften Schubs in die richtige Richtung.

Dieser Ansatz hat natürlich auch Nachteile. Sie müssen damit rechnen, dass sich Ihre Wege aus unerfindlichen Gründen plötzlich nicht mehr kreuzen, was besonders niederschmetternd ist, wenn sie bereits anfing, Interesse zu zeigen. Es ist aber auch gut möglich, dass Sie sich nicht oft genug begegnen (zweimal wöchentlich ist das Minimum) und Blickkontakt und Lächeln nicht ausreichen, um ihre Neugier zu wecken. Außerdem wird es vermutlich eine Ewigkeit dauern, bis sich der erhoffte Erfolg einstellt. Und als PAR, für den die Eroberung einer Frau teils sogar binnen Minuten über die Bühne geht, werden Sie die für die »Hallo«-Strategie erforderliche Engelsgeduld schon bald nicht mehr aufbringen.

Doch für Anfänger und liebestolle DFL, aber auch für alle Alpha-Männer, die zwischendurch gern eine etwas länger dauernde Art der Verführung ausprobieren wollen, ist diese Masche perfekt.

PHASE ZWEI

ANMACHEN

III: Die Kontaktaufnahme

Der entscheidende erste Eindruck

Oft entscheiden Frauen schon zu einem sehr frühen Zeitpunkt im Rahmen der ersten Begegnung, ob sie mit dem betreffenden Mann ins Bett gehen werden. Das bedeutet nicht, dass sie auf jeden Fall mit ihm schlafen. Er muss trotzdem Schritt für Schritt vorgehen, damit aus anfänglichem Interesse ein vor Begierde feuchtes Höschen wird.

Es bedeutet aber sehr wohl, dass Sie schon aufgrund des ersten Eindruckes durchfallen können. Nicht nur wegen Ihrer äußeren Erscheinung, wohlgemerkt! Schreiben Sie sich das ein für alle Mal hinter die Ohren. Für Frauen ist der Gesamteindruck ausschlaggebend, weshalb Sie sich keinen Gefallen tun, freundlich, aber wie ein Waschlappen aufzutreten, oder, schlimmer noch: verzweifelt, notgeil und wie ein Waschlappen. Hat eine Frau in den ersten dreißig Sekunden beschlossen, dass sie kein Interesse an Sex mit Ihnen hat, dann können Sie sie umschmeicheln oder versuchen umzustimmen, bis Sie schwarz werden. Sie wird ihre Meinung nicht ändern – es sei denn, Sie ändern sich.

Viele Männer verschwenden wertvolle Zeit und Energie, weil sie die Tatsache ignorieren, dass sie den gefürchteten »platonischen Status« erreicht haben (oder merken es gar nicht). Sind Sie ihr sympathisch, müssen Sie sie nur davon überzeugen, dass Sie das Zeug zum Liebhaber haben. Kann sie Sie allerdings nicht leiden, ist Hopfen und Malz verloren. Dann werden Sie nie ihr Geliebter, Ehemann oder was immer Sie sich erhoffen.

Doch es gibt noch Chancen, falls Sie unversehens in die LUFS-Zone abgerutscht sind, etwa, weil Sie dieses Buch nicht rechtzeitig in die Finger bekommen haben. Mithilfe der hier aufgelisteten Techniken können Sie Ihre Auserwählte zum Umdenken bewegen. Sie müssen nur Ihre alten DFL-Angewohnheiten ablegen und sich verhalten wie ein richtiger Mann, dann wird sie mit der Zeit das alte Bild von Ihnen vergessen. Es wird bedeutend länger dauern, als wenn Sie es von Anfang an richtig gemacht hätten, aber Sie können es schaffen, vorausgesetzt, Sie mutieren zum PAR. Präsentieren Sie sich von Ihrer neuen, männlichen Seite und Sie werden sehen, wie mit einem Mal die Funken fliegen.

Trotzdem sollten Sie sich der Bedeutung des ersten Eindrucks stets bewusst sein. Lassen Sie uns nun also ergründen, wie man von Beginn an den richtigen Eindruck hinterlässt, statt hinterher die Scherben zusammenzukehren.

Die Praxis der Drei-Sekunden-Regel

Sie wenden doch hoffentlich brav die Drei-Sekunden-Regel an, sobald Sie eine interessante Frau erblicken? Oder zögern Sie womöglich und suchen nach dummen Ausreden?

So mancher unsichere DFL tendiert dazu, die Drei-Sekunden-Regel zu umgehen, indem er sich fragt: »Was bedeutet denn ›sobald Sie eine Frau erblicken‹? Ist damit der Blickkontakt gemeint? Und falls ja, hatten wir wirklich schon Blickkontakt oder soll ich vorsichtshalber auf einen zweiten Blick von ihr warten? Hm. Sieht so aus, als wäre sie jetzt in ein Gespräch vertieft. Ich warte wohl besser noch ein wenig ab ...«

Stopp, stopp, stopp! Merken Sie nicht, worauf das hinausläuft? Sie fangen an, die Situation zu analysieren. Aber genau das soll die Drei-Sekunden-Regel doch verhindern. Erinnern wir uns: Sie ist dazu da, damit Sie den Sprung ins kalte Wasser wagen, ehe Ihnen irgendwelche Bedenken kommen können.

Wenn ich drei Sekunden sage, dann meine ich auch drei Sekunden, und zwar nicht ab dem ersten Blickkontakt, sondern ab dem Zeitpunkt, an dem Sie voneinander Notiz genommen haben. Machen Sie sich auf die Socken, sobald sie auch nur ein Mal vorsichtig in Ihre Richtung gelinst hat. Bleiben Sie auf keinen Fall wie angewurzelt stehen, um sich zu fragen, ob sie Sie überhaupt wahrgenommen hat. Das gilt als Zögern, und wer zögert, geht alleine nach Hause.

Die Partyausnahme

Ausnahmen bestätigen die Regel, wie es so schön heißt. Im Falle der Drei-Sekunden-Regel bilden Privatpartys diese Ausnahme: Auf Partys gibt es Gratisdrinks, es herrscht eine locker-entspannte Atmosphäre und Sie haben vermutlich vor, eine Weile zu bleiben. Somit ist es in Ordnung, wenn Sie sich einfach zurücklehnen und das Geschehen verfolgen. Sie werden bemerken, dass einige (teils überaus hübsche) Mädchen etwas verloren in der Gegend herumstehen. Ein solches Mädchen lässt sich erfahrungsgemäß nur zu gern in ein Gespräch verwickeln. Üben Sie Nachsicht, falls sich die Konversation anfangs etwas holprig gestaltet; offensichtlich kennt sie unter den anwesenden Gästen niemanden – eine Situation, in der jeder ein wenig befangen ist. Es ist ihr Glück, dass Sie sich ihrer erbarmen!

Die Anwendung der Drei-Sekunden-Regel bietet sich geradezu an, wenn Sie eine Tür öffnen, einen Raum betreten oder um eine Ecke biegen. Man wird Sie bemerken, weil Ihr Auftauchen in einer statischen Umgebung eine Veränderung bewirkt. Rüsten Sie sich also seelisch, wann immer Sie im Begriff sind, durch eine Tür zu gehen – sei es, um ein Café oder eine Bar zu betreten oder sich zu den Gästen eines Freundes zu gesellen. Rechnen Sie an jeder Ecke damit, dass dahinter eine schöne Frau Ihren Weg kreuzen wird. Schalten Sie Ihren Verstand aus und Ihren Körper auf Instinkt-Modus.

Ein Sonderfall sei noch erwähnt: Wenn Sie während eines Gespräches ein hübsches Mädchen erblicken, greift die Drei-Sekunden-Regel erst, nachdem Sie die Konversation beendet haben. Das Timing ist im Prinzip egal; warten Sie nur nicht zu lange, sondern setzen Sie der Unterhaltung aktiv ein Ende, ehe sich Ihr Gesprächspartner einem anderen Gast zuwendet. Das erweckt den Anschein, als täten Sie es nur des Mädchens wegen.

Dasselbe gilt auch für die umgekehrte Situation: Ihre Blicke haben sich bereits gekreuzt, sie ist aber noch in eine Diskussion mit einem Freund verwickelt. Kein Problem. Sie warten ab, bis er die Fliege macht (ist nur eine Frage der Zeit), dann gesellen Sie sich unverzüglich zu ihr. Sie können sich natürlich auch wie in Kapitel sechs (Gruppensituationen) beschrieben in das Gespräch einklinken.

Und wenn Sie trotzdem zögern? Ist dann alles vorbei? Ja und nein. Wenn Sie Ihre drei Sekunden untätig haben verstreichen lassen, dann schlagen Sie sich das betreffende Mädchen am besten aus dem Kopf. Aber das ist noch kein Weltuntergang – es harren schließlich noch jede Menge atemberaubende Frauen darauf, sich mit Ihnen zu amüsieren. Sie dürfen bloß nicht noch einmal denselben Fehler machen.

Generelle Vorbereitung

Wenn Sie eine Frau ansprechen, müssen Sie sie binnen dreißig Sekunden davon überzeugen, dass Sie ein unterhaltsamer, faszinierender Mensch sind. Sobald die Betreffende nämlich der Verdacht beschleicht, andere anwesende Männer könnten interessanter sein als Sie, wird sie sich mit Sicherheit entschuldigen (manchmal höflich, manchmal weniger nett) und aus dem Staub machen in der Hoffnung, dass einer der übrigen Hengste sich um sie kümmern wird.

Verraten Sie anfangs nicht zu viel von sich, sondern geben Sie sich mysteriös. Erstens geht es in dieser Phase ausschließlich um Ihre Gesprächspartnerin, und zweitens wollen Sie diese doch nicht gleich mit der ersten Enthüllung über sich vergraulen. Sie kennen sie noch nicht; wer weiß, womöglich hat sie etwas gegen Ihren Beruf, Ihren Bildungsweg oder Ihre politische Meinung! Negative Bemerkungen sind unbedingt zu vermeiden. Beschweren Sie sich weder über die Stimmung auf der Party, noch über den Kaffee und schon gar nicht über Ihr Leben. Der Schuss kann nur nach hinten losgehen, denn anstelle der positiven wird sie sich unwillkürlich all die negativen Seiten des Zusammenseins mit Ihnen ausmalen.

Versuchen Sie lieber, sie mit einem Scherz aufzuheitern. Frauen lieben Männer, die sie zum Lachen bringen, weil sich dadurch ihre Laune schlagartig bessert. Wer lacht, kann nicht an mögliche Probleme denken und in Depressionen verfallen. Und was noch besser ist: Er lässt seinen Schutzschild sinken und gewährt einen Einblick in seine Persönlichkeit. Oder, wie Verführungsguru Ross Jeffries es formuliert:

1. Lachen entspannt, macht unbefangen und wirkt entwaffnend.
2. Wer eine Frau zum Lachen bringt, beweist Selbstvertrauen und zeigt, dass er die Begegnung nicht todernst nimmt. Er ist kein verzweifelter notorischer Versager, der dringend ein Erfolgserlebnis braucht, sondern ein amüsanter Mensch, der sein aufregendes Leben genießt und anderen die Chance bietet, daran teilzuhaben – sofern sie ihre Trümpfe richtig ausspielen.
3. Humor ist ein hervorragender Persönlichkeitstest. Wirkt eine Frau schwermütig oder unglücklich, dann lassen Sie am besten die Finger von ihr.

Humor hat selbstverständlich auch seine Tücken – es gelingt nicht immer, einen wildfremden Menschen zum Lachen zu bringen. Aus diesem Grund schwört so mancher PAR dieser Taktik gänzlich ab. Ich meine allerdings: Wenn Sie einer Frau, die Sie gerade kennen gelernt haben, ein Lachen entlocken, dann bekommen Sie am Ende des Gesprächs mit an Sicherheit grenzender Wahrscheinlichkeit ihre Telefonnummer, wenn nicht gar einen Kuss.

Der Schlüssel zum Erfolg ist wieder einmal rasches Handeln. Legen Sie sich von vornherein einen alternativen Aufhänger zurecht, für den Fall, dass Ihr Versuch in die Hose geht und Sie kein Lächeln ernten. Scheitern Sie erneut, dann gewähren Sie dieser humorlosen Hexe noch genau eine weitere Chance, ehe Sie sie von Ihrer Liste streichen! Wenn Sie lacht, müssen Sie daran anknüpfend sofort dafür sorgen, dass das Gespräch in Schwung kommt, indem Sie die im dritten Kapitel beschriebenen Techniken einsetzen.

Behalten Sie diese allgemeinen Regeln für die Kontaktaufnahme auch bei der weiteren Lektüre dieses Kapitels stets im Hinterkopf. Fassen wir also zusammen: Halten Sie sich bedeckt, was die eigene Person angeht, aber präsentieren Sie sich gleichzeitig humorvoll und positiv, ganz gleich, in welcher Phase der Annäherung Sie sich befinden oder welche Strategie Sie verfolgen.

Die Gesprächseröffnung

Sie haben die Drei-Sekunden-Regel befolgt und sind nun im Begriff, eine Frau anzusprechen. Sie hat Sie bemerkt und wartet offensichtlich darauf, dass Sie etwas sagen. Lassen Sie sich nicht davon beirren, dass sie womöglich nervös, angespannt oder ablehnend wirkt – diese Eindrücke entspringen Ihrer persönlichen Vorstellung und tun nichts zur Sache. Sie hat Ihnen noch nicht verraten, was sie denkt. Gehen Sie von Ihrer optimistischen »Diese Frau braucht mich«-Einstellung aus und setzen Sie Ihr Repertoire an Flirttechniken ein, um ihre Gefühle Ihnen gegenüber positiv zu beeinflussen.

Was sollen Sie sagen? Die ersten Worte aus Ihrem Mund wollen wohlüberlegt sein, können sie doch den Startschuss für eine lebhafte Unterhaltung geben oder aber selbige abwürgen, ehe sie überhaupt begonnen hat. Sie können auf eine ganze Reihe von Strategien zurückgreifen, etwa auf den Dämpfer oder die Großmeister-Taktik (mehr dazu in den nächsten Kapiteln), aber am besten eignet sich zur Gesprächsaufnahme meist ein sehr nahe liegendes Thema: die Umgebung.

Die Versager-Variante

Sie kennen das: Es ist ziemlich warm in der Bar, in der Sie sich befinden, also gehen Sie auf eine Frau zu und bemerken: »Heiß hier, was?« Ganz falsch. Erstens ist das eine total lahme und sinnlose Aussage, die nur beweist, dass Sie nichts Interessantes zu sagen haben, zweitens klingt sie wie eine Anmache und drittens kann man darauf mit einem knappen Ja oder Nein reagieren – ein gravierender Fehler. Es sei denn, Sie haben vorausgedacht und eine Folgefrage in petto, die hoffentlich eine ausführlichere Antwort erfordert. Außerdem lenken Sie damit ihre Aufmerksamkeit auf eine unangenehme Tatsache, bringen Sie also auf negative Gedanken anstatt auf positive und klingen auch noch wie ein Nörgler. Das törnt Frauen total ab.

Die PAR-Variante

Dank Ihrer Erfahrung erkennen Sie natürlich gleich, dass Sie bei einer derartigen Aussage auf die Doppeldeutigkeit des Wortes »heiß« setzen müssen. Sie könnten beispielsweise sagen: »Ziemlich heiß hier ... liegt das vielleicht an dir? Erzähl doch mal was über dich.«

Voilà: eine klassische Eröffnung, gefolgt von einer Bemerkung, die eine ausführliche Erwiderung erfordert. Hier die Gründe dafür, weshalb diese Einleitung im Gegensatz zur oben beschriebenen zum Erfolg führt:

1. Sie machen eine neutrale Bemerkung über die Umgebung, kommentieren also etwas, das ihr möglicherweise gerade durch den Kopf geht, und zwingen sie damit, Ihnen zuzustimmen. So haben Sie bereits eine gemeinsame Basis für ein Gespräch geschaffen.
2. Sie machen ihr gewissermaßen ein Kompliment, lassen sich dabei aber absichtlich eine Hintertür offen: Es *könnte* ja auch aus anderen Gründen heiß sein. Sie soll sich fragen, ob Sie ihr schmeicheln wollten oder nicht. Genau diese Fähigkeit, Neugier und Verwirrung bei einer Frau hervorzurufen, unterscheidet einen PAR vom DFL. Die meisten Frauen haben die Absichten eines DFL ruckzuck durchschaut. Ein PAR dagegen verblüfft sie immer wieder aufs Neue, zwingt sie zu überlegen, lässt sie rätseln. Wenn er sie erst geistig für sich eingenommen hat, wird ihr Körper nicht mehr lange Widerstand leisten.
3. Sie lenken nun die Aufmerksamkeit auf Ihre Gesprächspartnerin – und zwar nicht mit der uralten Frage: »Was treibt eine Frau wie du an einem Ort wie diesem?«, denn darauf folgt allzu häufig die Antwort: »Ich warte auf meinen Freund.« Die Aufforderung »Erzähl doch mal was über dich« ist der ideale Gesprächseinstieg, weil sie ihr erlaubt, über alles zu reden, was ihr gerade durch den Kopf geht. Probieren Sie es aus und sehen Sie selbst, welch vielfältige Antworten Sie darauf erhalten.
4. Sie hören aufmerksam zu und fügen die erhaltenen Informationen Stück für Stück wie bei einem Puzzlespiel zusammen, um sich ein Bild von ihr zu machen: Interessen, Vorlieben und Abneigungen; mit etwas Glück gewährt Sie

Ihnen sogar einen Einblick in ihre Träume und Fantasien. All diese Informationen benötigen Sie, um sich später in ihren Traummann zu verwandeln und sie glücklich zu machen. Bringen Sie sie dazu, alles andere auszublenden – bis auf Sie natürlich und die Tatsache, wie großartig man sich mit Ihnen amüsieren kann.

Beenden Sie Ihren Redefluss nach maximal zehn bis fünfzehn Sekunden mit einer Frage, die sie möglichst ausführlich beantworten muss. Nicht vergessen: Das Ziel der Annäherung ist es, sie möglichst rasch in ein Gespräch zu verwickeln. Es kommt nicht auf die Dauer, sondern auf die Qualität Ihrer Einleitung an. Im Folgenden finden Sie einige einfache Beispiele, die diese Anforderungen erfüllen. Der erste Kontakt dient lediglich als Aufwärmrunde für den eigentlichen Flirt. Bringen Sie diese Etappe möglichst schnell hinter sich und gehen Sie dann zur nächsten über: zum tatsächlichen Gespräch.

Beispiele

Hier ein paar Strategien, die im Laufe der Jahre schon zahlreichen bedauernswerten DFL eine große Hilfe waren. Sie können sie entweder Ihrem Repertoire an Einleitungen hinzufügen oder, noch besser, darauf aufbauend Ihre ganz persönliche Masche kreieren. Es spricht nichts dagegen, jede Frau auf dieselbe Tour anzusprechen, solange Sie flexibel genug sind, sie den Gegebenheiten anzupassen und Ihre Worte nicht herunterzuleiern wie eine Nullachtfünfzehn-Anmache.

Bei der Gelegenheit gleich ein wichtiger Hinweis: Die in diesem Lehrbuch aufgeführten Beispiele sind keine Mantras oder Zaubersprüche, die garantieren, dass Ihnen die Frauen automatisch reihenweise in die Arme sinken! Es nützt Ihnen nichts, sie

Wort für Wort auswendig zu lernen, um sie dann Ihrem (garantiert sprachlosen) Opfer vorzutragen wie ein Amateurschauspieler bei einer Shakespeare-Open-Air-Aufführung. Sie würden nicht glauben, wie viele Männer diesen Fehler begehen. Mit verheerenden Folgen, wie ich wohl kaum erwähnen muss.

Lesen Sie sich die angeführten Beispiele durch, um eine Vorstellung von der jeweiligen Dynamik zu bekommen, und versuchen Sie, zu erfassen, auf welchen mentalen Bildern und Konzepten sie basieren und welche Gefühle und Assoziationen man damit bei einer Frau hervorrufen kann.

Es ist nichts dagegen einzuwenden, wenn Sie am Anfang das eine oder andere Lieblingsbeispiel auswendig lernen, aber glauben Sie mir, im wirklichen Leben kommen Sie damit nicht weit. Funktionieren wird es erst dann, wenn Sie sich in einer konkreten Situation auf der Basis der *Prinzipien*, die meinen Beispielen zugrunde liegen, spontan selbst etwas zurechtlegen.

Subtil, aber effektiv

Beispiel 1 (ideal, wenn Sie praktisch bereits neben dem Objekt Ihrer Begierde stehen): »Kennen Sie das, dass einem in ganz alltäglichen Situationen plötzlich etwas total Unglaubliches, Faszinierendes widerfährt? Dass Sie zum Beispiel in Anbetracht irgendeines Kunstwerks im Museum regelrecht in Verzückung geraten? Sie wissen doch, was ich meine, oder? Solche Erfahrungen machen Sie bestimmt auch hin und wieder.« (Sie nickt unwillkürlich.) »Was war denn Ihr interessantestes Erlebnis dieser Art?«

Beispiel 2: Fangen Sie an, indem Sie sich bei der Betreffenden bedanken. Vielleicht erkundigt sie sich, wofür Sie ihr danken, vielleicht auch nicht. Wie auch immer, erzählen Sie ihr unverzüglich, Sie hätten einen etwas seltsamen Tag gehabt und seien ein wenig niedergeschlagen gewesen, ohne genau zu wissen, weshalb. Es seien eigentlich keine großen Katastrophen passiert. Und dann hätte ihr Anblick Sie aufgeheitert und ihr Lächeln Sie dazu bewegt, ebenfalls zu lächeln. Sagen Sie ihr, es gehe Ihnen jetzt schon viel besser, aber Ihnen sei natürlich klar, dass sie nicht hier sei, um Ihren Tag zu retten. Fragen Sie sie, wie es bei ihr so läuft.

Wie war Ihr Tag?

Das ist der Klassiker unter den Klassikern: Einfach auf eine Frau zuzugehen und Sie zu fragen: »Na, wie war Ihr Tag?« Diese Masche ist morgens um zehn klarerweise unbrauchbar, sie kann frühestens am Nachmittag verwendet werden und funktioniert am besten auf Partys oder ähnlichen geselligen Zusammenkünften, aber auch an anderen für eine Anmache eher untypischen Orten (soll heißen, überall außer in einer Bar).

Er: »Na, wie war denn Ihr Tag?«

Sie: »Großartig!«

Perfekt. Sie ist gut gelaunt und da dies auch auf Sie zutrifft, haben Sie bereits etwas gemeinsam. Sie lächeln und sagen: »Bei mir auch. Was haben Sie so gemacht?«

Doch was, wenn sie sagt:

»Grauenhaft.«

Kein Problem. Wenn sie einen schlechten Tag hatte, wird sie darüber reden wollen. Die ideale Gelegenheit, zu beweisen, dass Sie mitfühlend und verständnisvoll sind und selbst einen schwarzen Tag wie diesen retten können. Legen Sie ihr also die Hand auf die Schulter und sagen Sie: »Oh je, das tut mir Leid. Was ist denn passiert?«

Falls die Antwort weder »großartig« noch »grauenhaft«, sondern »Geht so« lautet, wird es schon schwieriger, aber nicht unlösbar. Sie versucht entweder, Sie abzuwimmeln oder vom Thema abzulenken, weil sie nicht darüber reden will. Fragen Sie einfach: »Und der gestrige?«

»Auch ganz okay.«

Sanitäter! Einmal Adrenalin bitte, aber dalli! Diese Frau ist im Begriff, ins Koma zu fallen. Höchste Zeit für ein wenig Aufregung. Wenn es Ihnen gelingt, diese Braut aus ihrer Apathie zu reißen, dann gehört Ihnen garantiert ihr Herz.

»Ihr Leben scheint im Augenblick ja nicht besonders aufregend zu sein. Nicht einmal (halten Sie die Hände zirka dreißig Zentimeter voneinander entfernt hoch) so viel?« Sie verzieht den Mund, also verringern Sie den Abstand zwischen Ihren Händen. »Oder so viel?« Haben Sie da etwa einen Muskel zucken sehen? Wendet sich das Blatt allmählich? Lassen Sie eine Hand sinken und zeigen Sie mit Daumen und Zeigefinger der anderen einen Abstand von drei Zentimetern an. »Könnte es sein, dass Ihr Leben im Moment ungefähr so aufregend ist?« Na also, jetzt lächelt sie – und jede chronisch teilnahmslose Frau, der Sie ein Lächeln entlocken, wird Sie dafür lieben. (Falls sie wider Erwarten noch immer keine Reaktion zeigt, lassen Sie sie einfach stehen. Bei diesem humorlosen Besen ist Hopfen und Malz verloren.)

Sie sehen aus wie ...

Hier eine brillante Variation eines Klassikers von Clifford (Autor von *Clifford's Seduction Newsletter*): Clifford geht gerne auf eine Frau zu und sagt: »Sie sehen aus wie ...« – hier stockt er und überlegt, zögert seine Antwort hinaus, mustert sie von Kopf bis Fuß und fährt fort: »... wie ... wie ...«, ohne den Satz zu beenden. Die Frau wartet gespannt auf seinen Vergleich. Wittert Clifford Interesse, so versucht er, ihre Persönlichkeit einzuschätzen, und vollendet seinen Satz mit den Worten: »wie eine Frau, die ich näher kennen lernen sollte«, oder: »wie jemand, den ich gerne besser kennen würde.« Hat er den Eindruck, dass die Betreffende sich unwohl fühlt oder keinen Spaß versteht, zieht er die Notbremse und sagt, dass bei näherer Betrachtung die Ähnlichkeit doch nicht so groß sei, er würde sich aber trotzdem freuen, sie kennen zu lernen.

Schieben Sie auch in diesem Fall gleich eine offene Frage hinterher, etwa: »Was führt Sie hierher?« Vermeiden Sie jedoch unbedingt die von Verlierern allzu häufig strapazierte Frage: »Sind Sie oft hier?« – es sei denn, beim folgenden Ansatz.

Wir kennen uns doch!

So zu tun, als würden Sie sich kennen, ist eine der einfachsten und wirkungsvollsten Möglichkeiten, eine wildfremde Frau in ein Gespräch zu verwickeln. Überspringen Sie die Einleitung ganz einfach (Frauen hassen die meisten uralten abgelutschten und völlig nutzlosen Floskeln ohnedies) und verzichten Sie auf die Vorstellungsrunde (sie verrät Ihnen ja später sowieso ihren Namen und ihre Telefonnummer). Kommen Sie ohne Umschweife auf irgendein Thema zu reden, als würden Sie an eine vorangegangene Unterhaltung anknüpfen. Wichtig ist nur, dass Sie es nicht wie eine Anmache aussehen lassen: Legen Sie ein freundliches (keine Schmeicheleien, kein Lechzen!), selbstsicheres (kein Zittern oder Stottern!) und heiteres Verhalten an den Tag.

In vielen Fällen spielen die Frauen mit, als wären Sie tatsächlich alte Bekannte – bis es für ihren Rückzug zu spät ist. Es kann aber auch sein, dass Sie geradeheraus gefragt werden, woher Sie sich kennen. Mit dieser Frage müssen Sie früher oder später rechnen, legen Sie sich also eine Antwort zurecht. Sie können entweder zugeben, dass Sie geblufft haben, sie aber gern kennen lernen würden, oder Sie halten es mit Cliffords Trick und behaupten, Sie hätten sie wohl verwechselt.

Variation 1: Reden Sie ihr ein, Sie würden sich kennen. Kevin Kupal rät in einem Internetforum namens »Mindlist« zu folgender Modifikation des oben genannten Ansatzes, um die Betreffende davon zu überzeugen, dass Sie sich kennen: Streifen Sie eine Frau mit einem flüchtigen Blick und sehen Sie dann gleich noch einmal zu ihr hin, als wären Sie überrascht, ihr hier zu begegnen.

Dies kann bereits der Einstieg ins Gespräch sein. Falls nicht, sagen Sie einfach, Sie müssten sich kennen, sie käme Ihnen bekannt vor. Fragen Sie sie, ob sie dasselbe Gefühl hat. Wenn Sie bejaht, laden Sie sie auf einen Kaffee ein, um herauszufinden, wo Sie einander schon einmal über den Weg gelaufen sein könnten.

Variation 2: Abklatschen

»Ich hebe im Vorbeigehen einfach den Arm und rufe: ›Gib mir High-five!‹ Wenn mir eine Frau danach erneut über den Weg läuft, sage ich: ›Da bist du ja wieder!‹, und schon sind wir Freunde! Manchmal gehe ich auch bloß auf ein Mädchen zu und hebe wortlos die Hand. Wenn es abklatscht, fange ich ein Gespräch an.«

Craig

Klingt verrückt, ich weiß, aber ich habe es ausprobiert. Es funktioniert!

Einfach atemberaubend!

Diese Taktik stammt vom Meisterverführer Ross Jeffrey und gehört zu meinen Favoriten. Ich führe sie hier allerdings nur unter Vorbehalt auf, weil sie eher etwas für Fortgeschrittene ist. Gewöhnlich ist es grundfalsch, einer Frau gleich in der Einleitung auf die Nase zu binden, wie toll sie aussieht, weil man damit leicht den Anschein erweckt, ein bettelnder, sabbernder DFL zu sein, der es nur auf ihren Körper abgesehen hat. Deshalb kommt es bei der Ausführung ganz besonders auf Tonfall und Haltung an. Sprechen Sie langsam und versuchen Sie, möglichst glaubwürdig, lässig und selbstbewusst-männlich zu wirken. Geben Sie sich entspannt – wenn Sie auch nur im Geringsten notgeil oder unterwürfig rüberkommen, ist der Zug abgefahren.

Und so wird's gemacht: Gehen Sie geradewegs auf eine Frau zu, entschlossen, aber nicht eilig, und sagen Sie: »Verzeihen Sie bitte (obwohl es eigentlich keinen Grund gibt, sich zu entschuldigen, weil Sie im Begriff sind, ihr etwas Gutes zu tun), ich wollte Ihnen nur sagen (legen Sie an dieser Stelle eine bedeutungsschwangere Pause ein), dass ich Sie absolut umwerfend finde – und dass ich Sie unbedingt kennen lernen möchte.«

Nun ist sie erst einmal baff. Warten Sie nicht, bis sie sich wieder gefangen hat, sondern treten Sie umgehend näher – und zwar *eine Spur* zu nahe – und schütteln Sie ihr die Hand. Fahren Sie fort, ohne ihre Hand loszulassen, und sehen Sie ihr dabei direkt in die Augen. Etwa sechzig Prozent aller Frauen ist so ein Benehmen höchst suspekt. Sie schrecken zurück und suchen empört das Weite. Bei den restlichen vierzig Prozent hinterlassen Sie mit dieser Masche einen äußerst starken, intimen, sexuell angehauchten Eindruck – in gerade mal fünf Sekunden. Dieser Ansatz ist wie gesagt äußerst riskant, weil die Gefahr besteht, dass Sie für einen Loser in akutem Notstand gehalten werden, doch wenn es klappt, winkt Ihnen ein reicher Lohn.

Für Frauen, die tatsächlich umwerfend sind, ist diese Einleitung allerdings ungeeignet. Für die ist so ein Kompliment nichts Neues, also wird es für sie bloß klingen wie die x-te armselige Anmache. Seine wahre Wirkung entfaltet dieser Ansatz nur bei Frauen, die Sie mit Ihrer Aussage verblüffen, besser gesagt, für die Ihre Worte eine erfreuliche Überraschung sind. Bei einer Frau, die sich durchschnittlich attraktiv fühlt und ein solches Kompliment nicht allzu oft hört, sind Ihre Erfolgschancen ungleich höher. Ich muss hoffentlich nicht erwähnen, dass Sie nicht versuchen sollten, mit dieser Taktik bei einem hässlichen Entlein zu landen – weil Sie von denen nämlich grundsätzlich die Finger lassen sollen! Seien Sie selbstbewusst und stecken Sie sich hohe Ziele.

Ein Hauch Dramatik

Bei dieser Methode geht es darum, möglichst viel Aufruhr zu verursachen. Sorgen Sie für eine Szene, mit der Sie die Aufmerksamkeit aller Menschen im Umkreis von eineinhalb Kilometern erregen, inklusive die Ihrer »Zielperson«. Haben Sie das geschafft, dann gilt es, ihr klar zu machen, dass Sie diese total bizarre oder peinliche Aktion nur ihretwegen durchgezogen haben, was sie hoffentlich höchst schmeichelhaft finden wird. Denn wer bereit ist, sich für eine Frau der Lächerlichkeit preiszugeben, der muss zwangsläufig engagiert, mutig und entschlossen, aber auch ein bisschen ausgeflippt und spontan sein – lauter Eigenschaften, mit denen Frauen die Protagonisten ihrer (feuchten) Träume ausstatten. Das folgende Beispiel stammt aus einem E-Book mit dem Titel *Sweep Women Off Their Feet and Into Your Bed* (auf gut Deutsch: Wie Sie Frauen im Sturm erobern und in die Kiste locken). Es dient allerdings eher zur Illustration. Aus sicherheitstechnischen Gründen kann ich Ihnen diese Methode nicht ans Herz legen.

Ein Mann war in seinem Auto unterwegs, als er auf dem Bürgersteig eine schöne Frau erblickte. Er trat ohne zu zögern auf die Bremse, schaltete die Warnblinkanlage ein und stieg aus dem Wagen. Damit löste er bei den anderen Fahrern natürlich ein erbostes Hupkonzert aus – und erregte selbstredend die Aufmerksamkeit der Frau, auf die er schnurstracks zulief, um ihr zu erklären, bei Frauen wie ihr käme buchstäblich der Verkehr zum Erliegen. Er sei ansonsten nicht der Typ Mann, der sich zu solchen Aktionen hinreißen lasse, aber er müsse sie unbedingt kennen lernen. Sie war so perplex und geschmeichelt, dass sie ihm ihren Namen nannte und sich von ihm zu einem Kaffee einladen ließ – nachdem er den Wagen ordnungsgemäß geparkt hatte.

Der Handyschwindel

Warum machen Sie sich nicht zur Abwechslung die moderne Kommunikationstechnologie zunutze? Nehmen wir an, Sie befinden sich in der Öffentlichkeit und erspähen in Hörweite eine heiße Braut. Eigentlich sollten Sie nun Blickkontakt aufnehmen, lächeln und gemäß der Drei-Sekunden-Regel in Aktion treten. Falls Sie sich aber noch nicht ganz von Ihrer DFL-Persönlichkeit verabschiedet haben (dann wird es allmählich höchste Zeit!) und ein Mobiltelefon besitzen, können Sie sich auch dieses Tricks bedienen.

Lassen Sie Ihr Handy mithilfe der Ruftonauswahl oder des Lautstärkereglers klingeln (oder tun Sie so, als hätten Sie es auf Vibrationsmodus gestellt). Nehmen Sie das vermeintliche Gespräch an und erzählen Sie ihrem imaginären Gesprächspartner ganz ungeniert von ihr. Tun Sie zunächst so, als würde der Anrufer sich nach einer Frau erkundigen, von der Sie sich jüngst getrennt haben, und erwähnen Sie dann, dass just in diesem Augenblick unweit von Ihnen eine hübsche Frau sitzt, die Sie immer wieder ansieht, aber offenbar etwas schüchtern ist. Kommentieren Sie ihre bewundernswerte Selbstbeherrschung und die Tatsache, dass sie zweideutige Signale aussendet. Spätestens jetzt sollte sich zeigen, ob sie Interesse hat oder nicht. Falls sie Ihnen ein scheues Lächeln schenkt, ist das Eis gebrochen. Ergreifen Sie die Gelegenheit beim Schopf!

Diese sehr passive Strategie ist nicht nur für Waschlappen geeignet, sondern bietet auch einem PAR zwischendurch eine nette Abwechslung. Stellen Sie vorher jedoch sicher, dass alle Anrufe vorübergehend auf Ihre Mobilbox umgeleitet werden – ein Klingeln mitten im Schwindeltelefonat kann nämlich ziemlich peinlich werden.

Pez gefällig?

Mit dieser praktisch idiotensicheren Masche ernten Sie garantiert ein Lachen: Gehen Sie einfach auf eine Frau zu, legen Sie den Kopf schief und mustern Sie sie ernst, bis sie Ihnen einen »Was soll der Quatsch, du Idiot?«-Blick zuwirft. Dann lächeln Sie sie an und zücken Ihren Pez-Spender.

Er: Pez gefällig?

Sie (*lacht*): Gern. Ich liebe Pez.

Er: Hat Ihnen Ihre Mutter nicht verboten, Süßigkeiten von Fremden anzunehmen?

Sie: Doch ...

Er: Schon seltsam, dass die verbotenen Früchte immer am besten schmecken, nicht?

Der Zusammenprall

Normalerweise rate ich von abgelutschten Aufreißsprüchen ab, aber in diesem Fall mache ich eine Ausnahme, denn der folgende ist wirkungsvoll, harmlos und lustig obendrein: Gehen Sie unmerklich auf Kollisionskurs, sobald Ihnen eine schöne Frau entgegenkommt, sodass Sie beide stehen bleiben müssen. Wenn sie sich entschuldigt, sagen Sie: »Kein Problem. Ich wäre auch wie angewurzelt stehen geblieben, wenn wir nicht zusammengestoßen wären.«

Nun hat sie zwei Optionen. A: Sie geht kommentarlos weiter, was nur beweist, dass sie keinen Sinn für Humor hat und Sie ohne sie besser dran sind. B: Sie lacht. In diesem Fall können Sie gleich folgenden Klassiker von Ross Jeffries dranhängen: »Schön, dass Sie lachen. Ich finde Sie nämlich echt umwerfend und habe mich schon gefragt, ob in diesem tollen Körper auch ein netter Mensch steckt. Es tut gut, eine Frau kennen zu lernen, die neben ihrem Aussehen auch Persönlichkeit zu bieten hat.«

Prägen Sie sich diese Worte gut ein – ich konnte damit schon mehr Volltreffer landen als mit jeder anderen mir bekannten Masche. Sie ist die ideale Reaktion, wann immer eine Frau, die Sie gerade angesprochen haben, lacht. Im Anschluss daran können Sie jedes x-beliebige Thema anschneiden. Es wird sich fast immer eine wunderbare Unterhaltung daraus entwickeln.

Finger weg von lahmen Anmachsprüchen! Sie zeugen nur von Einfallslosigkeit, Notgeilheit, Unbedarftheit und Verzweiflung, weshalb der Schuss meist nach hinten losgeht – falls sie mit vollem Ernst vorgebracht werden. Eine Nullachtfünfzehn-Anmache sollte wirklich nur die letzte Rettung sein, wenn Sie die Drei-Sekunden-Regel befolgen und Ihnen auf dem Weg zu ihr ums Verrecken nichts Vernünftiges einfallen will. In diesem Fall können Sie einen Notanker in Gestalt einer einschlägigen Floskel auswerfen, aber bitte so, dass sie garantiert wie ein Scherz rüberkommt.

Nähern Sie sich der Betreffenden mit einem Lächeln und einem schmalzigen Aufreißspruch auf den Lippen, bei dem ihr die Kinnlade herunterklappt, und fügen Sie, ehe sie sich dazu äußern kann, hinzu: »Kleiner Scherz. Mein Kumpel hat mir neulich von ein paar Anmachsprüchen erzählt, die er in einer Bar aufgeschnappt hat, und ich wollte mal sehen, wie die so ankommen. Wie finden Sie den ...« Zweiter Spruch. Wenn sie reagiert (egal, ob positiv oder negativ, Hauptsache, Sie werden nicht ignoriert), machen Sie weiter. Früher oder später werden Sie für Ihre Bemühungen hoffentlich mit einem Lachen, dem heiligen Gral des Erfolgs, belohnt. Spielen Sie dann ihr den Ball zu, indem Sie sich erkundigen, ob sie auch ein paar richtig ätzende auf Lager hat, und schon ist das Gespräch im Gange.

Ich habe Ihnen hier ein kleines Potpourri an Aufreißsprüchen zusammengestellt. Greifen Sie aber wie gesagt nur in absoluten Notfällen zu diesem Mittel, oder wenn Ihre einleitenden Worte dahingehend lauten, dass Anmachsprüche einfach grauenhaft sind. Wappnen Sie sich – banaler geht es kaum:

- »Hi! Hast du einen Freund? Hättest du gern einen netteren? Beantworte die zweite Frage zuerst!« (Maschinengewehrsalvenartig vorzubringen)

- Wenn sie offensichtlich alleine unterwegs ist, zeigen Sie auf einen Kerl in der Nähe und flüstern Sie: »Ist das dein Freund? Nein? Gut, weil du nämlich etwas Besseres verdient hast.«
- »Entschuldige, aber ich muss dir etwas sagen: Wenn Gott je etwas Schöneres erschaffen hat als dich, dann hat er es ziemlich gut versteckt.«
- »Komm, wir gehen zu mir und tun das, von dem ich ohnehin überall herumerzählen werde, wir hätten es getan!«
- »Wärst du sauer, wenn ich dir einfach sag': Ich möchte gern mit dir schlafen?«
- »Du musst der wahre Grund für die globale Erderwärmung sein.«
- »Glaubst du an die Liebe auf den ersten Blick oder muss ich noch einmal vorbeigehen?«
- »Entschuldige, ich fürchte, ich habe meine Telefonnummer verlegt ... Kann ich mir deine ausborgen?«
- »Wenn ich dich fragen würde, ob du mit mir schläfst, wäre die Antwort dann dieselbe wie die auf diese Frage?« (Das wird sie garantiert verwirren, was auch der Sinn der Sache ist).
- »Verzeihung, ich habe gerade bemerkt, wie du mich bemerkt hast, und wollte anmerken, dass ich dich auch bemerkt habe.«
- Im Vorbeigehen: »Hey, hast du mir etwa gerade an den Hintern gefasst? Nein? Tja, dann war das wohl Wunschdenken.«
- Zu einer Frau in einem knappen Outfit: »Ein hübsches kleines Nichts, das Sie da beinahe anhaben.« (James Bond lässt grüßen!)
- Wenn Sie von ihr gemustert wurden: »Sollen wir reden oder willst du mich weiter aus der Ferne anschmachten?«
- Bist du wirklich so gut, wie alle behaupten?

- Wenn sie nicht besonders attraktiv ist: »Wie fühlt man sich, wenn man die schönste Frau im Raum ist?«
- Wenn sie wiederum nicht besonders hübsch, aber immer noch die beste Option ist: »Sie werden bestimmt bald gebeten, zu gehen. Sie lassen die anderen Frauen hier nämlich echt blass aussehen.«
- »Na, zu dir oder zu mir? Weißt du was: Wir werfen eine Münze. Bei Kopf zu dir, bei Zahl zu mir.«
- »Was macht eine Frau wie du in einer solchen Absteige?«
- »Hi, auf welchen Anmachspruch würdest du denn am Positivsten reagieren?«

Da viele dieser Sprüche lustig sind (mehr oder weniger jedenfalls) und Frauen gerne lachen, könnte sich der eine oder andere definitiv als hilfreich erweisen. Manche lassen sich sogar ideal einsetzen, um einem harmlosen, fröhlichen, lockeren Flirt unversehens eine deutlich sexuelle Note zu verleihen. Der Spruch mit der Münze etwa ist, sofern ernst gemeint, ein richtiger Frauenvergrauler, kann aber nach einer stimulierenden Unterhaltung die ideale Überleitung darstellen, um eine Frau nach Hause einzuladen – neckisch, scherzhaft und absolut angemessen.

Autsch!

Zu Ihrem Amüsement hänge ich noch drei klassische Abfuhren an, die Sie zu hören bekommen könnten, falls Sie den Fehler begehen, einen Aufreißspruch zur falschen Zeit oder auf die falsche Art und Weise zu verwenden.

Er: Ich würde Sie gern anrufen. Verraten Sie mir Ihre Telefonnummer?
Sie: Die steht im Telefonbuch.
Er: Und Ihr Name?
Sie: Der steht daneben.

Er: Für dich würde ich bis ans Ende der Welt gehen.
Sie: Dann mach dich mal gleich auf den Weg.

Sie (nachdem er einen Anmachspruch zum Besten gegeben hat): Dein Auftritt war schon nicht schlecht, nun zeig mir mal deinen Abgang.

Rümpfen Sie also in Anbetracht billiger Anmachsprüche die Nase, soviel Sie wollen. Irgendwann kommt vielleicht der Zeitpunkt, an dem auch Sie dankbar darauf zurückgreifen – und damit großartige Resultate erzielen.

Tarot und Co.

»Stehen Sie auf Esoterik? Glauben Sie an Astrologie,
Astralprojektion, außersinnliche Wahrnehmung oder
Tarot? Wie bitte? Sie halten das alles für einen Riesenhaufen
Mist? Ich auch. Aber wissen Sie was:
Frauen lieben solchen Kram, also tue ich so,
als fände ich das alles wahnsinnig interessant.«

Ross Jeffries

Es ist beileibe keine Schande, beim Flirten diverse Taschenspielertricks einzusetzen. Sie sind ungleich cooler und interessanter als Anmachsprüche und garantieren außerdem Spannung und Spaß für Sie und Ihre Gesprächspartnerin. Ross Jeffries zum Beispiel analysiert am liebsten die Handschriften seiner Auserwählten. Die Grundkenntnisse der Graphologie haben Sie sich in etwa fünf Minuten angeeignet, diverse Informationen erhalten Sie zum Beispiel unter www.myhandwriting.com, in Deutschland etwa unter www.paranormal.de/astro/handlesen.

Ich persönlich ziehe es vor, im wahrsten Sinne des Wortes »handgreiflich« zu werden, nämlich beim Handlesen. Dieser Trick ist aus mehreren Gründen ideal: Erstens ermöglicht er sofortigen Körperkontakt, weil Sie ja ihre Hand halten und prüfend die Finger über die Innenfläche gleiten lassen müssen. Zweitens können Sie beim »Lesen« alle möglichen Andeutungen und Anzüglichkeiten einbauen. Tragen Sie ruhig ein wenig dicker auf (aber nicht so dick, dass es ihr Angst einflößt). Behaupten Sie zum Beispiel, sie sei überaus sinnlich veranlagt und reagiere empfänglich auf körperliche Reize. Und streichen Sie dabei ihre Lebenslinie entlang (beginnt zwischen Daumen und Zeigefinger und verläuft in einer Kurve zur Handwurzel). Am Handballen sind die meisten Menschen kitzlig – eine sinnliche Berührung an dieser Stelle, kombiniert mit einer entsprechenden Anspielung, wird sie wohlig schaudern lassen.

Obwohl man die Kunst der Chiromantie nicht als ernstzunehmende Wissenschaft bezeichnen kann, kann es nicht schaden, sich ein wenig in die Materie einzulesen, ehe Sie sich als Wahrsager betätigen (und ihr eine wunderbare Zukunft an Ihrer Seite prophezeien).

Handlesen leicht gemacht

Ergreifen Sie ihre Hände (beide!), erkundigen Sie sich, ob sie Rechts- oder Linkshänderin ist, und lesen Sie zuerst die dominante Hand und dann die andere, die über ihr inneres Potential Aufschluss gibt. Zögern Sie nicht, ihre »Anlagen« oder Zukunftsaussichten Ihren persönlichen Zwecken entsprechend zu deuten!

Das verrät Ihnen zum Beispiel die »Schicksalslinie« der dominanten Hand (verläuft senkrecht von der Handwurzel über die Mitte des Handtellers):

- Eine Unterbrechung im oberen Bereich, also in Richtung Mittelfinger, lässt auf ein einschneidendes Erlebnis in der

Kindheit schließen. Befragen Sie sie danach, das sorgt augenblicklich für emotionale Nähe.

- Findet die Schicksalslinie erst in der Mitte der Hand ihren Ursprung, so findet der Handeigner erst gegen Mitte zwanzig zu seinem eigenen Weg. Einmündende Linien weisen auf schicksalhafte Begegnungen hin (Freunde, Liebesbeziehungen!).

Stellen Sie stets nur Positives in Aussicht und vergessen Sie nicht, ihr zu verraten, wie Sie zu Ihren Erkenntnissen gelangt sind (auch wenn sie totaler Quatsch sind).

Wenn Sie fertig sind, halten Sie noch einen Moment ihre Hände fest, sehen Sie ihr in die Augen und hauchen Sie ihr einen Kuss auf die Fingerspitzen.

Die Konversation

Ganz gleich, ob Sie bei der Kontaktaufnahme einen simplen Trick oder eine komplizierte Strategie angewendet haben, die ersten Worte aus Ihrem Mund bilden sozusagen die Brücke zwischen Schweigen und freundlicher Unterhaltung. Von wesentlicher Bedeutung bei der Gesprächsanbahnung ist es, ihr eine Frage zu stellen, die sie zum Reden animiert. Was nicht heißen soll, dass Ihre ersten Worte unbedingt eine Frage sein müssen. Sie können genauso gut mit einem Scherz oder einem neutralen Statement anfangen, dem jedoch stets eine Frage folgen sollte. Denken Sie daran, dass es bei einem Flirt um positive Interaktion geht. Fassen wir also zusammen:

1. Sie stellen mithilfe einer passenden Einleitung (siehe »Gesprächseröffnung«, »Anmachsprüche«) den ersten Kontakt her.

2. Im Anschluss stellen Sie ihr gleich eine so genannte W-Frage (beginnt mit »Wann«, »Was«, »Wie«, »Wer« – und lässt keine Ja/Nein-Antwort zu).
3. Legen Sie sich schon vorher mindestens eine weitere derartige Frage zurecht (noch besser zwei), damit die Unterhaltung nicht gleich wieder ins Stocken gerät.
4. Nach drei offenen Fragen sollte das Gespräch in Gang gekommen sein, vorausgesetzt, die Fragen und auch die Antworten waren interessant genug.

Bei Schritt eins ist sie überrascht, weil Sie sie angesprochen haben, bei Schritt zwei ist sie argwöhnisch – Sie sind noch immer ein Fremder für sie. Spätestens bei Schritt drei jedoch sollte sie ihre Abwehrhaltung aufgegeben und Sie akzeptiert haben – und das binnen ein, zwei Minuten!

Nach ein paar Versuchen wird Ihnen auffallen, dass es zwei Kategorien von Frauen gibt: Die, die gern reden, und die, die lieber zuhören. Wenn sie gern redet, haben Sie leichtes Spiel – formulieren Sie ihre Antworten um und bilden Sie daraus intelligente, dem Gespräch dienliche neue Fragen. Das Schlüsselwort hierbei ist *dem Gespräch dienlich.* Hören Sie ihr zu, gehen Sie auf das Gesagte ein und vermeiden Sie es, sie mit einer Reihe willkürlicher Fragen zu bombardieren, sonst kommt sie sich vor wie bei einem Vorstellungsgespräch. Für den Fall, dass sie zur Kategorie Zuhörer zählt, sollten Sie sich mindestens *zwei* clevere Folgefragen zurechtlegen – und ein Notfall-Gesprächsthema, auf das Sie zurückgreifen können, um nicht auf die Nase zu fallen (was im Prinzip auch eine wertvolle Erfahrung wäre, von der Sie nur profitieren können).

Aus der Akte Verlierer: Soll ich mich nach ihrem Namen erkundigen?

Auch wenn es Sie überrascht: Die Antwort lautet Nein! Zugegeben, es erscheint auf den ersten Blick als die unschuldigste und simpelste Art und Weise, mit einer Frau anzubandeln. Da aber ausnahmslos jeder DFL diese Taktik anwendet, wirkt sie auf Frauen unbeschreiblich abgelutscht und vorhersehbar. Dazu kommt, dass ein Name nicht das Geringste über einen Menschen aussagt und daher im Grunde genommen eine nutzlose Information ist. Es kann sogar riskant sein, eine Frau nach dem Namen zu fragen. Hüten Sie sich auch davor, ihr gleich Ihren Namen auf die Nase zu binden. Falls sie kein Interesse hat, wird sie ihn ohnehin vergessen. Und falls doch, wird sie sich von selbst danach erkundigen, glauben Sie mir. Wenn sie mitten in der Unterhaltung plötzlich herausplatzt: »Du liebe Zeit, ich weiß ja noch nicht einmal, wie du heißt!«, dann ist das so ziemlich das deutlichste Anzeichen dafür, dass Sie gute Fortschritte machen. Außerdem verschieben sich auf diese Weise die Machtverhältnisse zu Ihren Gunsten – plötzlich ist sie es, die Ihren Namen wissen und Sie besser kennen lernen möchte. Wie Sie noch lernen werden, ist es dementsprechend auch besser, wenn Ihnen eine Frau freiwillig ihre Telefonnummer gibt, oder von sich aus vorschlägt, zu ihr nach Hause zu gehen.

Manche Menschen vertreten den Standpunkt, den Namen seines Gegenübers zu kennen verleihe dem Gespräch eine ungleich persönlichere Note, als sei man einander förmlich vorgestellt worden. Aber macht es wirklich einen solchen Unterschied, wenn Sie einander in aller Form vorgestellt werden? Wohl kaum. Dass eine Frau nur wegen Ihres Namens urplötzlich auf Sie fliegt, wage ich ernsthaft zu bezweifeln. Vielmehr besteht die Gefahr, dass Sie von ihr in aller Form mit dem Stempel »Versager« versehen, oder, noch schlimmer, mit der LUFS-Leier abgefertigt werden.

Es gibt noch einen Grund, weshalb Sie lieber nicht nach

ihrem Namen fragen sollten: Was, wenn Sie ihn (oh, Schreck!) zwei Minuten später wieder vergessen haben? In so einem Fall können Sie ganz schön ins Schwitzen geraten (allerdings nicht so, wie Sie das geplant hatten!), denn sie erwartet natürlich, dass Sie ihn sich eingeprägt haben. Doch kein Grund zur Panik. Schieben Sie jede Schuld von sich und tun Sie so, als wäre ihr Name eben nichts Besonderes, nicht einprägsam oder wichtig genug, um Ihnen im Gedächtnis zu bleiben. Sagen Sie mit fast schon arrogant wirkender Nonchalance: »Ich weiß, du hast einen schönen Namen – wie war er noch mal?« Damit sollten Sie Ihren Hintern noch einmal retten können – aber es ist klüger, dem Problem von vornherein vorzubeugen.

Mit anderen Worten: Namen sind gut und recht, solange Ihr Gegenüber das Thema aufs Tapet bringt. Bis dahin bleiben Sie einfach der geheimnisvolle Unbekannte.

Die verbale Momentaufnahme

Mithilfe der so genannten verbalen Momentaufnahme schaffen Sie praktisch sofort eine gemeinsame Basis. Es handelt sich dabei lediglich um eine wahrheitsgetreue Beschreibung der laufenden Ereignisse – etwa die Tatsache, dass sie sich in einer Bar, einem Café, Restaurant, Fitnesscenter oder Bahnhof befindet und sich mit Ihnen unterhält. Dem kann sie wohl kaum widersprechen, nicht wahr? Und genau das ist der Clou daran.

Ich selbst greife mit Abstand am häufigsten zu dieser überaus effektiven Strategie und kann sie vor allem den Einsteigern unter meinen Lesern nur wärmstens empfehlen.

Aus der Akte Verlierer: Soll ich ihr einen Drink spendieren?

Ich mache es kurz und schmerzlos: Nein, niemals. Laden Sie nie eine Frau zu einem Getränk ein und hüten Sie sich, auf diesbezügliche Forderungen einzugehen (»Ich habe Durst, gibst du mir einen aus?«). Warum? Weil Sie es nicht nötig haben, um ihre Gunst zu betteln oder sie sich zu erkaufen. Wenn Sie es doch tun, treten Sie damit die Macht an sie ab – und Frauen haben keinerlei Achtung oder Respekt vor solchen Männern. Außerdem dürfen Sie einer Frau niemals in Aussicht stellen, dass Sie ihr alles Mögliche kaufen werden. Sie sind schließlich nicht ihre Bank. Geschenke, Einladungen zum Dinner oder Ähnliches gibt es, wie bereits mehrfach erwähnt, ausschließlich als Belohnung, *nachdem* sie bereits mit Ihnen im Bett war. Vergessen Sie das niemals!

Wollen Sie wissen, was eine Frau denkt, wenn sie fragt, ob Sie ihr einen Drink spendieren? Sie denkt: Mal sehen, was ich diesem Trottel aus dem Kreuz leiern kann!

Sie: »Gibst du mir einen aus?«
Er (*denkt: Mannomann, was für ein Glück! Ich glaube, die steht auf mich!*): »Klar!«
Sie (*denkt: Ha! So ein Schlappschwanz! Glaubt der etwa, ich würde für ein Bier mit ihm ins Bett gehen? Püh ... Ich schnappe mir jetzt meine Flasche und suche mir einen richtigen Mann*): »Danke, nett von dir! Tschü-hüß!«
Er (*verblüfft*): »Äh ... Moment mal!«

Wenn sie Ihnen anstandshalber noch fünf bis zehn Minuten Gesellschaft leistet, bedeutet das nur, dass sie ein netter Mensch ist – eigentlich die Art von Frau also, die Sie lieber auf ganz andere Art und Weise kennen lernen hätten sollen. Und dann ist die Sache gelaufen. Mit Ihrem DFL-Verhalten haben Sie einen denkbar schlechten Start hingelegt und sich ihrer Macht gebeugt, deshalb hat sie Sie bereits von der Liste der möglichen Partner gestrichen.

Noch schlimmer ist es, wenn Sie freiwillig in die Rolle des bettelnden, verzweifelten DFL geschlüpft sind und ihr anbieten, sie freizuhalten. Dann wird sie das Angebot entweder ablehnen (weil Sie mit einem derart rückgratlosen Loser nichts zu tun haben will), oder den Drink akzeptieren und Sie weiterhin ignorieren (weil sie scharf auf den Drink ist). Im günstigsten Falle nimmt sie aus Mitleid an und unterhält sich der Höflichkeit halber eine Weile mit Ihnen. Was rein gar nichts zu bedeuten hat. Das Gespräch wird sich unerquicklich gestalten und zu nichts führen, weil sie die ganze Zeit über denkt: *Ich habe mich einladen lassen, also wäre es wohl unhöflich, gleich die Kurve zu kratzen. Aber wenn ich bleibe, glaubt der Schlappschwanz womöglich, er hätte Chancen. Von wegen. Ich muss bei der nächstbesten Gelegenheit die Fliege machen.* Mit anderen Worten: Sie können sich den Mund fusslig reden; mit dieser Masche kommen Sie nicht ans Ziel. Selbst wenn Sie richtig gut sind, besteht nur eine minimale Chance, sie doch noch rumzukriegen. Aber dann hätten Sie sich wohl kaum in diese Misere hineingeritten.

Auf die uralte »Spendierst du mir einen Drink?«-Masche reagieren Sie am besten mit einem entschiedenen Nein. Auf diese Weise spielen Sie ihr den Ball zu und können herausfinden, worauf sie aus ist. Wenn es ihr bloß um ein Gratisgetränk geht und ihr egal ist, wer die Zeche bezahlt, dann versteht sie den Wink und versucht es bei irgendeinem Verlierer am anderen Ende der Bar. Der müssen Sie keine Träne nachweinen.

Es könnte allerdings auch sein, dass sie wirklich an Ihnen interessiert ist und die Frage lediglich das weibliche Pendant zur weit verbreiteten »Darf ich dich einladen?«-DFL-Taktik war. Wenn dem so ist, erklären Sie ihr, dass Sie fremden Frauen aus Prinzip keine Getränke spendieren, was sie natürlich nicht davon abhalten soll, den Spieß umzudrehen und Sie einzuladen:

Sie: »Puh, hab ich einen Durst. Wie wär's, gibst du mir einen aus?«
Er: »Tut mir Leid, ich kaufe keine Drinks für Frauen, die ich nicht kenne. Aber du könntest uns beiden etwas zu trinken besorgen, wir unterhalten uns ein wenig und dann revanchiere ich mich.«

Sie *(denkt: Huch? ... Mist, abgeblitzt. Sollte ich da etwa an einen richtigen Mann geraten sein? ... Du liebe Güte, werde ich jetzt etwa feucht?)*: »Äh ... (räusper) ... okay!«

Noch ein Szenario wäre denkbar: Wenn sie ganz offensichtlich auf Sie fliegt und mitten in einer angeregten Unterhaltung von Ihnen fordert, sie freizuhalten, dann ist das mit Sicherheit ein Test. Dieser Augenblick ist richtungsweisend für Ihre Beziehung. Sie erwartet von Ihnen als Beweis für Ihre Zuneigung, dass Sie sich fügen. Bekräftigen Sie sie in der Überzeugung, dass Sie ihre Gesellschaft genießen – aber nicht, indem Sie auf die Aufforderung eingehen! Das wäre ein schwerer Fehler. Selbst wenn sie Ihnen alles Mögliche in Aussicht gestellt hat: Nichts davon ist bislang eingetreten, es besteht also noch kein Anlass, sie zu belohnen. Jetzt gilt es, ihr Paroli zu bieten:

Sie: »Ich mag dich. Spendierst du mir einen Drink?«
Er: »Zuerst will ich einen Zungenkuss.«

Ganz wichtig dabei: Stellen Sie *von vornherein* klar, dass es ein Zungenkuss sein muss, und lassen Sie nicht mit sich handeln! Ein läppischer kurzer Schmatz auf die Lippen ist nicht einmal das Papierschirmchen auf einem Cocktail wert. Das Beste an diesem Deal ist, dass Sie nicht ablehnen, sondern Ihrerseits Forderungen stellen. Sie lassen sich nicht zum Spielverderber abstempeln, sondern schieben ihr die Entscheidung zu. Nun ist es an ihr, sich zu weigern, auf die Gefahr hin, dass Sie dann das Interesse an ihr verlieren.

Falls sie sich auf den Handel einlässt, geben Sie ihr den längsten, heißesten Zungenkuss, den sie je erlebt hat – und wenn Sie schon dabei sind, gleich noch ein, zwei weitere. Dann revanchieren Sie sich für diese recht unmissverständliche Aktion wie vereinbart mit einem Drink. Es könnte natürlich sein, dass sie zögert und sich ziert, ehe sie einwilligt. Schließlich ist sie eine Frau mit Klasse und kein Flittchen. Umso besser! Kehren Sie Ihre Alpha-Mentalität hervor und ziehen Sie sie ein wenig auf, indem Sie ihr übertriebene Tugendhaftigkeit und einen Mangel an Courage unterstellen (»Du bist wohl ein bisschen prüde, wie? Ist doch bloß ein Spiel!« oder »Hey, es ist nur ein harmloser Kuss, keine heiße Liebesnacht!«). In den meisten Fällen wird sie darauf einsteigen.

Die verbale Momentaufnahme verläuft am besten folgedermaßen:

Zunächst beschreiben Sie die unmittelbare Vergangenheit – etwa, dass sie vor zehn Sekunden noch untätig alleine herumgesessen hat. Das entspricht nachweislich den Tatsachen, also kann sie es unmöglich leugnen. Damit haben Sie das Gespräch auf Ihr Gegenüber gebracht und zudem bewiesen, dass Sie ein aufmerksamer Beobachter sind. Außerdem kann sie Ihnen keinen mangelnden Einfallsreichtum unterstellen, denn Sie haben sich die eben geäußerten Worte ganz speziell für sie ausgedacht. Keine Anmachsprüche, keine billigen Tricks (so scheint es jedenfalls).

Nun folgt die eigentliche verbale Momentaufnahme. Stellen Sie fest, dass Sie auf sie zugegangen sind und jetzt mit ihr sprechen – was sie ebenfalls nicht widerlegen kann, weil es stimmt: Sie stehen vor ihr und unterhalten sich mit ihr auf charmante, humorvolle Art und Weise. Machen Sie ihr bewusst, was für eine angenehm entspannte Atmosphäre herrscht, und lenken Sie ihre Aufmerksamkeit auf die Tatsache, dass Sie etwas gemeinsam haben: Sie befinden sich beide am selben Ort und reden miteinander.

Dann gehen Sie dazu über, ihr die nahe Zukunft zu schildern, nämlich, dass sie es genießt, mit einem attraktiven Unbekannten zu flirten und ihn besser kennen zu lernen. Das ist der entscheidende Kniff. Nachdem Sie einige unumstößliche Fakten aufgezählt und auf diese Weise eine gemeinsame Basis geschaffen haben, gehen Sie jetzt unmerklich einen Schritt weiter, indem Sie etwas behaupten, von dem Sie sich wünschen, es möge ebenfalls zutreffen. Da sie Ihnen bereits mehrfach zugestimmt hat, ist die

Wahrscheinlichkeit, dass sie das auch bei Aussagen tun wird, deren Wahrheitsgehalt noch nicht eindeutig erwiesen ist (etwa, dass Sie attraktiv sind und sie sich über den Flirt mit Ihnen freut), höher, als wenn Sie sie mit denselben Aussagen gleich am Anfang konfrontiert hätten. Es besteht inzwischen aus ihrer Sicht kein Grund mehr, an Ihrer Aufrichtigkeit zu zweifeln. Und wenn sie sich erst einmal mit Ihren positiven Eigenschaften auseinander setzt, haben Sie die Schlacht schon halb gewonnen.

Doch Vorsicht – gehen Sie nicht zu schnell zur dritten Etappe über. Überhäufen Sie sie nicht mit Aussagen, denen sie womöglich gar nicht zustimmt. Fakten und Unterstellungen sollten sich in etwa die Waage halten. Übertreiben Sie stets nur ein klein wenig, wenn es um die positive Darstellung ihrer »Realität« geht. Sobald Sie den Bogen überspannen, wird sie aufhören, Ihnen Recht zu geben. Damit geht die gemeinsame Basis flöten – und dann bye bye, love!

»Stop in the Name of ... Lust«

Das folgende Beispiel für die Anwendung der verbalen Momentaufnahme stammt einmal mehr von Ross Jeffries. Wie bei den meisten seiner Beispiele handelt es sich um eine ausgefeilte Technik für (sehr weit) Fortgeschrittene.

Jeffries wohnt in der Nähe einer bei Joggern, Radfahrern und Inline-Skatern beliebten Trainingsstrecke, auf der sich naturgemäß auch zahlreiche heiße Bräute tummeln. Dies hat er zum Anlass genommen, sich folgende Spezialaufreißmethode zurechtzulegen, die nebenbei erwähnt keine schweißtreibenden Aktivitäten seinerseits erfordert: Er wartet einfach am Wegesrand, bis ein besonders hübsches Mädchen vorbeikommt, dem er sich sodann mit einem lauten »STOP!« quasi vor die Füße wirft.

Die Betreffende glaubt zunächst natürlich, es mit einem Geistesgestörten zu tun zu haben, also bedient sich Jeffries genau dieser »Realität«. Er beginnt damit, dass er sie beim Joggen/Inline-Skaten/Radeln gesehen hat (Fakt!) und unbedingt kennen lernen wollte (zweifellos auch wahr, sonst hätte er sich ihr wohl nicht in den Weg gestellt). Dann räumt er ein, dass diese Methode, eine Frau kennen zu lernen, reichlich ungewöhnlich ist (dem wird die Betroffene garantiert auch zustimmen) und geht unmerklich dazu über, Vermutungen zu unterstellen: »Du hältst mich wahrscheinlich für total verrückt – aber ich wusste, wenn ich dich nicht anhalte, würden wir vermutlich nie die Gelegenheit bekommen, uns zu unterhalten (zweifellos richtig) und womöglich festzustellen, *dass wir uns total sympathisch sind* (eingebettete Suggestion).«

Wie gesagt, diese Taktik ist ein wenig extrem. Jeffries verfügt im Gegensatz zu allen Anfängern (und den meisten erfahrenen PAR) über das nötige Selbstbewusstsein, um eine Szene zu machen, und durchläuft zudem die Schritte eins bis drei in einem einzigen Satz. (Normalerweise würden alleine die ersten beiden Etappen zirka eine Minute dauern.) Die Unterstellung »dass wir uns total sympathisch sind« baut er, anstatt sie offen auszusprechen, geschickt in seinen Satz ein in der Hoffnung, dass sie sich in Form der eingebetteten Suggestion in das Unterbewusstsein der Betroffenen einschleichen und auf diese Weise ihr bewusstes Denken zu seinen Gunsten lenken wird.

Eingebettete Suggestionen, Unterstellungen und dergleichen sind ein essentieller Bestandteil der von Jeffries erfundenen »Speed Seduction®«-Flirttechnik, die ich in Kapitel acht kurz vorstellen werde. Für die verbale Momentaufnahme sind sie nicht vonnöten; ich erwähne sie trotzdem, weil das zugrunde liegende Prinzip in meinen Augen höchst effektiv ist: Jeffries erregt die Aufmerksamkeit einer Frau, erstellt eine verbale Momentaufnahme, indem er ihre Gefühle und Eindrücke bestätigt, und suggeriert ihr dann, dass sie sich zu ihm hingezogen fühlt und ihn gern besser kennen lernen würde. Sofern er ihr nach den ersten beiden Schritten ausreichend sympathisch erscheint, ist eine solche Suggestion (wissenschaftlich korrekt: Präsupposition) ein höchst effektives Flirtwerkzeug.

Worte können sehr überzeugend wirken, doch wir haben in unserer Flirttrickkiste ein noch viel überzeugenderes Werkzeug: die Berührung. Versuchen Sie daher, Ihr Gegenüber möglichst oft zu berühren. Ein gewisser LordGaeden schreibt dazu in der englischsprachigen Google-Newsgroup alt.seduction.fast (kurz ASF): »Für Berührungen müssen Sie keinen bestimmten Zeitpunkt abwarten – tun Sie es, wann immer sich die Gelegenheit bietet (d. h., sooft sie in Reichweite ist).« Mit anderen Worten: Gehen Sie auf Tuchfühlung, sobald sie sich in Ihrem Aktionsradius befindet.

Lassen Sie mich eines aber *unmissverständlich klarstellen*: Ich spreche hier ausschließlich von harmlosem, nicht-sexuellem Körperkontakt. Eine Frau zu bedrängen, zu begrapschen oder »unabsichtlich« an bestimmten Stellen zu streifen ist respektlos, widerlich und absolut tabu! Mehr noch: Es ist eine Straftat, für die Sie ins Gefängnis wandern können – und das völlig zu Recht.

Unser Ziel ist es nicht, zu grapschen, sondern durch gezielte Berührungen für emotionale Nähe zu sorgen. Wie psychologische Studien ergeben haben, bewirkt eine beiläufige Berührung im Laufe einer freundschaftlichen Unterhaltung, dass der Gesprächspartner sie eher in positiver Erinnerung behält. Lassen Sie also keine Gelegenheit ungenutzt – greifen Sie zu!

Gehen Sie gleich am Beginn der Begegnung mit einer Frau auf Tuchfühlung – indem Sie ihr die Hand schütteln! Ein Handshake ist eine allgemein akzeptierte Begrüßungsgeste und eine großartige Möglichkeit für den ersten Hautkontakt. Packen Sie kräftig zu, aber brechen Sie ihr nicht die Knochen. Und halten Sie ihre Hand etwas länger als üblich. Das wird sie aufmerken und über die Berührung nachdenken lassen, ohne sich jedoch gleich unbehaglich zu fühlen.

Wenn Sie die Betreffende bereits kennen (über einen gemeinsamen Freund oder weil Sie einander schon begegnet sind), begrüßen Sie sie unbedingt mit einer Umarmung. Je nach Situation und Bekanntheitsgrad kann die Umarmung unterschiedlich innig ausfallen – vom vertraulichen Brust-an-Brust-Manöver bis hin zur vorsichtigen den-Arm-um-ihre-Schulter-legen-und-sie-kurz-an-sich-ziehen-Variante. Hier ist Ihr Fingerspitzengefühl gefordert. Hüten Sie sich, sie regelrecht unter sich zu begraben; damit sorgen Sie nur für Befangenheit und Verlegenheit, oder sie hält Sie für einen Trottel oder einen Perversen (beides ist Ihrer Mission nicht eben zuträglich).

Berührungen sind außerdem ein wichtiges Anmach-Instrument. Falls eine Ihrer Aussagen ein auch nur minimal positives Echo hervorruft – ein kurzes Lächeln etwa –, dann berühren Sie sie leicht an der Hand oder am Arm. Mit dieser sehr subtilen, vertraulichen Geste mit eindeutig sexuellem Anstrich können Sie ihre gute Stimmung noch zusätzlich heben. Fällt ihre Reaktion darauf erneut positiv oder zumindest neutral aus, dann gehen Sie einen Schritt weiter und wischen Sie ihr unter dem Deckmantel der Fürsorglichkeit ein (nicht vorhandenes) Stäubchen von der Schulter oder zupfen Sie ihr eine (ebenfalls nicht existierende) Fussel aus dem Haar. Wenn Sie sich trauen, wischen Sie ihr behutsam eine (Sie haben's erraten: imaginäre) Wimper von der Wange. Jede dieser Berührungen zeugt von Zärtlichkeit, Aufmerksamkeit und vor allem Intimität und wird somit die Vertrautheit zwischen ihnen weiter fördern.

Bei alledem ist es jedoch von größter Wichtigkeit, dass Sie stets auf ihre Reaktion achten. Ist sie mit Ihren Avancen einverstanden, so können Sie allmählich deutlicher werden – wenn Sie mitspielt, bis hin zur Knutschorgie. Falls sie Ihnen schon vorher Einhalt gebietet, weil sie sich unbehaglich fühlt, ist das ein zweideutiges Signal: Da sie bis jetzt keinen Widerstand geleistet hat, dürfte sie prinzipiell nichts gegen eine Berührung haben, aber bitte alles etwas weniger stürmisch. Gehen Sie in diesem Fall wieder zu neutralem Körperkontakt an Händen und Armen über. Folgen ihrerseits keine weiteren Beschwerden, dann stehen Ihre Chancen gut.

Falls sie sich jedoch jede weitere Berührung ausdrücklich verbittet, müssen Sie das unbedingt akzeptieren. Es gibt eben Frauen, die gern angefasst werden (mehr dazu im Abschnitt Tanzen), und andere, die jede Berührung als unerwünschten Vorstoß in ihre persönliche Sphäre interpretieren.

Selbst wenn sie sich sehr zu Ihnen hingezogen fühlt, kann es durchaus sein, dass eine Frau es vorzieht, in der Öffentlichkeit überhaupt nicht angefasst zu werden. Erzwingen Sie nichts, sondern respektieren Sie das unter allen Umständen. Das kann man einfach nicht oft genug betonen.

Berühren und Verführen

Meiner Ansicht nach ist »den netten Kerl mimen« ausschließlich eine Taktik für Verlierer, denn damit enden Sie garantiert nicht dort, wo Sie hinwollen (nämlich in ihrem Bett), sondern in der gefürchteten LUFS-Zone. Es gibt allerdings Männer, die darauf schwören, sich vom platonischen Status erfolgreich zum Lover hochzuarbeiten, und ihr Geheimrezept hierfür ist die Berührung:

Ein »netter Kerl« präsentiert sich als schwach, geschlechtsneutral und harmlos und wird von der Betreffenden daher als ungefährlich eingestuft, was den Vorteil hat, dass sie seine Berührungen und Umarmungen für völlig unbedenklich hält. Ehe sie sich versieht (binnen eines Monats etwa), wird sie seine Berührung allerdings nicht nur als wohltuend-vertraut, sondern als erregend bis elektrisierend empfinden. Bingo!

Entscheidend ist bei diesem Ansatz, sie gleich zu Beginn an allerlei Körperkontakt zu gewöhnen, damit sie nicht Lunte riecht. Der Trick dabei ist, klein anzufangen und allmählich dreister zu werden, sodass es wie eine natürliche Entwicklung aussieht. Sie soll den Eindruck haben, es sei allein ihre Idee, von der platonischen Freundschaft zu Sex zu wechseln.

Der Vorteil: Sobald es einem Mann gelungen ist, sich mit einer Frau eine derartige »Flirt-Freundschaft« aufzubauen, kann er im Nu alle weiteren weiblichen Bekannten zu »Flirt-Freundinnen« umfunktionieren, weil er nach außen hin kommuniziert, dass es ganz normal und harmlos und völlig akzeptabel ist, wenn er Frauen anfasst – und weil es außerdem Spaß macht.

Sie finden, das klingt alles ziemlich überzeugend? Vergessen Sie's! Die Masche mit dem »netten Kerl« hat gleich mehrere Haken. Erstens erfordert sie monatelange harte Arbeit und zweitens kommt bestimmt irgendwann ein vor Selbstbewusstsein und erotischer Ausstrahlung strotzender PAR daher und schnappt Ihnen Ihre »Flirt-Freundin« vor der Nase weg. Und hinterher kommt sie zu Ihnen, ihrem »Flirt-Freund«, und erzählt Ihnen mit einem beseelten Lächeln brühwarm von ihrem heißen Schäferstündchen oder weint sich an Ihrer Schulter aus.

Streben Sie den platonischen Status daher auf keinen Fall absichtlich an. Und für den Fall, dass Sie doch einmal in die LUFS-Zone abgleiten sollten: Legen Sie rechtzeitig Hand an und »ertasten« Sie sich den Weg in ihr Bett.

Spiel und Spaß

Etwas Abwechslung gefällig? Die folgenden Spielchen sind zwar nicht für den täglichen Gebrauch gedacht, machen aber unheimlich Spaß und können, richtig eingesetzt, durchaus zu noch viel vergnüglicheren Aktivitäten führen.

Die Kusswette

Achtung: Erst anwenden, nachdem Sie sich mit der Betreffenden bereits eine Weile angeregt unterhalten haben! Wetten Sie mit ihr um einen Euro, dass Sie sie küssen können, ohne dabei Ihre Lippen oder Ihre Zunge einzusetzen. Das klingt natürlich wie eine billige Anmache; es könnte also sein, dass Sie ein wenig Überzeugungsarbeit leisten müssen. Falls sie sich nicht darauf einlassen will, versuchen Sie es mit subtileren Mitteln: »Okay, dann nicht. Dann zeige ich dir einen Trick, mit dem du richtig Geld verdienen kannst.« Tun Sie so, als würden Sie ihr einen Gefallen tun – was ja auch zutrifft, selbst, wenn Sie nicht ganz uneigennützig handeln. Willigt sie schließlich ein, dann nähern Sie sich ihr, als wollten Sie sie auf den Mund küssen, halten Sie kurz inne – und hauchen Sie ihr dann den zartesten Kuss auf die Lippen, den sie je erlebt hat. Falls sie ihn nicht erwidert, sagen Sie einfach: »Entschuldige, ich konnte einfach nicht widerstehen. Ich schätze, ich schulde dir einen Euro.« Falls Sie den Eindruck haben, dass es ihr gefiel, sagen Sie: »Ganz nett, aber höchstens fünfzig Cent wert. Du schuldest mir noch einen.«

Wahrheit oder Pflicht

Wer kennt sie nicht, diese vor allem bei Teenagern beliebte Version des Flaschendrehens, bei der man entweder eine peinliche Frage beantworten oder alternativ eine (meist noch peinlichere) Aufgabe hinter sich bringen muss? Zumindest in ihren (feuchten) Träumen haben sich die meisten Männer in jungen Jahren mit diesem Spiel gelegentlich die Zeit vertrieben.

In einer Internet-Newsgroup berichtet ein anonymer PAR, er sei durch Zufall auf diesen brillanten Aufreißtrick gekommen, nachdem er eine Frau gefragt hatte, ob sie je eine lesbische Erfahrung gemacht habe:

Sie gab an, ihr einziges derartiges Erlebnis gehe auf ein »Wahrheit oder Pflicht«-Spiel zurück, bei dem man ihr aufgetragen hatte, fünf Minuten lang mit einem anderen Mädchen zu knutschen. Davor waren sie beide strikt heterosexuell gewesen. Was wieder einmal beweist, dass die Möglichkeiten schier unbegrenzt sind.

Eine grandiose Idee also, mit der sich noch grandiosere Resultate erzielen lassen! Wenn sich ein ganzes Rudel Frauen auf dieses Spiel mit Ihnen einlassen soll, muss allerdings mindestens eine von ihnen bereits auf ein Mitglied Ihrer Clique scharf sein. Nach dem Spiel wird sie bestimmt nicht mehr die Einzige sein.

Wie so oft im Leben lohnt sich auch hier eine gründliche Vorbereitung. Klären Sie mit Ihren Freunden ab, wer welche Braut im Visier hat, und überlegen Sie sich einige Fragen und Aufgaben, die es richtig in sich haben. Besorgen Sie außerdem das passende Zubehör – Sprühsahne und Karotten für ein »Oralsex-Trockentraining« etwa. Sie werden staunen, wie erregend Frauen es zum Beispiel finden, wenn ihnen ein Mann Sprühsahne vom Bauch leckt!

Das Tolle an diesem Spiel ist, dass man die heikelsten Themen anschneiden kann, die in einer höflichen Unterhaltung (oder bei vielen sogar im Bett) nie und nimmer zur Sprache kommen würden. Fangen Sie mit ein paar harmlosen Fragen und Aufgaben an und überlassen Sie den Übergang zu den anzüglichen am besten Ihren Mitspielerinnen. Hat eine bereits ein Auge auf Sie oder einen Ihrer Freunde geworfen, dann sollte es nicht allzu lange dauern. Jetzt können Sie mit schwerem Geschütz auffahren: Küsse, Sprühsahne auf diversen Körperteilen, Striptease, Lesbennummern und was immer Ihnen sonst noch an geeigneten »Pflichten« einfällt. Das Spiel ist erst aus, wenn alle Teilnehmer so richtig in Fahrt sind, was Sie zum Beispiel daran erkennen, dass die Frauen in zunehmendem Maße erotische Gefälligkeiten von den Männern fordern. Tragen Sie nun einem Ihrer Kumpels (nicht seiner Auserwählten!) auf, mit seinem Mädchen für fünf Minuten im Nebenzimmer zu verschwinden. Bleibt zu hoffen (für alle Beteiligten), dass die beiden nicht allzu bald zurückkehren.

Der König

Bei der japanischen Variante von Wahrheit oder Pflicht entscheidet keiner der Mitspieler, sondern der Zufall, wer als Nächstes an die Reihe kommt – das beugt Eifersüchteleien oder Verlegenheit beim Auswahlprozess vor.

Und hier die Spielregeln: Auf drei strecken alle die Hände aus und zeigen mit den Fingern eine Zahl von Null bis Zehn an. Die Anzahl der gezeigten Finger wird addiert, dann werden die Spieler reihum gegen den Uhrzeigersinn abgezählt, angefangen vom letzten »König« oder, falls Sie noch am Anfang stehen, von der Person, die das Spiel vorgeschlagen hat. Die Person, bei der Sie stehen bleiben, ist der nächste »König« und darf sich eine Aufgabe ausdenken. Dann wird mithilfe derselben Methode (alle Hände in die Mitte, Fingeranzahl addieren und so weiter) das »Opfer« bestimmt. Der König wird normalerweise nicht mitgerechnet; es gibt allerdings eine Variante, bei der es den »König« treffen kann, seine eigene Aufgabe auszuführen – einigen Sie sich also vor Spielbeginn auf die Regeln.

Alternativ kann auch der König die Opfer aussuchen, ohne selbst Fragen beantworten oder Aufgaben erledigen zu müssen. Somit können Sie Ihren Freunden theoretisch die fiesesten Pflichten aufbrummen, ohne ihre Rache fürchten zu müssen. Ein Hoch auf die Monarchie!

Aus der Akte Verlierer

Sie trauen sich weder die direkte Anmache noch den »Umweg« über ein Spiel zu? Nun, die folgende DFL-Taktik kann ich Ihnen auch nicht empfehlen, denn sie ist verwirrend und überdies nicht sonderlich effektiv. Das beschriebene Beispiel sollte hinlänglich beweisen, dass man mit einem Schwindel kein bisschen rascher oder einfacher ans Ziel kommt als auf die ehrliche Tour.

Ein anonymer Schreiberling (ich hätte meinen Namen auch verschwiegen, wenn dieser Tipp von mir gekommen wäre) rät seinen Mitstreitern dazu, mit einem Schuh oder einer Socke in der Hand an der Tür einer Frau zu klingeln:

Wenn sie öffnet, halten Sie den Schuh oder die Socke hoch und sagen: »Ich kam eben vorbei und fand das hier vor deiner Tür. Ist das zufällig deins?« (*Wie gesagt, ich an seiner Stelle würde mich auch hüten, meinen Namen zu nennen ...)* Wenn sie verneint, lächeln Sie und sagen: »Okay, dann muss es wohl mir gehören.« Verwickeln Sie sie in ein Gespräch und setzen Sie sich irgendwann auf den Boden, worauf sie entweder lachen und Sie hereinbitten oder sich erkundigen wird, was das eigentlich werden soll (*Ich vermute ja eher, sie wird die Polizei rufen*). Sagen Sie ihr, Sie würden allmählich müde und müssten sich ausruhen, damit Sie sich noch mehr ins Zeug legen und sie zum Lachen bringen können.

Idiotische Unternehmungen wie dieses sind zwar noch immer besser als untätig herumzusitzen (Sie erinnern sich: Wirklich versagt haben Sie nur, wenn Sie es gar nicht erst versuchen!). Und wer weiß, vielleicht landen Sie damit ja sogar hin und wieder einen Treffer. Die Wahrscheinlichkeit ist vermutlich auch nicht geringer, als wenn Sie einfach bei einer wildfremden Frau klingeln und sie ohne Umschweife fragen, ob sie mit Ihnen vögeln will. Studien zufolge ist von durchschnittlich fünfundzwanzig bis dreißig derart kaltschnäuzigen Anmachversuchen immerhin einer von Erfolg gekrönt. Es ist also nicht völlig ausgeschlossen, dass es klappt, aber verglichen mit allen anderen, ungleich eleganteren Methoden, die Sie anwenden könnten, ist die Erfolgsquote (knapp drei bis vier Prozent) nicht eben berauschend.

Wenn gar nichts geht

Angenommen, Sie haben bei einer Frau zwei oder drei Techniken erfolglos angewendet und sind bereits ziemlich sicher, dass Sie nicht auf eine heiße Nummer im Bett, ja, noch nicht einmal auf eine falsche Telefonnummer hoffen dürfen. Trotzdem wollen Sie noch nicht die Flinte ins Korn werfen. Sie lieben eben die Herausforderung oder wollen die Frau, warum auch immer, unbedingt rumkriegen – für einen One-Night-Stand natürlich, nicht für eine lebenslange Partnerschaft. Dann steht Ihnen noch eine letzte Möglichkeit offen: Werden Sie unhöflich.

Sie haben richtig gehört: Gehen Sie dazu über, Sie zu unterbrechen, ignorieren Sie sie dann wieder eine Weile, nur um sich bei der nächstbesten Gelegenheit ungefragt in ihr Gespräch einzumischen oder eine unverschämte Bemerkung zu machen. Wenn sie fragt, was das soll, sagen Sie ihr, sie solle es nicht persönlich nehmen; Sie wollten bloß ein wenig Spaß haben. Es besteht durchaus die Möglichkeit, dass sie plötzlich ihre Meinung ändert und anfängt, Sie anzumachen. Ignorieren Sie sie trotzdem weiterhin und verhalten Sie sich abweisend. Es wird sie mit Sicherheit wurmen, wenn Sie jeden ihrer Annäherungsversuche abwehren. Bleiben Sie weiter cool und unhöflich, dann wird sie Ihnen früher oder später aus der Hand fressen. Aber wie gesagt: Greifen Sie auf diese Methode erst zurück, wenn gar nichts anderes mehr hilft. Falls Sie auch damit scheitern, haben Sie nicht viel verloren. Springt sie jedoch darauf an, dann gehört sie vielleicht zu jenen Frauen, denen man erst einmal den Kopf zurechtrücken muss, ehe sie einem den gebührenden Respekt zollen. In diesem Fall liegen Sie mit dieser Strategie goldrichtig.

Die Macht des Lächelns

Wie Sie inzwischen wissen, gibt es Dutzende, wenn nicht gar Hunderte Möglichkeiten, um eine Frau kennen zu lernen – weit mehr, als Sie jemals testen könnten. Die Tipps und Tricks aus diesem Buch bilden lediglich die Spitze des Eisbergs. Sie sind als reine Orientierungshilfe gedacht und sollen Ihnen vor allem helfen, Ihre eigene Linie zu finden.

Ich werde immer wieder gefragt, was denn eigentlich das wichtigste Werkzeug eines erfolgreichen Verführers sei. Die Antwort lautet schlicht und ergreifend: ein Lächeln. Nun mögen Sie einwenden, einige der größten Frauenhelden aller Zeiten seien stets mit versteinerter Miene herumgelaufen – doch selbst

Humphrey Bogart hatte ein bewährtes schiefes Lächeln auf Lager, bei dem die meisten Frauenherzen nur so dahin schmolzen.

Ein Lächeln zeigt Ihrem Gegenüber nicht nur, dass Sie sich blendend amüsieren und sich selbst nicht allzu ernst nehmen, sondern auch, dass Sie ein fröhlicher Mensch sind. Außerdem wirkt es ansteckend. Wenn Sie beharrlich lächeln, wird Ihre Gesprächspartnerin es in zunehmendem Maße schwierig finden, bierernst zu bleiben. Und wenn sie erst einmal lächelt, haben Sie bereits den Fuß in der Tür.

Sie glauben nicht an die Macht des Lächelns? Sie finden, das klingt viel zu einfach? Die folgende Geschichte eines PAR namens NightLight9 dürfte Sie vom Gegenteil überzeugen:

Es ist noch früh am Abend, da erspäht NightLight9 bereits eine heiße Braut, die sich allerdings in Begleitung eines anderen Mannes befindet. Als sie etwas später mit ihren Freundinnen an einem Tisch sitzt, stellt er Blickkontakt her und bedeutet ihr, sich zu ihm zu gesellen. Sie lässt sich natürlich nicht darauf ein, sondern bleibt bei ihren Freundinnen. Also begibt er sich gemächlich zu ihr und setzt sich lächelnd neben sie, so nah es geht. Sie zeigt ihm die kalte Schulter, wovon er sich jedoch nicht abschrecken lässt. Er erkundigt sich, warum sie hier ist, und stellt ihr noch einige andere einfache, geradezu banale Fragen, wobei er sie in einem fort anstrahlt.

Nach ein paar einleitenden Sätzen will er wissen, womit sie ihre Brötchen verdient, sagt jedoch, ehe sie antworten kann: »Nein, warte, lass mich raten: Du bist bestimmt eine Löwenbändigerin.« Sie lächelt nicht, ist aber sichtlich neugierig. Er fragt sie über das Bändigen von Löwen aus – ob sie dabei die Peitsche knallen lässt, den Kopf in das Maul des Löwen steckt, ob sie das Risiko aufregend findet und so weiter. Sie lächelt noch immer nicht, spielt aber mit. Dann streift sie mit dem Knöchel sein Bein. Er lächelt noch breiter, legt ihr die Hand aufs Knie und rückt noch näher, während sie die Unterhaltung wieder aufnehmen. Er gibt ihr einen raschen Kuss, dann einen zweiten, längeren. Als ihr Begleiter auftaucht, lächelt unser PAR und verhält sich ihm gegenüber freundlich, weil er weiß, dass er sie mit nach Hause nehmen wird. Ein paar Minuten darauf erklärt sie ihrem Begleiter, dass sie mit ihrem neuen Verehrer nach Hause gehen wird.

»Wenn sie Ihnen die kalte Schulter zeigt«, so NightLine 9, »hilft nur ein Dauerlächeln und jede Menge Blickkontakt.«

Beharrlichkeit

Weil Beharrlichkeit von so großer Bedeutung ist, führe ich hier ein letztes Paradebeispiel an, mit dem ich noch einmal zwei wichtige Aspekte unterstreichen möchte: Dass das Aussehen nicht zählt und dass sich Hartnäckigkeit lohnt. Nicht die Männer, die keine Körbe bekommen, sind die Erfolgreichsten, sondern die, die eine Abfuhr locker wegstecken und nicht aufgeben. Die kriegen die Supermodels ab.

Ich habe unzählige hässliche Kerle beobachtet, die sich – ohne jede Aussicht auf Erfolg, wie ich annahm – den Mund fusslig geredet haben. Und am Schluss zogen genau die mit einer schönen Frau am Arm von dannen. Die beste derartige Story stammt von einem berühmten PAR mit dem Spitznamen »Maniac« und trägt den Titel: »Der Ausländer, der aus der Hölle kam«.

Sie ereignete sich in einem Nachtklub in Tokio, wo Maniac selbst auf Abschlepper-Mission unterwegs war, als er in der Menge einen kleinen, dicken, potthässlichen Ausländer ausmachte, der seine Klamotten offenbar von der Heilsarmee bezog. Er war etwa fünfundvierzig, hatte, wie Maniac mutmaßte, bestimmt irgendeinen »Scheißjob« – Hühner ausnehmen in einer Fabrik oder was auch immer –, kurz, er schien der mit Abstand erbärmlichste Loser im ganzen Club zu sein.

Und was tat er? Er begab sich schnurstracks auf die Tanzfläche und begann, jede einzelne der anwesenden Frauen anzubaggern! Er fing bei den Hübschesten an, die ihn natürlich allesamt abblitzen ließen, und arbeitete sich allmählich durch den gesamten Schuppen. Und nachdem ihn keine Einzige erhört hatte – fing er doch tatsächlich wieder von vorne an, bei den allerschönsten Frauen! Und zwar nicht bloß einmal, sondern mindestens zweimal. Er gab einfach nicht auf und holte sich unbeirrt Abfuhr um Abfuhr.

Irgendwann begann er, mit einer attraktiven Frau Ende zwanzig zu tanzen, von der er nach unzähligen vergeblichen Flirtversuchen eben erst abgewimmelt worden war. Sie leistete zunächst Widerstand und bedachte ihn ein ums andere Mal mit verächtlichen Blicken (schließlich wäre selbst Quasimodo gegen ihn noch ein ausnehmend hübscher Kerl gewesen), entspannte sich mit der Zeit jedoch ein wenig. Der Kerl ließ es langsam angehen, machte ihr aber immer wieder unmissverständlich Avancen, versuchte, sie zu berühren, obwohl sie ihn wiederholt in die Schranken wies. Er ließ sich einfach nicht entmutigen. Schließlich gab sie sich geschlagen und gestattete ihm, sie an neutralen Körperstellen zu berühren. Dann begann sie mit geschlossenen Augen zu tanzen und erlaubte ihm allmählich auch sinnlicheren Körperkontakt – und keine zwanzig Minuten später knutschten die beiden heftig herum.

Um es kurz zu machen: Der Kerl hat an diesem Abend eine wunderschöne Japanerin abgeschleppt – und wenn *er* das schafft, dann schafft das jeder andere Mann auch. Wie Sie sehen, läuft es immer wieder auf die richtige Einstellung und Ausstrahlung heraus – und auf die Realität, die Sie mit Ihrem Verhalten erschaffen.

Kommen Sie mir also nicht mehr mit lahmen Ausreden! An die Arbeit! Flirt marsch!

IV. Flirten wie der Großmeister

Die GM-Taktik

Das folgende Kapitel führt Sie in eine besonders raffinierte Technik des Aufreißens ein, die nicht nur ein außerordentliches Maß an Selbstbeherrschung erfordert, sondern auch die nötige Eloquenz und Gelassenheit, um eine Frau zuzutexten, die Sie bereits mit bitterbösen Blicken durchbohrt oder gar körperlich zu attackieren versucht. Der Ausdruck »Flirten wie der Großmeister« entstand in Anlehnung an einen unter dem Namen Großmeister bekannten und in Paris tätigen PAR, von dem ein gewisser Nathan Szilard zu berichten weiß, ebenfalls ein tüchtiger PAR.

Nach Art des Großmeisters zu flirten bedeutet, dass Sie Ihr Gegenüber mit schlüpfrigen Witzen und Anzüglichkeiten am laufenden Band bombardieren, wobei es gilt, genauestens auf die Wirkung Ihrer Worte zu achten. Sie fangen damit an, dass Sie einer Braut ohne Umschweife ins Gesicht sagen, Sie wollten sie vögeln. Sie haben richtig gehört! Darauf reagieren die meisten Frauen natürlich mit Entrüstung (manche sogar mit Handgreiflichkeiten). Umso wichtiger ist es, die Situation unmittelbar darauf mit einem beschwichtigenden »Kleiner Scherz!« zu entschärfen und ohne Punkt und Komma weiter zu labern, damit sie ihrer Empörung gar nicht erst Luft machen kann. Lassen Sie sie also nicht zu Wort kommen, sondern schockieren Sie sie gleich mit der nächsten Zote oder Zweideutigkeit, wiederum gefolgt von einem besänftigenden »War doch nur ein Witz!« samt, wenn möglich, einer entschuldigenden Umarmung. Wenn sie Sie nicht binnen einer Minute angeekelt stehen lässt, lotsen Sie sie mit dieser Masche geradewegs in Ihr Bett.

Das Geniale an dieser Methode ist, dass Sie sich verhalten wie ein Vorzeige-PAR: Sie sind humorvoll und ehrlich in Bezug auf Ihre Intentionen, treten dominant und selbstbewusst auf; Sie sagen, wo's langgeht, setzen bewusst Körperkontakt ein und bringen sie dazu, an Sex zu denken, indem Sie das Thema ganz offen ansprechen. Und weil Sie ihr mit Ihren ständigen schmutzigen Witzen und Bemerkungen, gefolgt von einem bedauernden »Tut mir Leid, lass dich umarmen«, keine Gelegenheit lassen, negativ zu reagieren, fängt sie unwillkürlich an, zu akzeptieren, was Sie sagen. Sie hört sich selbst nicht widersprechen, also denkt sie unbewusst: Das bedeutet dann wohl, dass ich nichts dagegen habe, oder? Keineswegs, aber das müssen Sie ihr ja nicht auf die Nase binden.

Ein weiterer Vorteil dieser Anmache ist die Tatsache, dass sie irgendwann anfängt, sich die Szenarios der diversen Witze auszumalen, auch wenn sie diese zunächst abstoßend findet. Fazit: Ihr Widerstand schwindet rapide, ihre Gedanken rasen – und ehe Sie sich versehen, hat sie schon die wildesten Fantasien und erlebt völlig neue Dimensionen der sexuellen Begierde!

Diese Art der Verführung ist überaus aggressiv. Sie ermöglicht es einem PAR, die Gedanken seiner Gesprächspartnerin umgehend auf Sex zu lenken – und zwar auf Sex mit ihm, weil er es ist, der sich ihr »anbietet«, obschon er eigentlich nicht ihre erste Wahl war. Wenn Sie wie ein Großmeister flirten, strahlen Sie Zuversicht aus und machen von Anfang an kein Hehl aus Ihrer Einstellung und Ihrem Ziel – Sie wollen mit ihr ins Bett. Sie wissen, Sie können sie sexuell zufrieden stellen. Und Sie wissen außerdem, dass Frauen auf Sex genauso scharf sind wie Männer, obwohl sie häufig nicht diesen Anschein erwecken.

Ich muss wohl nicht erwähnen, dass diese Taktik extrem riskant ist. Sie erfordert reichlich Selbstbewusstsein und noch mehr Können. Wenn Sie stocken, stottern oder über Ihre Zunge stolpern, wenn Sie zögern oder den Faden verlieren, ist das Spiel vorbei. Dann sollten Sie sich wappnen oder in Deckung gehen, denn sie wird sofort die Gelegenheit ergreifen, Ihnen eine freche, ablehnende Erwiderung ins Gesicht zu schleudern oder Ihnen sogar eine reinzuhauen.

Bloß keinen Rückzieher machen!

Keine Frage, insbesondere Anfängern ist die Anwendung der GM-Taktik erfahrungsgemäß unangenehm, wenn nicht sogar peinlich. Wenn Ihre »Zielperson« auf schmutzige Sprüche steht, umso besser für Sie. Doch was, wenn sie sich als ein liebenswertes, schüchternes, bezauberndes Mädel entpuppt? Nicht einfach aufhören! Stampft sie entrüstet davon, dann wissen Sie Bescheid; errötet sie dagegen schamhaft, ist das ein sehr gutes Zeichen! Eines muss Ihnen jedoch bewusst sein: Wenn Sie erst einmal mit der GM-Taktik angefangen haben, gibt es kein Zurück, sonst geht Ihre Glaubwürdigkeit flöten – und damit auch Ihre Beute und Ihre Selbstachtung.

GM-Taktiken für Fortgeschrittene

Sobald Sie das Grundprinzip der Großmeister-Anmache beherrschen, wird es Zeit für die nächste Schwierigkeitsstufe: das Bewusstsein Ihres Gegenübers mit Gedanken an Sex zu infiltrieren. Wie Sie eine Frau zunehmend aus der Reserve locken und in (hoffentlich sexuelle) Erregung versetzen, veranschaulichen die folgenden vier Absätze.

Mimen Sie das Unschuldslamm:

Einer Frau mit sehr kurzer Reaktionszeit kann es schon mal gelingen, auf Ihre schmutzigen Witze oder Anspielungen mit einem negativen Kommentar oder einer unanständigen Geste zu reagieren. In diesem Fall müssen Sie blitzartig zurückschlagen. Nehmen Sie ihr mit einem raschen »Hey, ich will mich doch bloß ein bisschen amüsieren! Wer hätte gedacht, dass du so eine Spaßbremse bist« den Wind aus den Segeln. Ein derartiger Konter lässt es so aussehen, als wäre sie diejenige mit der verkorksten Einstellung. Nun ist es an ihr, zu beweisen, dass sie keineswegs eine »Spaßbremse« ist, indem sie Ihre Anzüglichkeiten akzeptiert oder sogar übertrumpft. Mehr über den gezielten Einsatz von negativen Kommentaren im nächsten Kapitel.

Nur keine falsche Bescheidenheit:

Im Gegenheil – unterstreichen Sie mit jedem Satz, was für ein toller Hengst Sie doch sind. Lassen Sie sich zum Beispiel lang und breit über Ihr riesiges Gemächt aus. Das ist ein klassisches GM-Manöver, das sie an Sex denken lässt, genauer gesagt, daran, wie wundervoll es sein muss, mit *Ihnen Sex* zu haben. Wie gut Sie tatsächlich ausgestattet sind, tut nichts zur Sache, denn es ist höchst unwahrscheinlich, dass sie ihre Meinung ändert, sobald Sie erst nackt vor ihr stehen. Wenn sie will, dann will sie. Frauen geht es ohnehin nicht um die Penisgröße, sondern darum, dass man sie zufrieden stellt – und das *werden* Sie, denn das ist sozusagen Ihre *Pflicht*. Ihr PAR-Status und -Verhalten sind eine Art Gütesiegel; ein Versprechen, das Sie zu halten haben. Gehen Sie im Bett also *unbedingt* auf ihre Wünsche ein!

Schimpfen Sie sie ein Flittchen:

Sie haben ja (hoffentlich) bereits gelernt, dass es nichts bringt, einer Frau in DFL-Manier Honig ums Maul zu schmieren. Drehen Sie den Spieß lieber um – tun Sie so, als würde sie Ihnen schöne Augen oder Avancen machen. Werfen Sie mit Aussagen wie »Ich kann nicht fassen, wie aufreizend du mich ansiehst! Was bist du nur für ein Flittchen!« oder »Ist dir eigentlich klar, dass du dich wie ein totales Flittchen verhältst?« um sich. Ein solcher negativer Kommentar (»strategischer Dämpfer«) kann sich, wie Sie noch sehen werden, unter Umständen als sehr nützlich erweisen und verwandelt unversehens *sie* in den Aggressor, auch wenn sie sich keineswegs wie eine Schlampe verhält oder aktiv mit Ihnen flirtet. Sobald Sie sie nämlich davon überzeugt haben, sie täte es, wird sie mit großer Wahrscheinlichkeit dazu übergehen, Sie wirklich anzumachen.

Erzählen Sie ihr eine unanständige Geschichte:

Sie würden ihr gern befehlen, an Ort und Stelle auf die Knie zu gehen und Ihnen einen zu blasen? Lassen Sie das mal lieber bleiben. Sie könnten den Befehl allerdings in eine Geschichte einbauen, die sie »von jemandem gehört haben«. Hier eine Empfehlung für die entsprechende Rahmenhandlung, aufgeschnappt von einem anonymen PAR.

Sagen Sie einfach: »Stell dir vor, was der Schwester meines Kumpels gestern passiert ist: Sie steht alleine in einer Bar, da kommt ein Typ direkt auf sie zu, sieht ihr in die Augen und sagt doch glatt: ›Ich würde dich gern vögeln. Du mich auch?‹ Sie hätte beinahe ihren Drink fallen lassen. Dann stand er da und wartete auf ihre Antwort – und während sie seine Worte verarbeitete, erfasste sie auf einmal eine Hitzewelle – sie wurde augenblicklich feucht und erregt! Und jetzt kommt der Clou: Sie hat ohne mit der Wimper zu zucken den Spieß umgedreht und gesagt: ›Aber erst musst du's mir oral besorgen.‹ Er willigte ungerührt ein und fuhr fort, mit ihr die Bedingungen auszuhandeln, bis sie sich beide kaum noch bremsen konnten und gemeinsam nach Hause gingen.«

Soll angeblich tatsächlich passiert sein. Cool, nicht? Noch cooler ist allerdings, dass Sie nun in eine Bar gehen und einer Frau diese Story erzählen können, ohne eine Miene zu verziehen. Sie sagen ihr ganz unverblümt, was Sie von ihr wollen, sind aber garantiert auf der sicheren Seite, da es sich um eine Information aus zweiter Hand handelt.

Für die ganz faulen Schweine: Die Neandertaler-Masche

»Einer meiner Bekannten hat eine absolut minimalistische GM-Technik drauf: Er macht sich an Frauen heran, indem er Sex-Laute hervorstößt. Stöhnen, grunzen und so weiter. Das ist alles! Erfolgsquote zirka zehn Prozent – er geht nicht besonders oft allein nach Hause.«

David Off, PAR

GM-Sprüche

Hier ein paar GM-Anmachsprüche, mit denen Sie vorerst über die Runden kommen sollten. Sie werden für jeden Flirt eine ganze Menge davon brauchen, da Sie ununterbrochen Pointe um Pointe abfeuern müssen.

- »Ich kann leider nicht alle Frauen der Welt beglücken, aber *du* bekommst heute die Chance auf eine unvergessliche Nacht.«
- »Es ist verdammt hart, ein Sexsymbol zu sein.«

- »Ich hoffe, es erregt dich nicht zu sehr, wenn ich mich neben dich setze ...«
- »Du solltest mal eine Weile auf den Boden gucken – nach der heutigen Nacht wirst du nämlich eine Woche nur noch an die Decke starren.«
- »Mein Kumpel hat Geburtstag und ich organisiere für ihn eine Orgie. Hast du nicht Lust, zu kommen?« (Zweideutigkeit beabsichtigt!)
- »Komm, wir gehen zu mir, bestellen eine Pizza und bumsen. Hey, war nur ein Scherz. Wir können auch Chinesisch bestellen.«
- »Ich mag dich. Du bist so intelligent ...« (Zeigen Sie auf ihren Busen.) »... Mich mag ich auch, ich bin nämlich genauso intelligent.« (Nun zeigen Sie auf Ihr bestes Stück.)
- »Ich finde deine Beine so toll, dass ich mir Namen für sie ausgedacht habe: Das linke heißt Weihnachten und das rechte Neujahr. Darf ich dich zwischen den Feiertagen mal besuchen?«
- »Wir sollten uns schleunigst auf den Weg zu dir nach Hause machen; ich bin in zwei Stunden verabredet.«
- »Ich bin gegen Sex ohne beiderseitiges Einverständnis. Mein Einverständnis hast du übrigens.«
- »Du hast Glück, ich bin noch Single.«
- »Könntest du mir vielleicht helfen? Ich muss mal und der Arzt sagt, ich darf keine schweren Sachen heben.«
- »Kennst du den Unterschied zwischen einem Hamburger und Oralsex? Nein? Dann lass uns essen gehen.«
- »Meine Wohnung ist wahnsinnig hellhörig ... bist du beim Sex sehr laut?«
- »Ich muss morgen ins Krankenhaus. Mein bestes Stück verkleinern lassen ...« (Zeigen Sie zwischen Ihre Beine.)
- »Sag mal, hast du Wasser in den Beinen? Meine Wünschelrute schlägt aus.«
- »Ich bin nicht käuflich, aber man kann mich mieten.«

- »Ich wünschte, die Frauen würden mich nicht nur wegen meinem riesigen Schwanz mögen ...«
- »Mein bestes Stück ist fünfunddreißig Zentimeter lang ... wenn ich es in der Hälfte zusammenklappe.«
- Er: »Stehst du morgens früh auf?« Sie: »Nur, wenn es sein muss.« Er: »Gut, ich hasse es, vor neun aus dem Schlaf gerissen zu werden.«
- »Ich bin so gut im Bett, das musst du mal ausprobiert haben.«
- »Hübsches Kleid. Das würde sich ganz hervorragend auf meinem Schlafzimmerboden machen.«
- Er: »Sag mal, hast du keinen Muskelkater?« Sie: »Nein, warum?« Er: »Weil du mir schon die ganze Zeit nachläufst.«

GM-Witze

... und zwar auch ein paar längere, damit die Zeit schneller vergeht. Auswendiglernen auf eigenes Risiko!

Höschen in die Höhe
Hey, Mädels, schon mal vom Sympathie-Indikator gehört? – Nö. – Also, wenn ihr heute Abend nach Hause geht, zieht ihr eure Höschen aus und werft sie an die Decke. Wenn sie kleben bleiben, fandet ihr uns offenbar sehr sympathisch!

Die telepathische Uhr
Ein Mann kommt in eine Bar und setzt sich neben eine schöne Frau. Er mustert sie flüchtig und sieht dann auf seine Armbanduhr. Fragt die Frau: »Lässt dich dein Date warten?« »Keineswegs«, gibt er zurück. »Ich habe heute diese supermoderne Uhr gekauft und jetzt will ich sie testen.« »Ach, ja? Was kann sie denn alles?« »Sie kann per Alphawellen telepathisch mit mir re-

den.« »Und, was spricht sie so?« »Sie sagt, du hättest kein Höschen an.« Die Frau kichert und erwidert: »Und ob ich ein Höschen anhabe. Das Ding ist wohl kaputt.« Der Mann klopft auf das Ziffernblatt und meint nur: »Ich glaube eher, sie geht eine Stunde vor!«

Arzttermin
Nachts im Ehebett. Der Mann kuschelt sich an seine Frau und streichelt ihr den Arm. Sie dreht sich um und sagt: »Heute nicht, Schatz, ich muss morgen früh zum Gynäkologen.« Ein paar Minuten später kuschelt sich der Mann erneut an seine Frau: »Einen Zahnarzttermin hast du aber nicht, oder?«

Kommt ein Junge ins Spielwarengeschäft und betrachtet eingehend ein paar Fußbälle im obersten Regal.

Fragt die freundliche Verkäuferin: »Na, soll ich dir mal einen runterholen?«

Sagt der Junge: »Gern. Und danach geben Sie mir bitte einen von den Fußbällen da oben.«

Das Geschenk
Ein junger Mann will seiner Freundin zum Geburtstag etwas schenken. Weil sie noch nicht allzu lange zusammen sind, lässt er sich beim Einkauf von ihrer Schwester beraten und entscheidet sich nach langem Hin und Her für ein paar Lederhandschuhe – romantisch, aber nicht zu persönlich. Die Schwester kauft sich zwei Slips. Sie lassen beides von der Verkäuferin einpacken. Leider werden die Päckchen dabei verwechselt, sodass seine Freundin statt der Handschuhe die beiden Slips erhält – zusammen mit einer Glückwunschkarte, in die der junge Mann geschrieben hat:

»Herzlichen Glückwunsch zum Geburtstag! Ich hoffe, dass ich mit meinem Geschenk deinen Geschmack getroffen habe und du daran genauso viel Freude haben wirst wie ich. Vielleicht fragst du dich, weshalb meine Entscheidung gerade darauf fiel

– nun, mir ist bei unseren Verabredungen aufgefallen, dass du selten welche trägst. Ich hätte mich ja fast für die längere Variante entschieden, aber deine Schwester meinte, sie bevorzuge die kürzeren, weil man die einfacher ausziehen kann. Die helle Farbe ist zwar etwas heikel, aber die Verkäuferin, die mich beraten hat, zeigte mir ihre, mit dem Hinweis, sie hätte sie nun drei Wochen lang täglich getragen, und man konnte so gut wie gar keine Schmutzflecken sehen. Du musst nach dem Ausziehen nur einmal kurz hineinpusten, damit die beim Tragen entstandene Feuchtigkeit verdunstet. Ich habe die Verkäuferin gebeten, diese hier anzuprobieren, und sie sahen sehr adrett an ihr aus.

Ach, ich wäre gern dabei, wenn du sie das erste Mal trägst – bis ich von meiner Geschäftsreise zurückkomme, werden bestimmt viele andere Hände sie berührt haben. Doch ich werde sie im kommenden Jahr noch oft genug küssen ... Es wäre schön, wenn du mir die Freude machen würdest, sie bei unserem nächsten Rendezvous am Freitag zu tragen, damit ich genau das tun kann, sobald ich dich erblicke.

PS: Angeblich ist es dieses Jahr modern, sie so zu tragen, dass man den Pelz sieht!«

Einzeiler

Kann man sich leichter merken, dafür sind sie aber nicht ganz so lustig.

Was haben Sex und Sauerstoff gemeinsam?
Beides ist keine große Sache, solange man genug davon kriegt.

Patient zur Krankenschwester: Schwester, könnten Sie mir bitte einen Blasen- ... oder Nierentee bringen?

Ein Mann zu seinem Kumpel: Sag, raucht deine Freundin nach dem Geschlechtsverkehr? – Keine Ahnung, hab nie nachgesehen.

Die Masche mit dem Traummann

Diese Masche erwähne ich hier nur, weil sie darauf abzielt, eine Frau so richtig heiß zu machen. Sie gehört nicht in die Kategorie GM-Taktik, kann aber eingesetzt werden, falls Sie damit weder positive noch negative Reaktionen hervorrufen konnten.

Bitten Sie eine Frau ganz direkt, Ihnen möglichst detailliert ihren Traummann zu schildern. Haben Sie sie erst einmal dazu gebracht, ernsthaft darüber nachzudenken, so wird sie sich nur zu gerne in das Thema vertiefen. Lassen Sie sich seinen Kleidungsstil, sein Haar, seine Stimme beschreiben, fragen Sie sie, was er ihr sagen sollte und wie sich seine Brust oder seine Umarmungen anfühlen würden. Wenn Sie es noch etwas bunter treiben wollen, erkundigen Sie sich, was sie tun würde, um diesen imaginären Märchenprinz hier an Ort und Stelle zu verführen.

Alles völlig harmlos – Sie sind ja nicht ihr Traummann ...

Von wegen. Denken Sie mal darüber nach, was Sie hier tun: Sie haben ihr aufgetragen, sich den Mann vorzustellen, mit dem sie ins Bett will, haben sie gefragt, wie er sich anfühlen würde – kurz, wie sich der Sex mit ihm gestalten würde. Während sie an diesen fiktiven Traummann denkt, wird Sie immer erregter. Und mit wem unterhält sie sich darüber? Ganz recht, mit Ihnen. Wenn Sie wollen, können Sie dieses Spiel die ganze Nacht lang treiben, bis sie buchstäblich kurz vor der Explosion steht.

Früher oder später wird sie bemerken, dass ihr Traummann nicht im Geringsten für ihre Erregung verantwortlich war. Sie waren es, der ihre Begierde allein durch das Gespräch unmerklich ins Unerträgliche gesteigert hat (genau, wie ihr Märchenprinz das in ihrer Fantasie bewerkstelligt). Und jetzt steht sie da und kann ihre Lust kaum noch zügeln – und sie unterhält sich nach wie vor ... mit Ihnen! Spätestens jetzt sollte ihr dämmern, dass Sie ein Mann sind; ein Mann, dem sie vertraut und der ihr so richtig einheizen kann. Dreimal dürfen Sie raten, wer der Glückliche ist, mit dem sie schließlich nach Hause gehen wird!

V. Der strategische Dämpfer

Funktionsweise

»Wenn Sie sich einer Megabraut nähern, ahnt sie im Grunde bereits, dass Sie mit ihr ins Bett wollen. Deshalb müssen Sie ihr irgendwie vermitteln, dass Sie nicht an Sex mit ihr interessiert sind: Versetzen Sie ihr einen Dämpfer; tun Sie so, als wäre sie Ihnen total gleichgültig! Das ist die einzige Möglichkeit, von einer solchen Frau überhaupt zur Kenntnis genommen zu werden.«

– Mystery

Flirten nach Art des Großmeisters ist Einstellungssache. Ich selbst konnte mich nie hundertprozentig damit anfreunden, muss aber unumwunden zugeben, dass es definitiv funktioniert, sofern Sie die charakterlichen Voraussetzungen erfüllen und an eine für diese Masche empfängliche Frau geraten. Trotzdem betrachte ich die GM-Taktik eher als willkommene Abwechslung denn als richtige Technik. Wenn Sie pro Woche im Schnitt vier bis sechs schöne Frauen verführen, verkommt der Aufriss nämlich irgendwann zur langweiligen Routineübung.

In diesem Kapitel stelle ich Ihnen eine Technik vor, mit der Sie die nächste Schwierigkeitsstufe in der Kunst der Verführung erklimmen und sich in genau den Hengst verwandeln, der Sie schon immer sein wollten. Wenn Sie das bisher Gelernte in die Tat umsetzen, sollten Sie inzwischen bereits jede Menge Frauen mit sehr hohem Attraktivitätsfaktor flachgelegt haben. Eigentlich schon eine ziemlich reife Leistung also. Doch warum begnügen Sie sich damit, wenn Sie sich buchstäblich die schärfsten Bräute der Welt angeln könnten? Die Supermodels, von denen jeder Mann träumt? Diese Frauen sind wahre Profis im Abschmettern von Verehrern und vernichten Männeregos am laufenden Meter, aber bei Ihnen kommen sie damit nicht durch, denn Sie sind unwiderstehlich – weil Sie sich auf den Trick mit dem strategischen Dämpfer verstehen.

Die Dämpfer-Technik stammt von einem legendären PAR namens Mystery, vor dem wir uns an dieser Stelle alle kurz in Ehrfurcht verneigen sollten, denn es handelt sich dabei um ein unglaublich effektives Werkzeug für die entscheidendste aller Flirtsituationen: die Verführung von Frauen mit ultimativem Attraktivitätsfaktor.

Mystery beweist mit diesem Ansatz, dass er begriffen hat, wie solche Frauen ticken: Sie wissen, dass sie wunderschön sind, sie werden mit Komplimenten überhäuft und können im Zweifelsfall immer noch einen bestätigenden Blick in den Spiegel werfen. Und als wäre das nicht schon schlimm genug, werden sie tagtäglich von mindestens zwanzig schleimigen, sabbernden, Süßholz raspelnden Versagern angebaggert. Sie sind diesbezüglich also gründlich desensibilisiert. Während sich eine hübsche Frau über eine Anmache freut, weil sie ihrem Ego schmeichelt, ärgern sich überdurchschnittlich attraktive Frauen darüber, dass sie ständig umworben werden. Sie sind darauf vorbereitet, Männer beinhart abblitzen zu lassen, und sie tun das dank langjähriger Erfahrung garantiert auf die schmerzhafteste Art und Weise. Sie mögen Ihr Kompliment gnädig akzeptieren, sich von Ihnen vielleicht sogar zu einem Drink einladen lassen (wenn Sie denn unbedingt alles ignorieren wollen, was ich Ihnen beigebracht habe), aber über kurz oder lang werden sie Sie verscheuchen wie ein lästiges Insekt.

Bei einer überdurchschnittlich attraktiven Frau gilt es, sich von der schmachtenden Masse abzuheben – und zwar am einfachsten, indem Sie ihr signalisieren, dass Sie nicht das geringste Interesse an ihr hegen. Egal, ob Sie sie allein oder im Kreise ihrer Freundinnen antreffen, ja, selbst wenn Sie hinter ihr in der Schlange stehen: Sie wird eine Anmache erwarten. Erfüllen Sie diese Erwartung nicht, sondern werfen Sie ihr stattdessen ein zweifelhaftes Kompliment an den Kopf und wenden Sie sich anschließend ab, als wäre es Ihnen völlig gleichgültig, was sie denkt. Wenn Ihnen auffällt, dass sie lange, vermutlich unechte Fingernägel hat, sagen Sie: »Tolle Nägel. Sind die echt?« Wenn sie verneint, antworten Sie: »Oh. Tja, sehen trotzdem nicht schlecht aus.« Bitte keine unverblümten Grobheiten oder Gemeinheiten! Tarnen Sie Ihre Spitze stets als vermeintliches Kompliment und lächeln Sie dabei freundlich.

Mit solchen herablässigen Bemerkungen stellen Sie automatisch die Attraktivität der Betreffenden in Frage. Alle anderen Männer bekommen bei ihrem Anblick einen Ständer, doch Sie setzen ganz andere Maßstäbe. Sie beabsichtigen nicht, sie zu beleidigen, sondern fällen lediglich Ihr ganz persönliches Urteil. Sie sind ein netter, interessanter Mensch, der sich gern mit ihr unterhält, aber, mit Verlaub, Ihren hohen Ansprüchen genügt sie nicht.

Das wird ihre gesamte Welt auf den Kopf stellen. Megabräute sind es gewöhnt, im Mittelpunkt zu stehen. Vermutlich konnte sie, wie das bei attraktiven Menschen oft so läuft, ihr ganzes Leben lang ihren Kopf und ihren Willen durchsetzen. Wenn sie angemacht wird, reagiert sie zwar genervt, aber im Grunde genommen liegt genau darin die Quelle ihrer Macht – und diese Macht wird sie zurückhaben wollen.

Außerdem wird sie sich fragen, weshalb Sie nicht scharf auf sie sind. Sie müssen wohl überaus anspruchsvoll sein. Sind Sie eine extrem gute Partie? Extrem erfolgreich? Oder verheiratet? Sie wird den Grund für Ihr Desinteresse unbedingt herausfinden wollen.

Also wird sie Schadensbegrenzung betreiben, indem sie sich bemüht, Sie wie ihre zahllosen anderen Verehrer auflaufen zu lassen. Vielleicht versucht sie auch, Sie mit Ihren eigenen Waffen zu schlagen, und lässt ihrerseits einen leicht beleidigenden Kommentar vom Stapel, um zu signalisieren, dass sie noch weniger Interesse an Ihnen hat als Sie an ihr. Fallen Sie nicht darauf rein! Dieses Verhalten nennt man flirten. Sie versucht lediglich, Sie aus der Reserve zu locken, damit sie Sie hinterher in die Flucht schlagen kann wie all die anderen Zwerge, die den Nerv haben, sie anzuquatschen.

Damit beißt sie bei Ihnen natürlich auf Granit. Nehmen Sie ihre Kommentare hin und unterhalten Sie sich weiterhin mit ihr über ein neutrales Thema ohne jegliche sexuellen Anspielungen. Gehen Sie nicht auf Anmach-Modus, sondern bleiben Sie freundlich und lassen Sie bei Gelegenheit noch eine oder zwei weitere gut getarnte Bosheiten einfließen. Irgendwann wird sie ihren Schutzschild sinken lassen und sich bemühen, Ihr Interesse zu wecken – nicht, um Sie anschließend fertig zu machen, sondern um Sie von ihren Qualitäten zu überzeugen.

Schließlich hängen ihre Selbstsicherheit und ihre Macht davon ab, ob sie siegreich aus diesem Gefecht hervorgeht. Was zufällig ganz in Ihrem Interesse ist!

Die nötige Sensibilität

Ein Dämpfer erfordert viel Fingerspitzengefühl. Treiben Sie es zu weit, könnten Sie dem Selbstvertrauen Ihres Gegenübers ernsthaft Schaden zufügen. Gehen Sie jedoch allzu behutsam vor, dann dreht sie den Spieß um und zerreißt Sie in Stücke. Zudem erfordert diese Technik eine sehr genaue Einschätzung der Situation. Hier einige einfache Richtlinien für die Anwendung:

- Verpassen Sie nur sehr schönen Frauen (Attraktivitätsfaktor neun oder zehn auf einer Liste von eins bis zehn – möglichst nur zehn) mit absolut überragendem Selbstbewusstsein einen Dämpfer. Ihre Kandidatin muss überzeugt sein, dass sie zu gut für Sie und jeden anderen Mann auf dem Planeten Erde ist. Andernfalls wird die Betreffende an Selbstvertrauen einbüßen und Sie dafür hassen. Denken Sie daran, dass Sie sie ihrer Macht berauben – eine höchst delikate Angelegenheit.
- Achten Sie genau auf ihre Reaktion. Selbst Frauen mit Attraktivitätsfaktor neun oder zehn haben mal einen selbstkritischen Tag. Und wenn sie deprimiert oder schlecht gelaunt ist, dann werden Sie mit subtilen Kränkungen garantiert keine Chance haben. In diesem Fall ist es nötig, sie eher aufzubauen statt zu demoralisieren.
- Präsentieren Sie sich möglichst charmant, freundlich, positiv und aufrichtig. Und wie gesagt, keine unverhohlenen Beleidigungen! Wenn Ihre Bemerkung wie ein absichtlicher Affront klingt, hält sie Sie für einen rücksichtslosen Idioten und nimmt Sie nicht weiter ernst. Vermitteln Sie ihr den Eindruck, dass Sie ein netter, ehrlicher Mann sind, der eigentlich auf sie abfahren *sollte*, es aber nicht tut.
- Lassen Sie sie nach dem Dämpfer nicht einfach stehen. In der Mehrzahl der Fälle wird sie Ihnen nämlich nicht folgen. Wenden Sie Ihre Aufmerksamkeit lieber einer anderen Frau zu (am besten einer aus ihrer Clique). Auf diese Weise hat sie die Möglichkeit, es Ihnen zurückzuzahlen, ohne Ihnen nachlaufen zu müssen – Sie stehen ja gleich neben ihr.
- Setzen Sie die Dämpfer geschickt ein, bis Sie merken, dass ihre Eisprinzessinnen-Fassade allmählich zu bröckeln beginnt, aber übertreiben Sie nicht. Einer richtig eingebildeten Schnepfe sollten Sie in den ersten drei Minuten drei zweifelhafte Komplimente machen, bei weniger hochnäsigen Kandidatinnen reichen zwei über einen etwas längeren Zeitraum.

Sobald ihr Widerstand gebrochen und ihr Interesse geweckt ist, machen Sie eine Kehrtwende und äußern sich positiv über ihre Art, ihre Schlagfertigkeit oder ihren Sinn für Humor, aber nicht über ihr Aussehen. Damit würden Sie sich geradewegs zurück in die gefürchtete DFL-Zone befördern. Ist sie erst einmal von ihrem hohen Ross gestiegen und hat ihren Schutzschild sinken lassen, befinden Sie sich in einer Standard-Verführungssituation. Nun wird sie Sie als ebenbürtig respektieren. Und da Sie in der Zwischenzeit eine solide Verständnis- und Vertrauensbasis geschaffen haben sollten, dürfte Ihnen der Rest nicht weiter schwerfallen.

Beispiele

Anbei ein paar Beispiele für typische Dämpfer. Denken Sie daran, dass Ihre Bemerkungen stets auf die Situation und Person zugeschnitten sein müssen. Es bringt nichts, ihre Fingernägel zu kommentieren, wenn diese ganz offensichtlich echt sind, oder sie mit ihrer geringen Körpergröße aufzuziehen, wenn sie gar nicht versucht, diese mit hohen Stöckelschuhen zu kompensieren.

- »Ist das ein Haarteil? Nein? Hm. Interessante Frisur. Ziemlich ungewöhnlich jedenfalls. Wie nennt man dieses Styling? ›Vogelnest‹?«
- »Hübsches Kleid. Ich glaube, ich habe Sie neulich schon mal darin gesehen.«
- Er: »Was machen Sie beruflich?« Sie: »Ich bin Model.« Er: »Ach, ja? Für welchen Versandhauskatalog?«
- »Du siehst irgendwie ... ungewöhnlich aus. Ungewöhnlich, aber interessant. Nichts für ungut, ich bin bloß ehrlich.«
- Während sie spricht: »Ih ... du hast mich gerade angespuckt.«

- »Ich mag große Frauen. Du wirkst ziemlich groß. Wie hoch sind denn deine Stöckelschuhe? Schon so zirka zehn, zwölf Zentimeter, oder?«
- »Wenn man eine so tolle Figur hat, entschädigt das für so manches andere.«
- »Du blinzelst aber oft.«
- »Echt witzig, wie du immer die Nase rümpfst, wenn du lachst.«
- Er: »Ich finde, wir sollten uns lieber nicht kennen lernen.« Sie: »Warum nicht?« Er: »Weil du ein viel zu nettes Mädchen für mich bist.«

Die Kaffeehaus-Killerkombi

Ein Mann namens Svengali berichtete im Internet von folgender Begebenheit. Sie illustriert, wie effektiv der strategische Dämpfer, kombiniert mit einer GM-Taktik, wirken kann. Im vorliegenden Fall fungierte der Erzähler als Wingman, während sein Kumpel die Hauptrolle übernahm (Genaueres dazu siehe Kapitel sechs). Schauplatz der Begegnung war ein überfülltes Kaffeehaus am helllichten Tag. Und: Action!

Kumpel: Ganz schön scharf, wie Sie dasitzen, mit gespreizten Schenkeln. In einem kurzen Rock sähen Ihre Beine allerdings noch viel heißer aus.
Sie: Entschuldigen Sie mal! Was erlauben Sie sich?
Kumpel (*lächelnd*): Jetzt sind Sie verärgert, weil ich mich an der Aussicht erfreue. Weil ich Sie spüren lasse, dass ich mit Ihnen ins Bett möchte. Sehen Sie sich mal um! Was schätzen Sie, wie viele andere Frauen sind hier?
Sie: Was weiß ich? Zwölf?
Kumpel: Sehen Sie genau hin (*zeigt auf eine Frau*). Die Braut da drüben, die hat einen richtig knackigen Po – viel knackiger als Ihrer. Die da hinten hat ein viel schärferes Outfit an. Und die Blondine dort, die hat schlankere Beine und ein hübscheres Ge-

sicht als Sie. Mir ist an Ihnen etwas aufgefallen, das Sie von allen anderen Frauen hier unterscheidet – und Sie nehmen es mir übel? Ich sage doch nur, dass Ihre Beine in einem Rock noch besser zur Geltung kämen. Was meinst du dazu, Svengali?
Svengali (*lächelnd*): Ich bin ganz deiner Meinung.

Ich muss wohl nicht erwähnen, dass die Angesprochene völlig verdutzt war und nicht wusste, wie sie reagieren sollte. Um es kurz zu machen: Laut Svengali lief es darauf hinaus, dass sie sich »etwa eineinhalb Stunden später mit ihr im Bett wiederfanden – beide.« Tja, das Leben ist voll aufregender Überraschungen, wenn man sich ihm unerschrocken stellt!

VI. Gruppensituationen

Flirten mit Co-Pilot: Der Wingman

»Ich glaube, manche Männer scharen absichtlich unattraktive Typen um sich, in der Hoffnung, in ihrer Mitte auszusehen wie der Platzhirsch. Bei mir bewirkt das eher das Gegenteil – wenn ein Mann aus so einem Rudel heraussticht, halte ich ihn automatisch für den Cheftrottel.«

Danielle, New Orleans

Sich gemeinsam mit einem Kumpel (»Wingman«, auch »Co-Pilot« oder »Eskorte«) oder einer ganzen Gruppe Freunde auf die Piste zu begeben, ist für die meisten Männer quasi ein Initiationsritus. Das Auftreten im Rudel kann beim Aufreißen von Frauen in der Tat sehr hilfreich sein, insbesondere in Bars, Clubs und an anderen typischen Aufreiß-Orten: Erstens vermittelt es den Eindruck, dass Sie kein Außenseiter sind und sich gern amüsieren. Zweitens stehen Sie auf diese Weise nie allein in der Gegend herum wie ein armseliges Würstchen oder gar ein Säufer, sondern haben einen oder mehrere Gesprächspartner zur Verfügung für den Fall, dass Sie mal nicht mit einer Frau reden – was natürlich nicht allzu oft vorkommen sollte! Verwenden Sie Ihre(n) Begleiter nicht als faule Ausrede, um sich vor dem Flirten zu drücken! Es gilt nach wie vor die Drei-Sekunden-Regel.

Wählen Sie Ihre »Eskorte« mit Bedacht aus. Wie Danielles Zitat beweist, wirft es kein gutes Licht auf Sie, wenn Sie mit einem

Trupp Loser um die Häuser ziehen, im Gegenteil. Viel klüger ist es, gut aussehende Freunde um sich zu scharen, obwohl es natürlich passieren kann, dass sich das Objekt Ihrer Begierde ein wenig zu sehr von Ihrem Co-Piloten ablenken lässt, falls dieser der reinste Adonis sein sollte.

Stellen Sie sicher, dass Ihre Freunde so sind wie Sie: gepflegt, unterhaltsam, bereit, die Drei-Sekunden-Regel anzuwenden, und ebenfalls auf der Suche nach ein paar Bräuten. Schließlich wird es immer wieder vorkommen, dass sich einer von Ihnen aus der Gruppe löst, um in trauter Zweisamkeit mit einem Mädchen zu flirten. Mindestens genauso oft werden Sie sich den Frauen jedoch auch im Doppelpack nähern. Auf diese Weise können Sie sich bei Bedarf gegenseitig aus der Patsche helfen. Da Sie beide auf der Jagd sind, sollten Sie allerdings mit den Spielregeln vertraut sein:

1. Sprechen Sie sich stets vorher ab, möglichst noch bevor Sie den Club oder die Bar betreten. Stellen Sie sicher, dass Sie miteinander arbeiten, nicht gegeneinander.
2. Legen Sie, bevor Sie sich einer Frau nähern, die Rollenverteilung fest (wer spielt die Hauptrolle, wer den Wingman) und halten Sie sich daran. Wer zuerst eine attraktive Frau erspäht und bei ihr sein Glück versuchen will, übernimmt die Hauptrolle, eröffnet die Unterhaltung und bekommt die erste Chance bei der Auserwählten (in einer Gruppensituation). Der Wingman hält entweder die (selbstverständlich ebenso begehrenswerte) Freundin (auch bekannt als »Hindernis«) der Betreffenden in Schach oder versucht, bei ihr zu landen.
3. Falls Sie die Hauptrolle übernehmen, müssen Sie Ihren Freund/Kumpel vorstellen und etwas Schmeichelhaftes über ihn erzählen (er ist ein toller Hecht, der beste Freund, hat ein Football-Stipendium für die Universität erhalten oder Ähnliches).

4. Schnappen Sie niemals einem Kumpel die Frau vor der Nase weg! Falls Sie Interesse an Ihnen signalisiert, halten Sie sich eine Weile im Hintergrund und gewähren Sie ihm Zeit, um ihr Interesse zu wecken und herauszufinden, ob er bei ihr eine Chance hat. Wenn nicht, sind Sie an der Reihe. Geben Sie sich mysteriös, das wirkt bei den meisten Frauen Wunder. Denken Sie an das Motto »Qualität vor Quantität« – es ist besser, in kurzer Zeit einen bleibenden Eindruck zu hinterlassen, als sie end- und sinnlos vollzulabern.

Gemischtes Doppel

So gehen Sie vor, wenn Sie mit Ihrem Kumpel unterwegs sind und zwei hübsche Ziele im Visier haben. (Muss ich die Drei-Sekunden-Regel überhaupt noch erwähnen? Ich hoffe, nicht.)

1. Nähern Sie sich mit einem Lächeln.
2. Stellen Sie Ihren Begleiter vor.
3. Schwärmen Sie ihr von Ihrem Begleiter vor.
4. Machen Sie der Favoritin Ihres Freundes an seiner Stelle ein Kompliment. Der Clou daran: Die Angesprochene kann eigentlich weder Sie noch ihn des Baggerns beschuldigen, denn die lobenden Worte kommen zwar aus Ihrem Mund, aber Sie zitieren ja nur Ihren Wingman – und der steht schweigend daneben. Sie kann also keine konkreten Einwände erheben und wird daher nur die positiven Aspekte des Kompliments registrieren. Überdies sind Sie dabei keinerlei ungebührlichem Leistungsdruck ausgeliefert, denn Sie haben jeder kritischen Überlegung von ihrer Seite von vornherein vorgebeugt.
5. Begleiten Sie jedes Kompliment mit Körperkontakt: »Mein Kumpel findet, du hast tolle Haare ...« (berühren Sie ihr Haar) »... und sehr schöne Hände ...« (ergreifen Sie ihre Hände).
6. Sie denken doch hoffentlich auch an den Blickkontakt?

7. Sobald Sie ihre Hände halten, schließen Sie mit den Worten: »Er findet dich einfach toll«, und reichen sie an Ihren Begleiter weiter. Ihre Freundin (das Hindernis) wird nun entweder lachen oder Einwände erheben. Ergreifen Sie daher nun ihre Hände, sehen Sie ihr in die Augen und tun Sie so, als hätten Sie es die ganze Zeit nur auf sie abgesehen.
8. Geben Sie Ihrem Wingman High-five.
9. Sagen Sie zu Ihrem Mädchen: »Ist er nicht einfach großartig?« Wenn es nicht zurückweicht, haben Sie schon so gut wie gewonnen.

5. Hüten Sie sich davor, in ein Streitgespräch verwickelt zu werden, selbst, wenn die Begleiterin (das Hindernis) versucht, Ihnen oder Ihrem Kumpel Steine in den Weg zu legen.
6. Ergreifen Sie Ihre Chance, sobald Ihr Freund sich verdrückt. Ihnen bleiben genau (raten Sie mal!) drei Sekunden, mehr nicht.

Falls einer Ihrer Freunde einen Treffer landet – vor allem, wenn Sie ihn bei der Vorarbeit unterstützt haben –, ist das ein Erfolg, zu dem Sie Ihren Beitrag geleistet haben und über den Sie sich mit ihm freuen sollten. Neid ist unangebracht, denn damit vergessen Sie die goldene Aufreißer-Regel: Es warten noch genügend andere hübsche Fische darauf, Ihnen ins Netz zu gehen.

Außerdem ist Ihnen Ihr Kumpel nun einen Gefallen schuldig. Je mehr Sie für Ihre Freunde tun, desto eher werden sich diese ins Zeug legen, um sicherzustellen, dass auch Sie zum Zug kommen. Es heißt schließlich nicht umsonst: »Wie du mir, so ich dir«.

Johnny Shack aus dem guten alten Vereinigten Königreich schlägt eine interessante Variante des Gruppen-Aufrisses vor, die ich den »Wingman-Club« nenne:

Gründen Sie zusammen mit drei bis fünf Komplizen einen Club. Jedes Clubmitglied muss pro Monat für jedes der anderen Mitglieder die Telefonnummer einer Frau besorgen. Glauben Sie mir, Sie werden rotieren, wenn Sie nicht nur fünf Nummern für Ihre Freunde organisieren, sondern Ihrerseits auch noch fünf Frauen anrufen müssen. Auf diese Weise werden Sie im Handumdrehen zum PAR, falls Sie es nicht bereits sind. Außerdem geht es diesmal nicht um Sie, sondern um einen Ihrer Kumpel, wenn Sie eine Frau ansprechen; das bedeutet Schonzeit für Ihr Ego.

Gehen Sie bei dieser Übung sehr offenherzig vor. Sprechen Sie einfach eine Frau an (und nein, es ist nicht besonders clever, ihm einen Drachen zu suchen, denn er wird es Ihnen mit gleicher Münze, wenn nicht viel schlimmer, zurückzahlen). Sie sagen: »Hallo! Sie sind mir aufgefallen und – nun, das mag vielleicht seltsam klingen, aber (lachen Sie an dieser Stelle, um sie zu überrumpeln und ihr zu demonstrieren, dass Sie einer von den ›Guten‹ sind) ... tja, (ein wenig Stottern lässt die Sache gleich natürlicher klingen) ... mein Kumpel hat gerade mit seiner Freundin Schluss gemacht und ist ein bisschen deprimiert.« (Erwähnen Sie stets das Ende einer Beziehung, damit die Betreffende nicht auf die Idee kommt, Ihr Freund sei womöglich solo, weil etwas nicht mit ihm stimmt. Ich weiß, es klingt verrückt, aber glauben Sie mir, es funktioniert.) »Jedenfalls hat er mir nach langem Hin und Her erlaubt, ein Blind Date für ihn zu organisieren. Und ich denke, Sie wären die perfekte Frau für ihn. Er ist ein toller Kerl und sehr attraktiv.« (Es ist wichtig, das zu erwähnen, denn selbst, wenn es nicht der Wahrheit entspricht, wird sie doch zumindest hoffen, es sei so, und positiv eingestellt sein. Außerdem klingt die Aussage, sie sei perfekt für ihn, weil er gut aussieht, wie ein Kompliment an ihre Adresse.) »Wie wär's, wenn Sie mir Ihre Telefonnummer geben, damit er Sie mal anrufen kann? Falls Sie einander sympathisch sind, könnten Sie sich ja verabreden.«

Damit signalisieren Sie ihr, dass das alles keine große Sache ist – es geht nur um einen Anruf. Falls sie nun Einwände erhebt und sich stattdessen nach seiner Nummer erkundigt, sagen Sie: »Klingt okay, aber er muss demnächst geschäftlich verreisen (damit lassen Sie durchblicken, dass er nicht nur erwerbstätig, sondern auch erfolgreich ist), deshalb wäre es vermutlich besser, wenn ich ihm Ihre Nummer gebe. In Ordnung?« Die Frage ist nötig, um nicht aufdringlich zu wirken – Sie versuchen bloß, die praktischste Lösung zu finden.

Wenn sie weiterhin darauf besteht, ihn anzurufen, geben Sie ihr die Nummer Ihres Freundes und betonen Sie noch einmal, was für ein großartiger Mensch er ist, um ihr den Mund wässrig zu machen.

Und nun eine Warnung an all jene Verrückten, die versucht sind, selbst zum Hörer zu greifen, anstatt die Nummer an den Kumpel weiterzugeben: Vergessen Sie's! Keine Lügen, wenn es um die Telefonnummer geht! Es wird ohnehin nicht klappen – falls sie nicht schon am Telefon Ihre Stimme erkennt, wird sie spätestens beim Date die Beine in die Hand nehmen.

Es kann natürlich auch vorkommen, dass sie ihre Telefonnummer für Ihren Freund nicht herausrücken will – weil sie lieber von Ihnen angerufen werden möchte. Wogegen Sie sich natürlich nicht lange sträuben werden, oder?

Der Entertainer

Den Entertainer zu mimen ist keine Masche, sondern eher eine Frage der Persönlichkeit. Sie benötigen dafür eine richtige Clown-Mentalität: stets lachend, bester Laune und zu Scherzen aufgelegt, vermitteln Sie allen Anwesenden das Gefühl, sie würden sich königlich amüsieren. Ziel ist es, Hemmungen abzubauen und die Frau(en) zum Mitlachen und Mitblödeln zu animieren. Sorgen Sie statt tiefschürfender Diskussionen oder der drögen Job/Uni/Hobby-Endlosschleife für anspruchslos-alberne, ja, infantile Unterhaltung und vergessen Sie niemals zu lächeln. Lassen Sie Ihren Wingman abklatschen, schlagen Sie eine Runde »Wahrheit oder Pflicht« vor, regen Sie an, dass sich Vertreter beiderlei Geschlechts an den Händen halten, küssen oder das Salz zum Tequila von diversen Körperteilen lecken. Machen Sie die Bar, in der Sie sich befinden, zu Ihrer Privatparty und stellen Sie sicher, dass bald keiner der Anwesenden mehr solo ist. Da Sie nicht versuchen, sich selbst an die Frau zu bringen, wird Ihnen niemand Eigennützigkeit zur Last legen. Und früher oder später wird ein Mädchen (oder Ihr Wingman) einwenden, dass auch Sie sich an den diversen Spielchen beteiligen müssen.

Werfen Sie nicht gleich die Flinte ins Korn, falls Ihre Bemühungen, Heiterkeit zu verbreiten, anfänglich auf wenig Gegenliebe stoßen, und lassen Sie vor allem die anwesenden Frauen auf keinen Fall entfleuchen! Selbst wenn es zunächst ein paar peinliche Momente gibt, wird es keine bereuen, geblieben zu sein, sobald die Show in vollem Gange ist.

Es ist nicht immer einfach, den Entertainer zu geben und Frauen in eine entspannte Blödelstimmung zu versetzen. Wenden Sie diese Taktik am besten nur bei größeren Gruppen an; auf diese Weise lässt sich das peinliche Schweigen vermeiden, das unweigerlich entsteht, wenn eine Ihren Anweisungen nicht gleich Folge leisten will. Sind ihre Bekannten einmal auf Ihre Spielchen eingestiegen, wird auch Ihre Auserwählte sich nicht mehr zieren. Und ist die Show erst in vollem Gange, zögern Sie nicht, sich einfach umzudrehen und wildfremde Außenstehende mit einzubeziehen. Sobald eine Frau einen Augenblick ignoriert wird, fällt ihr auf, wie lustig sie es davor mit Ihnen hatte. Spätestens jetzt wird sie sich ins Zeug legen, um Ihre Aufmerksamkeit wiederzuerlangen.

Der »ausgenutzte Promi«

Diese Taktik ist meines Erachtens ein wenig suspekt, da sie auf einem Schwindel basiert – ich bin immer eher für die ehrliche Tour. Trotzdem werde ich sie hier kurz beschreiben, weil sie amüsant ist und wieder einmal beweist, dass Frauen noch oberflächlicher sind als wir. Unglaublich, aber wahr!

Wingman wider Willen

Der Wingman muss nicht zwingend ein Bekannter oder Kollege von Ihnen sein. Sie können auch einen wildfremden hoffnungslosen DFL für Ihre Zwecke einsetzen. Angenommen, Sie haben beobachtet, wie irgendein Tropf lechzend auf eine Frau zugegangen ist und von ihr gnadenlos abgeschossen wurde. Verschwenden Sie keine Zeit darauf, sich über ihn lustig zu machen oder ihn zu bemitleiden, wenn er gedemütigt abzieht, sondern nutzen Sie diese Chance umgehend zu Ihren Gunsten.

Nähern Sie sich der Betreffenden mit den Worten: »Ich habe das eben zufällig mitgehört. Das war doch bestimmt eine der schlechtesten Nummern, die Sie je gehört haben.« Für gewöhnlich wird sie jetzt lachen oder lächeln, und im Handumdrehen haben Sie ein animiertes Gespräch angeleiert – in dem es ausgerechnet um geistlose Aufreißtaktiken und armselige DFL geht! Signalisieren Sie ihr, dass Sie ihre Gedanken und Gefühle teilen. Damit haben Sie sofort etwas gemeinsam. Ihr Misstrauen Ihnen gegenüber wird rapide schwinden, weil Sie im Gegensatz zu Ihrem Vorgänger aufrichtig und interessant wirken und offenbar nicht darauf aus sind, sie abzuschleppen ...

Sie sind mit Ihrem Wingman unterwegs und erspähen eine heiße Braut am anderen Ende der Bar. Selbstverständlich könnten Sie nun wie im vorigen Abschnitt beschrieben eine kleine Show abziehen. Doch wie wär's mal mit etwas Neuem? Lassen Sie Ihren Wingman vorgehen und den Erstkontakt herstellen, jedoch ohne die Betreffende anzumachen. Nach ein paar Minuten wird er Sie herbeiwinken und vorstellen. Sie sagen »Hallo«, geben sich aber den Anschein, als würden Sie sich nicht besonders wohl in Ihrer Haut fühlen und verabschieden sich bald darauf wieder. Kaum sind Sie weg, wird Ihr Wingman erklären: »Der Ärmste. Er hat es so satt, ständig von Frauen angemacht zu werden, die nur hinter seinem Geld her sind. Bei dem musst du es gar nicht erst probieren.« Sie wird garantiert nachhaken: »Ach, ist er reich?« »Leider, ja. Und einigermaßen berühmt außerdem.« Das ist alles. Er sollte nicht mehr als ein paar Andeutungen machen.

Etwa eine Stunde später schleichen Sie sich an sie heran und fragen sie, ob sie Ihren Kumpel gesehen hat. Wenn Sie bei dieser Gelegenheit behauptet, Sie seien ihr vorhin bereits bekannt vorgekommen und sie müssten sich wohl schon einmal begegnet sein, hat sie den Köder geschluckt. Geben Sie sich weiterhin möglichst zugeknöpft, erstens, damit sie die Wahrheit nicht herausfindet, und zweitens, weil Sie auf diese Weise umso mysteriöser und misstrauischer wirken; genau, wie man das von einer prominenten Persönlichkeit erwartet.

Nach etwa fünfzehn Minuten sollte Ihr Wingman dazustoßen und die Unterhaltung mit einem vorwurfsvollen Blick – in Richtung Ihres Gegenübers – unterbrechen. Zeigen Sie sich erfreut über sein Auftauchen und behaupten Sie, Sie würden sich langweilen (strategischer Dämpfer!) und wollten aufbrechen. Sie wird versuchen, Sie zum Bleiben zu überreden. Lassen Sie sich jedoch nicht umstimmen. Beharren Sie darauf, gehen zu wollen. Spätestens jetzt wird sie Ihnen ihre Telefonnummer geradezu aufdrängen.

Die Wingwoman

Ein mit allen Wassern gewaschener Wingman ist praktisch unbezahlbar, aber *nichts* macht Sie unwiderstehlicher als eine attraktive Wingwoman an Ihrem Arm. Je hübscher, desto besser! Dieses Phänomen beruht einerseits auf dem guten alten Neid, andererseits auf der Überzeugung, dass Sie wohl eine gute Partie sein müssen, wenn diese Braut etwas an Ihnen findet. Und sobald die anderen Frauen bemerken, wie respektvoll und aufmerksam Sie sich Ihrer Begleiterin gegenüber verhalten, werden sie auch so behandelt werden wollen. Mit anderen Worten: Ihre Wingwoman fungiert nicht nur als optischer Aufputz, sie zieht die Aufmerksamkeit anderer Frauen auf sich, um sie anschließend auf die Hauptattraktion zu lenken, nämlich auf Sie.

Als weibliche Eskorte eignen sich zum Beispiel Frauen aus Ihrem Bekanntenkreis (keine Verwandten!), mit denen Sie gern Zeit verbringen, aus welchen Gründen auch immer aber nicht intim werden können oder wollen. Sei es, weil Sie Kollegen sind und Ihnen Ihr Chef oder Ihr Berufsethos keine Affären am Arbeitsplatz gestatten, sei es, weil sie Sie mit »Lass uns Freunde sein« ins Aus befördert hat. Machen Sie in jedem Fall das Beste daraus und ernennen Sie sie kurzerhand zu Ihrer Verbündeten! Auch ehemalige Bettgenossinnen, die Sie selbst zur »guten Bekannten« degradiert haben, kommen in Frage. Doch was, wenn sich eine solche Ex-Gespielin in der Rolle des Lockvogels zurückgesetzt vorkommt? Wenn sie ihren potentiellen Nachfolgerinnen hinter Ihrem Rücken anvertraut, dass Sie mit ihr im Bett waren und sie danach abserviert haben? Keine Sorge, das lässt Sie auf die meisten Frauen nur umso faszinierender wirken, weil es projiziert, dass Sie ein begehrter, erfahrener Liebhaber sind. Und außerdem glauben alle Frauen, sie könnten einen Mann umkrempeln.

Klären Sie Ihre Eskorte unbedingt über ihre Rolle und ihren Status auf, damit sie sich keine falschen Hoffnungen macht. Sie haben weder eine Beziehung noch ein Date und ziehen lediglich gemeinsam los, um sich zu amüsieren. Lassen Sie anklingen, dass Sie im Laufe des Abends andere Frauen ansprechen werden. Bitten Sie sie dabei ruhig um Unterstützung. Sie wird Ihre Offenheit zu schätzen wissen. Und es gibt keine bessere Taktik, als die Wingwoman vorzuschicken, um ein Gespräch mit der »Zielperson« anzuleiern und Sie anschließend herbeizuwinken. Damit haben Sie quasi eine Empfehlung von einem Clubmitglied in der Tasche.

Es kann natürlich auch der umgekehrte Fall eintreten. Dann öffnet die gemeinsame Mission Ihrer Wingwoman plötzlich die Augen, was Ihre Eignung als Liebhaber betrifft – eine zugegeben nicht eben optimale, aber trotzdem wirkungsvolle Methode, eine Frau, die Ihre Avancen zunächst nicht erwiderte, umzustimmen. Dagegen ist nichts einzuwenden, sofern Sie ein ehrliches Spiel mit ihr spielen. Es kann wohl nichts Schöneres geben, als sich erst die Telefonnummer einer Frau zu erarbeiten und anschließend Ihren Lockvogel auf eine heiße Nummer mit nach Hause zu nehmen. Außer vielleicht ein Schäferstündchen mit beiden zugleich.

Annäherung an eine Gruppe

Sie finden, man müsse selbstmörderisch veranlagt oder der ultimative Macho sein, um es gleich mit einer ganzen »Hühnerschar« aufzunehmen? Irrtum! Vor allem im Doppelpack (mit Ihrem Wingman) ist die Annäherung an eine Clique Frauen nicht schwieriger als an eine einzelne. Ganz im Gegenteil!

Es gibt zwei Möglichkeiten der Annäherung. Erstens: Sie erarbeiten sich die Sympathie jenes Mitglieds, das sich am meisten langweilt. Zweitens: Sie erarbeiten sich die Sympathie aller Mitglieder. Für einen Anfänger, der vermutlich noch nicht ausreichend Erfahrung in der Kommunikation und dem geselligen Umgang mit im Rudel auftretenden Bräuten hat, um gleich die Aufmerksamkeit aller in seinen Bann zu ziehen, ist die erste Variante zweifellos die einfachere. Ihre Chancen, bei dem Mädchen, auf das Sie ein Auge geworfen haben, landen zu können, sind dabei allerdings wesentlich geringer. Stattdessen werden entweder die Mitglieder der Gruppe jemanden für Sie auserwählen, oder eine Frau, deren Interesse Sie geweckt haben, wird die Initiative ergreifen. Die zweite Möglichkeit macht, wenn man sie erst einmal beherrscht, ungleich mehr Spaß und hat außerdem den Vorteil, dass Sie die Fäden in der Hand halten und aktiv die Aufmerksamkeit der Frau, auf die Sie es abgesehen haben, erregen. Und ganz nebenbei gewinnen Sie noch eine Menge neuer Freunde.

In der Gruppe, Ansatz eins: »Wer will mich?«

Bei Variante eins sind Sie nicht darauf aus, die gesamte Gruppe zu beeindrucken, sondern freunden sich zunächst mit einem einzigen Mitglied der Clique an. Ist diese Hürde geschafft, werden Sie im Nu die Übrigen kennen lernen und können sich dann auf das Mädchen konzentrieren, das am meisten Interesse an Ihnen zeigt.

Versuchen Sie herauszufinden, welche Frau sich am meisten langweilt und leiern Sie ein Gespräch mit ihr an. Seien Sie spontan und amüsant, aber machen Sie keine Anstalten, sie aufzureißen. Freundlicher Smalltalk heißt die Devise. Gut möglich, dass sie sich desinteressiert zeigt (oder dass sie miesepetrig drauf ist, was vermutlich der Grund für ihre Langweile ist). Doch allein die Tatsache, dass Sie sich mit ihr unterhalten, wird bei ihren Freundinnen unwillkürlich Konkurrenzdenken auslösen. Schon bald werden die anderen Mitglieder der Gruppe Sie ebenfalls kennen lernen wollen. Falls eine dieser Frauen auch nur das geringste Interesse an Ihnen hat, wird sie das mittels Blickkontakt zeigen oder versuchen, sich in das Gespräch einzuklinken.

Genau diese gruppendynamischen Prozesse erweisen sich bei der Kontaktaufnahme mit mehreren Frauen als überaus hilfreich. Diesen Prozess nennt man Selbst-Selektion, weil ein Mädchen aus der Gruppe von sich aus die Initiative ergreift. Doch wozu unnötig warten? Als echter PAR können Sie diesem Vorgang ruhig ein wenig nachhelfen.

Das Strichmännchen

Von Verführungsguru Ross Jeffries stammt die folgende erheiternde Taktik zur Annäherung an eine große Gruppe Frauen, die es Ihnen ermöglicht, sich ungeniert ein bestimmtes Mitglied auszusuchen und von Anfang an Blickkontakt mit ihm aufzunehmen. Sie benötigen dafür einen Stift und einen kleinen Spiralblock. Beugen Sie sich mit gerunzelter Stirn in höchster Konzentration über den Block und beginnen Sie ein Porträt der Betreffenden anzufertigen.

Wie bitte? Sie kriegen ohne fremde Hilfe nicht einmal einen halbwegs akzeptablen Smiley hin? Völlig einerlei, denn, so Jeffries: »Je beschämender das Resultat, desto besser!«

Sobald Sie fertig sind, signieren Sie Ihr Werk mit einer großspurigen Geste, falten das Blatt zweimal zusammen und gesellen sich zum Objekt Ihrer Begierde, das Ihre Tätigkeit zweifellos längst bemerkt und Sie dabei beobachtet hat (Künstler fallen immer und überall auf). Überreichen Sie Ihre Arbeit mit der bescheidenen Bemerkung, ihre Schönheit habe Sie zu künstlerischen Höchstleistungen inspiriert und kehren Sie sodann zu Ihrem Sitzplatz zurück. Wenn sie beim Anblick Ihres Machwerks anfängt zu lachen, winken Sie mit einem Lächeln und verneigen Sie sich mit gespieltem Stolz. In fünfzig Prozent der Fälle wird Sie Ihr Modell an seinen Tisch winken.

Zu diesem Zweck sollten Sie nach der Vorstellungsrunde und dem ersten ungezwungenen Smalltalk folgende Frage in den Raum stellen: »Na, wer ist denn die Neugierigste und Abenteuerlustigste von euch?« Daraufhin werden die Gruppenmitglieder fast immer ein Mädchen auswählen – nämlich jenes Mädchen, das sie mit Ihnen verkuppeln wollen! Es wird zwar möglicherweise nicht das attraktivste der Gruppe sein (falls sie sich als richtiges Biest entpuppt, können Sie später immer noch die Fliege machen), dafür aber garantiert jenes, das am dringendsten einen Mann wie Sie braucht. Sie müssen natürlich einen guten Grund für Ihre Frage zur Hand haben (»Ich würde gern ein kniffliges Problem mit einer intelligenten Frau diskutieren«) – und schon kann's losgehen!

In der Gruppe, Ansatz zwei: »Lauter tolle Leute!«

Der zweite Ansatz erfordert etwas mehr Geschick, ist dafür aber auch effektiver. Hier geht es darum, sich nicht nur mit einem Mitglied der Gruppe anzufreunden und von den anderen einigermaßen akzeptiert zu werden, sondern sich möglichst mit allen anzufreunden – insbesondere mit den potentiellen »Hindernissen«.

Gehen Sie folgendermaßen vor: Wählen Sie aus einer Gruppe eine bestimmte Frau aus (»Zielperson«). Die übrigen Mitglieder, egal ob männlichen oder weiblichen Geschlechts, sind die Hindernisse. Jeder unverbesserliche DFL wird immer wieder den Fehler begehen, sich blindlings (und vergeblich) auf sein Ziel zu stürzen und dabei die Hindernisse links liegen zu lassen.

Ein folgenschwerer Fehler, denn jedes ignorierte Hindernis ist ein gefährliches Hindernis. Es wird sich über die Nichtbeachtung in zunehmendem Maße ärgern, je länger die Unterhaltung andauert. Wenn es schließlich eingreift und versucht, das »Ziel« aus Ihrem Wirkungskreis zu entfernen, und die verheißungsvolle Atmosphäre mit feindseligen Kommentaren zu zerstören, können Sie einpacken. Bedenken Sie stets, dass die Freunde Ihrer Auserwählten weit mehr Einfluss auf sie haben, als Sie sich im Laufe jedes noch so geistreichen Gesprächs erarbeiten können. Wenn Sie Glück haben, steckt sie Ihnen noch rasch ihre Telefonnummer zu, ehe sie weggeschleift wird. In der Mehrheit der Fälle allerdings haben Sie nach den giftigen Worten eines Hindernisses keinerlei Chancen mehr.

Deshalb freundet sich der geschickte PAR stets *zuerst* mit dem Hindernis an und dann erst mit der Zielperson. Diese wird es besonders nett finden, wenn Sie sich mit ihren Bekannten anfreunden. Legen Sie sich also ins Zeug – und genießen Sie das Bad in der Menge! Schütteln Sie reihum Hände, lassen Sie da und dort eine scherzhafte Bemerkung fallen, nicken Sie gelegentlich verbindlich. Bemühen Sie sich insbesondere um ihre griesgrämige Freundin mit dem Schmollmund (die für gewöhnlich auch die am wenigsten attraktive ist), denn sie spielt vermutlich gern den Moralapostel – wenn Sie Pech haben, just zum falschen Zeitpunkt. Erst wenn es Ihnen gelungen ist, mit freundlichem, spielerischem Geplänkel die Sympathie dieses Mädchens zu gewinnen, dürfen Sie Ihre Aufmerksamkeit Ihrer Auserwählten widmen.

Sie nähern sich zwei Frauen – einer richtigen Sahneschnitte in Begleitung eines hässlichen Entleins. Welche der beiden sprechen Sie zuerst an?

Wenden Sie sich stets zuerst dem hässlichen Entlein zu. Das wird die andere nicht nur überraschen, sondern auch so neugierig und eifersüchtig machen, sodass sie sich umso mehr um Ihre Gunst bemühen wird. Die weniger Hübsche wird genauso verblüfft sein, denn sie ist daran gewöhnt, übersehen zu werden. Sie wird Sie für einen richtig netten Kerl halten und womöglich sogar zu dem Schluss kommen, dass Sie besser zu ihrer Freundin passen als zu ihr selbst. Damit haben Sie soeben unerwartet einen sehr mächtigen Verbündeten gewonnen! Aber auch, wenn das hässliche Entlein nicht zur aktiven Verbündeten mutiert, so haben Sie doch zumindest vermieden, dass es zum aktiven Hindernis wird, was mit Sicherheit geschehen wäre, wenn Sie es ignoriert hätten.

Mit dieser Taktik entwaffnen Sie nicht nur die Hindernisse, sondern auch die Zielperson. Da es sich bei ihr zweifellos um die attraktivste Frau der Gruppe handelt, ist sie es gewohnt, von Männern umschwärmt zu werden. Sie jedoch haben Sie bislang ignoriert, und das vor aller Augen! Das wird garantiert ihre Neugier wecken. Sie wird annehmen, dass Sie a) ein Hengst sind und die Anwesenheit schöner Frauen für Sie nichts Neues ist oder b) etwas an ihr auszusetzen haben. Und weil alle anderen Männer sie vergöttern, muss sie wissen, was Sache ist. Sofort. Sie wird umso eifriger versuchen, bei Ihnen zu landen. Treiben Sie sie zur Weißglut, indem Sie sich ihr gegenüber weiterhin neutral verhalten. Geben Sie ihr das Gefühl, dass Sie ihr quasi einen Gefallen tun, wenn Sie mit ihr reden, dann wird sie alles in ihrer Macht Stehende tun, um Sie zu erobern.

Die Beute isolieren (Wingman-Version)

Sobald Sie sämtliche Hindernisse entwaffnet haben und sich auf das Ziel konzentrieren können, müssen Sie sich mit dem Objekt Ihrer Begierde möglichst bald von der Gruppe entfernen. Dies ist von essentieller Bedeutung. Den meisten Frauen ist es nämlich unangenehm, vor Freundinnen oder Bekannten von einem Wildfremden geküsst zu werden oder anderweitig mit ihm auf Tuchfühlung zu gehen. Sie haben einen Ruf zu verlieren und müssen außerdem fürchten, von einer neidischen Freundin verpetzt zu werden. Sie wollen vor ihrer Mutter oder ihrem Freund schließlich nicht als Schlampe dastehen. Schlimmer noch: Es wäre durchaus denkbar, dass sich unter den Gruppenmitgliedern ihre Mutter, Nichten, Schwägerinnen, Arbeitskolleginnen oder womöglich sogar Vorgesetzte befinden, in deren Gegenwart sie Ihren Köder unter keinen Umständen schlucken wird, selbst, wenn sie es gern täte.

An dieser Stelle tritt der Wingman in Aktion. Seine Aufgabe ist es, den Rest der Gruppe abzulenken, sodass Sie sich mit der betreffenden Lady in eine ruhige Ecke verdrücken können. Dies ist vor allem im »gemischten Doppel« sehr einfach zu bewerkstelligen: Sobald die Fronten geklärt sind, können Sie der Dame Ihrer Wahl einfach ins Ohr flüstern: »Ich glaube, wir sollten die beiden mal kurz allein lassen.« Es muss so aussehen, als würden Sie ihr einen unschicklichen Vorschlag machen. Achten Sie darauf, dass ihre Freundin nicht hört, was Sie sagen. Falls Ihre Zielperson nicht wie erwünscht reagiert (sie will vor ihrer Freundin vermutlich nicht allzu enthusiastisch erscheinen, selbst wenn sie Sie sehr sympathisch findet), geben Sie ihr einen Schubs und sagen Sie in leicht herablassendem Tonfall: »Bist du blind? Siehst du nicht, dass die beiden lieber allein wären?« oder »Du willst doch wohl nicht zusehen, oder? Das wäre doch ziemlich abgedreht für's erste Date.«

Und was, wenn Ihr Wingman ebenfalls in die Offensive gehen will? Kein Problem. Im Gegenteil! Der große Vorteil dieser Taktik: Sie suggerieren Ihrer Auserwählten damit, dass ihre Freundin auf Ihren Wingman steht. Dadurch steigt auch Ihr eigener Attraktivitätsfaktor. Während Sie sich mit Ihrer Zielperson diskret verziehen, kommt die Freundin zu der Überzeugung, dass Sie gehen, weil Sie sich näher kommen wollen. Eine selbsterfüllende Prophezeiung, wie sie im Buche steht! Mit anderen Worten: Jede der beiden denkt, bei der anderen gehe es jetzt gleich zur Sache – und sie wollen sich jeweils natürlich in nichts nachstehen! Voilà: Zwei Mädels auf einen Schlag angetörnt!

»Aber meine Freundinnen ...«

Jede Frau mit auch nur einem Funken Selbstrespekt wird, ehe sie mit Ihnen nach Hause geht, einwenden, sie könne die Bar unmöglich verlassen, ohne ihren Bekannten Bescheid zu geben. Fallen Sie nicht darauf rein – auch nicht, wenn sie ihren Freundinnen »bloß noch schnell sagen will, dass sie geht«. Damit würde der Abend entschieden an Schwung verlieren, und das darf nicht passieren. Beruhigen Sie mit den Worten: »Zerbrich dir wegen ihnen nicht den Kopf; die finden schon nach Hause. Wir haben sie ohnehin schon eine Ewigkeit nicht mehr gesehen. Sie scheinen sich also blendend zu amüsieren und keine Sorgen um dich zu machen.« Nehmen Sie ihre Hand, führen Sie sie vor die Tür und springen Sie mit ihr in das nächstbeste Taxi.

Die Beute isolieren (Solo-Version)

Um eine Frau von einer Gruppe zu trennen, sagen Sie ihr am besten, Sie müssten ihr etwas anvertrauen, das nur für ihre Ohren bestimmt sei. Beugen Sie sich einfach zu ihr hinüber, sobald sich eine Gelegenheit dazu ergibt, und flüstern Sie: »Komm doch mal kurz mit. Ich muss dir etwas sagen, das du vermutlich lieber nicht vor allen anderen hören willst.« Führen Sie sie mit den Worten »Entschuldigt uns einen Augenblick. Ich bringe sie gleich zurück« ein Stück weit weg, wenn möglich, indem Sie ihr die Hand auf das Kreuz legen. Sehen Sie sich dann geheimnistuerisch um und erklären Sie ihr: »Ich wollte kurz allein mit dir sprechen, weil ... (Pause) ich dir etwas sagen muss ... (lange Pause). Deine Freundinnen sind wirklich nett, aber ... (verraten Sie ihr das Geheimnis erst, wenn sie danach fragt oder sichtlich neugierig ist.) Ich musste dir einfach sagen, dass ...« Machen Sie ihr nun ein aufrichtiges, liebenswürdiges Kompliment, das nichts mit ihrem Äußeren zu tun hat, zum Beispiel, dass sie eine sehr eloquente Gesprächspartnerin ist und Sie ihr gerne zuhören. Schließen Sie mit der Bemerkung: »Ich hoffe, du gehörst zu den Frauen, die den Unterschied zwischen einer Anmache (deuten Sie mit einer Geste an, dass das definitiv nicht Ihr Ziel ist) und einem echten Kompliment kennen (drücken Sie nun zwecks Erinnerungseffekt ihren Ellbogen oder berühren Sie sie anderweitig).« Sehen Sie ihr in die Augen und schicken Sie sich dann an zu gehen. Einer solchen Einladung können nur die wenigsten Frauen widerstehen.

Es gibt eine etwas riskante Variante dieser klassischen Abschlepp-Taktik, die allerdings viel Spaß machen kann. Angenommen, Sie sehen eine schöne Frau in Begleitung einiger Freundinnen und/oder Bekannter. Begeben Sie sich schweigend zu ihr, berühren Sie sie leicht am Ellbogen und fragen Sie sie flüsternd, ob Sie sie kurz sprechen dürfen. Dann gehen Sie langsam davon, bleiben aber in Sichtweite. Bei dieser Masche ist ein Begleiter sehr von Vorteil, sonst wirken Sie jetzt womöglich wie ein spleeniger Einzelgänger. Der Trick ist es, derart unaufdringlich und subtil aufzutreten, dass Sie ihre Neugier wecken, ohne ihr jedoch unheimlich vorzukommen. Selbst wenn sie Ihnen nicht auf der Stelle folgt, stehen Ihre Chancen gut, dass sie sich im Laufe des Abends zu Ihnen gesellen wird, sofern sich die Gelegenheit dazu ergibt.

Die Qual der Wahl

Wenn Sie sich an eine Gruppe schöner Frauen heranmachen, kristallisiert sich normalerweise schon recht bald heraus, welche von ihnen auf Sie abfährt und daher von der Clique losgeeist werden sollte. Es kann aber auch vorkommen, dass sie von zwei oder sogar drei Seiten eindeutige Signale empfangen. Sie Glücklicher!

Sie denken, nun hätten Sie die Qual der Wahl? Falsch! Versuchen Sie in einem solchen Fall stets, beide (oder alle drei) Kandidatinnen von der Gruppe zu trennen, selbst wenn eine attraktiver ist als die andere(n). Andernfalls verärgern Sie die Zurückgelassene und verwandeln sie damit in ein großes Hindernis. Isolieren Sie die betreffenden Damen (falls sie Interesse signalisieren, sollte das kein Problem sein) und leiern Sie ein Gespräch mit ihnen an. Hüten Sie sich, eine zu bevorzugen. Mit etwas Glück werden sie versuchen, sich gegenseitig auszustechen.

Falls eine beschließt, zur Gruppe zurückzukehren, lassen Sie sie gehen. Damit bleibt Ihnen die Entscheidung erspart, es werden keinerlei Gefühle verletzt und Sie haben sich elegant aus der Affäre gezogen. Das Mädchen, das übrig bleibt, hat sich durchgesetzt und hegt zweifellos das größte Interesse an Ihnen.

Und was, wenn plötzlich beide/alle drei Anstalten machen, zur »Herde« zurückzukehren? Keine Panik. Sagen Sie einfach: »Hey, ich weiß doch, dass eine von euch lieber bei mir bleiben möchte.« Das sollte reichen, um das Mädchen, das am meisten auf Sie steht, zurückzuhalten.

Wenn Ihnen also gleich mehrere Frauen schöne Augen machen, heißt es Damenwahl! Treffen Sie um Himmels willen nicht selbst die Entscheidung, denn damit können Sie nur verlieren.

Ach übrigens: Es kann auch vorkommen, dass Sie mal mit mehr als einer Frau nach Hause gehen, aber verlassen Sie sich lieber nicht darauf, dass es klappt. Wenn Sie eine Orgie vorschlagen, werden Sie in neunundneunzig Prozent der Fälle von allen Kandidatinnen stehen gelassen (außer natürlich, Sie tun es im Rahmen einer GM-Anmache). Doch der Versuch ehrt Sie und verdient einen Applaus. Und falls Ihre Rechnung wider Erwarten einmal aufgehen sollte, wird Sie das bestimmt reich für die unzähligen vorangegangenen Abfuhren entschädigen.

VII. Tanzen

Einführung

»Eine Bekannte von mir, der ich in diesen Belangen vertraue, sagte einmal, ihrer bescheidenen Ansicht nach sei ein Mann, der nicht tanzen kann, höchstwahrscheinlich auch im Bett eine Null ... Ein guter Tänzer dagegen fühlt sich sichtlich wohl in seinem Körper und versteht es, ihn kontrolliert und wohlkoordiniert zu bewegen.«

Jake Thompson

Der Gesellschaftstanz bildet seit jeher eine rituelle Vorstufe zur Kopulation und bietet eine wichtige Entscheidungshilfe bei der Partnerwahl. Beherrschen Sie die Kunst des Tanzens, so eröffnet Ihnen das ungeahnte Möglichkeiten, um beim weiblichen Geschlecht Eindruck zu schinden. Also, ab aufs Parkett! Dort ist Ihnen nicht nur die Aufmerksamkeit Ihrer Tanzpartnerin sicher; mit einer schönen Frau im Arm geben Sie auch einen Blickfang für die übrigen Paare und die Zuschauer(innen!) ab.

Leider sind die meisten Männer keine besonders begnadeten Tänzer. Deshalb ist es auch keine gute Idee, in einer Disco auf die Pirsch zu gehen (ganz abgesehen davon, dass solche Tanztempel oft teuer sind und die laute Musik ohnehin jegliche Unterhaltung unterbindet). Sie können selbstverständlich so lange trainieren, bis sie ein guter Tänzer sind, doch das kostet Zeit und Energie. Nicht, dass ich prinzipiell dagegen wäre – vermutlich kommt Ihnen das dabei Gelernte auch bei der Betätigung in der Horizontalen zugute. Aber unbedingt nötig ist es für das Flirten nicht.

Tanzen ist nur ein Mittel zum Zweck; ein Instrument, das dazu dient, Sie Ihrem Flirtziel (und Ihrer Tanzpartnerin) näher zu bringen. Es ermöglicht Ihnen, sie zu berühren, küssen, streicheln und so richtig heiß zu machen, vielleicht sogar zum Orgasmus zu bringen – ganz gleich, ob an Ort und Stelle oder später bei Ihnen zu Hause (im Idealfall beides). Sinn und Zweck des Tanzens ist also nicht, endlos mit ihr übers Parkett zu fegen. Vielmehr sollten Sie diese Chance nützen und sie mit den gängigen PAR-Werkzeugen bearbeiten: Lächeln, Blickkontakt, wohldosierte Berührungen.

Mit anderen Worten: Tanzen Sie nach Herzenslust und genießen Sie es, aber sehen Sie zu, dass Sie die Betreffende irgendwann runter vom Parkett und zu einem ruhigen lauschigen Plätzchen befördern, wo es dann so richtig zur Sache gehen kann.

Die einzige Ausnahme von dieser Regel sind jene Frauen, die empfänglich für taktile Reize sind. Sie lieben es, berührt zu werden und selbst zu berühren. Sollten Sie zufällig an ein solches Mädchen geraten (was Sie sehr bald bemerken werden, glauben Sie mir!), dann tanzen Sie unbedingt weiter, reiben, küssen, streicheln Sie Ihre Partnerin nach Herzenslust, bis die Grenzen der Schicklichkeit erreicht sind. Dann geht es stante pede ab nach draußen und ins Auto. Nur ein DFL würde jetzt noch viele Worte machen. Dieser Frauentypus hasst überflüssiges Gerede. Halten Sie also die Klappe, sonst fragt sie sich bloß frustriert, warum Sie sie nicht weiter anfassen (und dass Frust einer Verführung nicht eben förderlich ist, muss ja wohl nicht extra erwähnt werden).

Das Wichtigste in einem Tanzclub ist, sich auf die Tanzfläche zu begeben. Vom Rand aus zuzusehen ist nur etwas für männliche Mauerblümchen. Sie erinnern sich bestimmt, wie ich diese Spanner genannt habe: die Todeskandidaten. Sie wollen doch nicht für einen solchen Todeskandidaten gehalten werden, oder? Na dann mal los! Nur auf der Tanzfläche werden Sie an eine der bezaubernden Bräute herankommen, um sie in privatere Situationen zu locken.

Eine Aufforderung zum Tanz sollte möglichst nicht ausgesprochen, sondern nur durch Gesten angedeutet werden. Tanzen ist eine rein körperliche Angelegenheit; nutzen Sie also diese Gelegenheit, gleich auf *Tuchfühlung* gehen zu können.

Aber sie tanzt doch schon mit jemand anderem!

Es ist relativ einfach, sich im Gewimmel auf der Tanzfläche zwischen zwei Tanzende zu schieben, aber schon etwas schwieriger, seine Partnerin danach nicht wieder zu verlieren. Ein PAR namens Vilius beschreibt, wie er anderen Männern (selbst seinen Freunden) die Tanzpartnerin abspenstig macht:

Schieben Sie sich zwischen die beiden und beginnen Sie, mit dem *Mann* zu tanzen. Nach etwa dreißig Sekunden drehen Sie sich um, schnappen sich seine Partnerin, ziehen sie sanft ein paar Meter weiter und beginnen dort mit ihr zu tanzen.

Dieser Plan hat allerdings ein, zwei Schönheitsfehler: Erstens sollten Sie niemals einem Freund die Tanzpartnerin ausspannen, denn das ist total uncool – es sei denn, er hat kein Interesse an ihr. Zweitens können dreißig Sekunden ziemlich lange dauern. Beobachten Sie die Reaktion der Frau und verlassen Sie sich lieber auf Ihren Instinkt. Wenn sie den Kerl nicht leiden konnte oder er ihr völlig gleichgültig war, wird sie die Unterbrechung widerstandslos geschehen lassen. In diesem Fall sollten Sie auf der Stelle reagieren, denn erstens ist sie nun frei und zweitens schuldet sie Ihnen einen Gefallen dafür, dass Sie sie vor diesem Trampeltier errettet haben.

Dieselbe Taktik können Sie übrigens auch anwenden, wenn zwei Frauen miteinander tanzen. Knöpfen Sie sich zunächst die weniger hübsche vor und wenden Sie sich erst dann ihrer Freundin zu (Sie erinnern sich: Entwaffnung des Hindernisses!).

Falls die Frau, auf die Sie ein Auge geworfen haben, bereits tanzt, gesellen Sie sich einfach zu ihr und fangen Sie an, mit ihr zu tanzen. Sie werden rasch erkennen, ob sie darauf einsteigt oder nicht. Am besten funktioniert dieses Prozedere bei einer Gruppe Mädels. Hier werden Sie selten auf Widerstand stoßen. Schlängeln Sie sich einfach in ihre Mitte und tanzen Sie weiter. Früher oder später wird eine Kandidatin signalisieren, dass sie bereit ist für eine kleine Einlage à la *Dirty Dancing*. Ob sie danach auch gewillt ist, Ihnen in eine dunkle Ecke zu folgen, steht natürlich auf einem anderen Blatt. Sie ist mit Freundinnen unterwegs, muss also an ihren Ruf denken.

Aus der Akte Verlierer: Soll ich sie um einen Tanz bitten?

Nur zu! Wenn Sie einem Mädchen unbedingt die Macht der Entscheidung überlassen und eine großartige Gelegenheit bieten wollen, Ihnen einen Korb zu geben, ehe Sie sich überhaupt kennen gelernt haben, dann fragen Sie es ruhig, ob es mit Ihnen tanzen möchte. Möglichst in einem richtig flehenden, unterwürfigen Tonfall.

Der langen Rede kurzer Sinn: Tappen Sie auf keinen Fall in die klassische DFL-Falle, eine Frau um einen Tanz zu bitten! Damit berauben Sie sich selbst sämtlicher Optionen und sind ihr auf Gedeih und Verderb ausgeliefert. Wenn ihre Antwort »Ja« lautet, haben Sie Glück gehabt, wenn nicht, stecken Sie in der Klemme. Dann können Sie höchstens versuchen, die Situation zu retten, indem Sie sie in eine Unterhaltung verwickeln. Aufgrund der vorangegangenen Abfuhr dürfte Ihnen das allerdings bedeutend mehr Schwierigkeiten bereiten als sonst.

Sie könnten Ihr Glück gleich bei der nächsten Kandidatin versuchen, doch die hat dummerweise beobachtet, wie Sie abgewimmelt wurden, und will nun natürlich auf keinen Fall als anspruchsloses Flittchen dastehen, das sich mit den zurückgewiesenen Verehrern anderer Frauen abgibt. Und schon nimmt das Schicksal seinen Lauf: Sie werden reihum bei einer Frau nach der anderen abblitzen, bis sie alle abgeklappert haben. Demütigend bis dorthinaus, das Ganze. Zugegeben, so dick wird es eher selten kommen. Irgendwann wird sich eine dazu herablassen, Sie zu erhören – eine, die verzweifelt genug ist, mit einem DFL zu tanzen, dem das Wort »Versager« in fetten Lettern auf der Stirn blinkt, nämlich das unattraktivste Girl im gesamten Club.

Dabei liegt es meistens nicht einmal an Ihnen persönlich, sondern an Ihrem DFL-Verhalten, mit dem Sie dafür gesorgt haben, dass gleich mehrere Faktoren, die Sie nicht beeinflussen können, zusammenkommen. Gut möglich, dass die Betreffende müde war oder gerade auf jemanden gewartet hat – womöglich auf ihren Freund, der jeden Moment auftauchen kann. Vielleicht tanzt sie ganz generell nicht (in diesem Fall steht sie vermutlich auch nicht auf Sex; kein großes Drama also). Wer eine Frau um etwas bittet, ermutigt sie dazu, Ausflüchte zu suchen. Wenn Sie jedoch direkt und energisch auftreten, kommt sie gar nicht dazu, abzulehnen – und schon haben Sie sich sämtlicher Probleme entledigt und ihres DFL-Lovers obendrein. Geschieht ihm ganz recht, wenn er so dumm ist, seine bildschöne Freundin mutterseelenallein in der Gegend herumstehen zu lassen.

Wenn Sie also Ihr Gesicht wahren wollen, müssen Sie dafür sorgen, dass die nächste Kandidatin einwilligt, obwohl Sie gerade einen Korb bekommen haben. Nichts törnt eine Frau mehr an, als wenn eine ihrer Konkurrentinnen Feuer und Flamme für

Sie ist. Diskutieren Sie also nicht lang und breit herum, weshalb Sie abgewiesen wurden, sondern sperren Sie die Augen auf – es wird sich garantiert in unmittelbarer Nähe eine attraktivere, coolere Frau finden, die ihr ganzes Leben nur auf Sie gewartet zu haben scheint.

Aber unterstehen Sie sich, noch einmal denselben Fehler zu machen und die auch um einen Tanz zu *bitten*!

Achten Sie genau auf ihre Körpersprache, um herauszufinden, wie weit sie gehen will, und behalten Sie sie auf alle Fälle im Auge. Wenn sie ernsthaft interessiert ist, nützt sie vielleicht später, wenn sie unbeobachtet ist, die Gelegenheit, um mit Ihnen loszuziehen.

Diese Taktik funktioniert natürlich nur, wenn Sie ein guter Tänzer sind. Andernfalls shaken Sie lieber ein bisschen am Rande der Tanzfläche und schnappen sich dort mit den Worten »Komm mit!« eine der vorbeigehenden Bräute. Ergreifen Sie lächelnd ihre Hand, deuten Sie mit einer Kopfbewegung aufmunternd auf die anderen Tanzenden. Falls Sie zögert, wiederholen Sie Ihre Aufforderung und ziehen Sie sie sanft in Richtung Parkett (das heißt, in Ihre Richtung). Wenn sie nun als Ausrede behauptet, sie sei müde, umso besser: Dann können Sie sie umgehend in ein Gespräch verwickeln. »Müde? Tja, hier ist es ziemlich voll und laut. Komm, wir suchen uns ein ruhiges Plätzchen zum Ausruhen.« Da Sie noch immer ihre Hand halten, können Sie sie nun auf direktem Weg von der Tanzfläche in die gemütliche Ecke führen, die Sie vorher längst ausgecheckt haben.

Ehrenrettung

Sie haben eine Frau allen Warnungen zum Trotz um einen Tanz gebeten und sich eine Abfuhr geholt. Nun ist die Situation ohnehin kaum mehr zu retten (und das schon nach den ersten zwei Sekunden, nur wegen eines kleinen Fehlers). Werfen Sie dieser Tussi, ehe Sie geschlagen das Weite suchen, eine der unten angeführten Bemerkungen an den Kopf. Damit werden Sie sich bei ihr natürlich sämtliche Sympathien verscherzen, aber es wird Sie wenigstens ein wenig aufheitern. Nach Ihnen die Sintflut!

Option 1:
Er: Willst du mit mir tanzen?
Sie: Nein.
Er (mit verwirrter Miene): Du musst mich missverstanden haben – ich sagte: ›Du hast aber einen ordentlichen Ranzen‹.

Option 2:
Er: Willst du mit mir tanzen?
Sie: Nein.
Er: Ach, komm, schraub deine Ansprüche ein bisschen zurück, ich hab dasselbe getan.

Langsam tanzen

Nichts kommt so nah an Sex in der Öffentlichkeit heran wie ein sinnlicher langsamer Tanz. Genau deshalb haben Sie sich ja von Ihrem Wingman überhaupt in eine Disco schleifen lassen. Sobald die ersten Takte eines Schmusesongs ertönen, heißt es Action! Bugsieren Sie das Mädchen, mit dem Sie sich gerade unterhalten, umgehend auf die Tanzfläche (es sei denn, Sie sind bereits ein bis zwei Stufen weiter). Waren Sie eben im Begriff, die nächste Kandidatin anzusteuern (was ich schwer hoffen will, oder standen Sie gerade nur glotzend in der Gegend herum), haben Sie die Wahl: Haben Sie sich noch nicht zu weit von Ihrer vorigen Gesprächspartnerin entfernt, so kehren Sie wie der Blitz zu ihr zurück. Andernfalls schnappen Sie sich einfach das nächstbeste Girl.

Beim langsamen Tanzen gilt es, kühn, sensibel und aufmerksam zugleich vorzugehen. Kühn, weil Sie dabei Ihre Partnerin möglichst nahe heranholen und ihr mit der Hand den Rücken streicheln sollten; sensibel und aufmerksam, weil Sie ihre Reaktionen genauestens beobachten und jede noch so kleine Chance nutzen müssen. Falls sie auf Distanz geht, versuchen Sie, sich ihr Zentimeter für Zentimeter zu nähern: Testen Sie aus, wie weit Sie gehen können. Werden Sie aber auf keinen Fall aufdringlich. Vielleicht ist sie bloß schüchtern und braucht erst etwas Zeit, um sich »aufzuwärmen«. Falls Ihre Bemühungen, ihr auf die Pelle zu rücken, keine Früchte tragen, danken Sie ihr, sobald der Song zu Ende ist, für den Tanz und schlagen Sie ihr – ohne ihre Hand loszulassen! – vor, eine ruhigere Ecke aufzusuchen, um ein wenig zu plaudern.

Fängt sie dagegen an, Ihre Schultern, Ihre Brust oder Ihren Hals zu liebkosen, schmiegen Sie sich an sie. Reibt Sie die Hüfte an Ihnen, tun Sie das Gleiche und küssen Sie sie dabei: Fangen Sie am Hals an und arbeiten Sie sich hinter dem Ohr nach oben, küssen Sie dann ihr Ohrläppchen, ihre Wange und zuletzt die Lippen. Schmeichelnde Worte können Sie sich in diesem Fall sparen – Sie haben es garantiert mit einer für Berührungen empfänglichen Frau zu tun. Fahren Sie fort, sie nach allen Regeln der Kunst zu küssen und sich an ihr zu reiben, selbst wenn der DJ längst wieder schwungvollere Musik aufgelegt hat. Alternativ können Sie sich mit ihr in eine Schmuseecke zurückziehen und dort nach Herzenslust knutschen, bis es endgültig Zeit wird, ein Taxi zu rufen. Oder mal nachzusehen, ob Sie in der Garderobe eventuell ungestört wären.

Nach dem Tanz

Ich muss wohl nicht erwähnen, dass es ein schwerer Fehler wäre, sich nach dem Tanz einfach mit den Worten »Danke, schön war's« zu verabschieden. Sie sind ja nicht bloß hier, um sich Appetit zu holen. Gestatten Sie ihr nicht, Sie hungrig stehen zu lassen.

Im Grunde kommt nun dieselbe Strategie zur Anwendung wie bei der Isolation von ihrer Clique, nur dass Sie sie in diesem Fall von der Musik und der Tanzfläche loseisen müssen: Ergreifen Sie einfach ihre Hand und führen Sie sie vom Parkett in eine ruhige Ecke Ihrer Wahl – *auch wenn sie lieber weitertanzen möchte* (außer natürlich, sie ist eine der oben beschriebenen taktil empfänglichen Frauen). Lassen Sie ihre Hand nicht los! Falls sie sich aus dem Staub machen will, flüstern Sie ihr eine geheimnisvolle Ankündigung à la »Ich muss dir etwas erzählen« ins Ohr. Wahrscheinlich wird sie sofort wissen wollen, worum es geht. Sagen Sie, sie solle sich gedulden, bis Sie Platz genommen haben.

Von schnell zu langsam

In jeder Disco wiegt sich früher oder später eng umschlungen ein selbstvergessen knutschendes Paar auf der Tanzfläche, während rundum alle ausgelassen zu hektischen Beats herumhopsen. Garantiert frisch verheiratet, die beiden, oder noch in den Flitterwochen? Nicht unbedingt.

Mit der folgenden Anleitung von Maniac High, unserem PAR aus Tokio, schalten Sie erfolgreich Schritt für Schritt von schnell auf langsam um. Geduld ist dabei oberstes Gebot. Sie dürfen Ihre Partnerin auf keinen Fall drängeln, sondern müssen, ehe Sie die jeweils nächste Phase einleiten, sichergehen, dass sie auch dafür bereit ist. Der Übergang geht mit ausschließlich neutralen Berührungen vor sich, bis sie vor Erregung den Verstand zu verlieren droht.

Die Ausgangssituation: Sie befinden sich im Getümmel eines x-beliebigen Tanzschuppens und bewegen sich im pulsierenden Scheinwerferlicht zu der aus den Boxen wummernden, austauschbaren Dance-Musik.

1. Postieren Sie sich gegenüber der Dame Ihrer Wahl, wobei Sie ihre Bewegungen imitieren und Blickkontakt aufnehmen. (Dauer: etwa drei Minuten)
2. Der erste Körperkontakt: Legen Sie ihr leicht den Arm auf die Hüfte und lassen Sie ihn von dort allmählich auf ihren Rücken wandern. Tanzen Sie im Takt weiter und sehen Sie ihr dabei in die Augen. Dasselbe Spiel mit dem anderen Arm. Ziehen Sie sie aber noch nicht an sich! (Dauer: etwa zwei Minuten)
3. Lassen Sie die Hände über ihren Rücken nach oben gleiten, sodass sie irgendwann die Arme heben muss. Erzwingen Sie es jedoch nicht! Dann gleiten Ihre Hände zurück über ihre Arme und den Rücken entlang nach unten bis zu ihrem Po. Noch dürfen Sie nicht zupacken! Lassen Sie die Hände locker auf ihrer Taille ruhen und verlangsamen Sie allmählich Ihr Tempo. Sie wird sich Ihren Bewegungen automatisch anpassen. Vielleicht bemerkt sie gar nicht, dass Sie nicht mehr dem Takt der Musik folge. (Dauer: etwa vier Minuten)
4. Lassen Sie die Hände auf ihrer Taille liegen, neigen Sie langsam den Kopf und atmen Sie dabei sanft in ihre Halsbeuge. Versuchen Sie aber (noch) nicht, sie zu küssen!
5. Lassen Sie die Hände langsam ihren Rücken hinauf und hinunter wandern. Schieben Sie dabei den Kopf noch näher an ihren Hals und atmen Sie bedächtig weiter. Achten Sie auf ihre Reaktion: Wenn sie genüsslich die Augen schließt, hat sie bereits angebissen. (Dauer: etwa drei Minuten)
6. Gehen Sie langsam ein wenig in die Knie, ohne sich jedoch von ihr zu entfernen, und lassen Sie die Hände seitlich an ihrem Körper entlang bis hinunter zu den Knien gleiten. Ihr Kopf sollte sich jetzt etwa auf der Höhe ihres Bauches befinden. Dann geht es allmählich wieder nach oben. Versuchen

Sie dabei, ihren Busen weitgehend zu ignorieren. Ihr Ziel ist es, sie ohne »einschlägige« Berührungen in Fahrt zu bringen. Oben angekommen, pusten Sie erneut sanft in ihre Halsbeuge. (Dauer: etwa drei Minuten)

7. Nun wandern Ihre Hände wieder nach oben und zwingen sie erneut, die Arme zu heben und um ihren Nacken zu legen. Ziehen Sie sie vorsichtig an sich. Die Augen Ihrer Tanzpartnerin sollten geschlossen sein. Halten Sie Ihre aber weiterhin offen. Schließen Sie sie nur, falls sie Sie direkt ansieht. Wenn Sie alles richtig gemacht haben, sollte sie an diesem Punkt allerdings bereits in eine tiefe Trance versunken sein. (Dauer: etwa drei Minuten)
8. Streicheln Sie sich an ihren Armen entlang nach oben bis zu den Schultern und unterbrechen Sie an dieser Stelle den Körperkontakt, ohne jedoch zurückzuweichen. Sie wird die stumme Aufforderung hoffentlich verstehen und nun ihrerseits beginnen, Sie zu liebkosen. (Dauer: etwa vier Minuten)
9. Wagen Sie nun ein riskantes Manöver: Drehen Sie sie herum, sodass sie mit dem Rücken zu Ihnen steht. Dabei bricht der Körperkontakt flüchtig ab, was sie vermutlich aus ihrer Trance reißen wird. Schmiegen Sie sich an sie, pusten Sie ihr zärtlich ins Genick und flüstern Sie ihr etwas ins Ohr (»Du bist eine Wahnsinns-Tänzerin.«). Da Sie bislang kein Wort gewechselt haben, dürfte allein Ihre Stimme eine hocherotische Wirkung auf sie ausüben.
10. Bewegen Sie sich nun hinter ihr wie unter Punkt sechs, ohne jedoch ihren Busen oder ihre Schamgegend zu berühren. Das sollte die sexuelle Spannung zusätzlich anheizen. (Dauer: etwa vier Minuten)
11. Drehen Sie sie wieder um und ziehen Sie sie an sich, das Gesicht in ihrer Halsbeuge vergraben. Sie sollte es Ihnen nachtun und sich erwartungsvoll an Sie schmiegen. Tanzen Sie unbeeindruckt sehr langsam und eng umschlungen weiter, ohne auf die Musik zu achten. Lassen Sie sich ruhig Zeit. (Dauer: etwa fünf Minuten)

12. Heben Sie nach einer Weile den Kopf, fangen Sie aber nicht gleich an, sie zu küssen, sondern halten Sie Millimeter von ihrem Gesicht entfernt inne, sodass sie nicht weiß, ob Sie auf eine Reaktion von ihr warten oder ihr bloß so richtig einheizen wollen. An diesem Punkt wird sie sich regelrecht nach Ihrer Berührung verzehren. Spannen Sie sie noch volle vier Minuten (keine Minute weniger!) auf die Folter, die Lippen nur wenige Millimeter von den ihren entfernt.
13. Erlösen Sie sie nun von ihrer Qual und belohnen Sie sie mit einem ausgiebigen Kuss. Und noch einem. Und einem weiteren ...

Können Sie sich eine angenehmere Art und Weise vorstellen, eine geschlagene halbe Stunde auf der Tanzfläche zu verbringen? Küssen nicht mit eingeschlossen!

PHASE DREI

AUFREISSEN

VIII. Speed Seduction®

Speed Seduction® – die revolutionäre Art des Flirtens

»Speed Seduction® ist ein überaus effektives Verführungs-Tool, das dazu dient, das Potential einer Frau auszuloten und ihr Interesse zu wecken. Vergessen Sie das gute alte Date. Dates sind etwas für Frauen, mit denen Sie bereits intim sind.«

Ross Jeffries

Ross Jeffries, legendärer PAR und vermutlich der größte Verführungskünstler seit Casanova, hat mit Speed Seduction® eine Flirttechnik entwickelt, die mit Fug und Recht als revolutionärer Ansatz zum Aufreißen von Frauen bezeichnet werden darf. Speed Seduction® basiert auf der Verwendung spezieller, vorgefertigter Gesprächsmuster und zielt darauf ab, bestimmte Erwartungen und Gefühle in einer Frau hervorzurufen. Es kann für jeden Mann nur von Vorteil sein, das Grundprinzip dieser Methode zu verinnerlichen, weil es auf simple, nachvollziehbare Weise die entscheidenden Aspekte des Flirtens veranschaulicht. Denn alle Worte und Gesten im Gespräch mit einer schönen Frau haben nur einen einzigen Zweck: sie total scharf zu machen – und zwar auf Sie.

Jeffries' Ansatz liegt die Arbeit zweier amerikanischer Universitätsprofessoren namens John Grinder und Richard Bandler zugrunde, die Anfang der 1970er Jahre an der University of California die These aufstellten, alle subjektiven Erfahrungen eines Menschen, seien sie nun negativer oder positiver Natur (zum Beispiel Liebe), könnten durch hypnotische Gesprächsmuster, subtile Befehle und ähnliche Kunstgriffe beeinflusst werden. Sie nannten die im Rahmen ihrer Forschungen entwickelte Technik »neurolinguistische Programmierung« (kurz NLP) und setzten sie in der Psychoanalyse ein, um Patienten mithilfe gewisser Gesprächsmuster in eine leichte Trance zu versetzen und auf diese Weise zum Beispiel von einem Trauma zu kurieren – allen Unkenrufen skeptischer Kollegen zum Trotz mit Erfolg.

Hier kommt nun Ross Jeffries ins Spiel, der von Berufs wegen Männer mithilfe von NLP von krankhafter Schüchternheit und diversen Phobien befreit. Eines Tages kam ihm die zündende Idee: Eigentlich, sagte er sich, müsste man mit dieser Technik nicht nur Menschen heilen, sondern auch Frauen verführen können. Er sollte Recht behalten.

Jeffries war zufällig über die Erkenntnis gestolpert, dass sich durch gezielten Einsatz von Sprache und Gesten bestimmte Erwartungen in einer Frau wecken lassen. Sinn und Zweck des Flirtens ist ja nicht die Konversation, sondern vielmehr die Erzeugung einer sexuellen Spannung. Ross Jeffries hat sich darauf spezialisiert, diese Spannung mithilfe ausgewählter und erprobter Gesprächsmuster aufzubauen. Ich werde Ihnen beibringen, wie Sie dasselbe bewerkstelligen, indem Sie Ihren Gesprächspartnerinnen aufmerksam zuhören und daraus ihre Wünsche und Sehnsüchte ableiten.

Sie werden lernen, einer Frau wirklich zuzuhören und sie zu verstehen, um ihr in der Folge zu suggerieren, dass sie unbedingt mit Ihnen ins Bett will. Behalten Sie dieses Ziel stets im Hinterkopf, während Sie auf den Augenblick des ersten Kusses oder Schäferstündchens hinarbeiten!

Zuvor möchte ich Ihnen jedoch das Prinzip der Speed Seduction® ein wenig näher bringen. Detaillierte Informationen dazu finden Sie, in englischer Sprache, auf Ross Jeffries' Webseite www.seduction.com.

Die Grundlage von Ross Jeffries Speed Seduction® bilden sogenannte Sprachmuster und Gesprächsmodelle, die als eine Art Drehbuch fungieren und die Auserwählte in einen Zustand der Anspannung und Erregtheit versetzen sollen, den sie automatisch mit Ihnen in Verbindung bringt. Verpackt sind diese »Zauberformeln« üblicherweise in eine Geschichte über einen beliebigen Auslöser diverser angenehmer Gefühlszustände (Musik, Tanzen, eine Achterbahnfahrt, Erdbeeren, Schokolade ...), die weder mit ihr noch mit Ihnen in einem erkennbaren Zusammenhang stehen, sie jedoch unbewusst erregen. Und da Sie es geschafft haben, sie nur durch Ihre Worte in diesen Zustand geistiger Seligkeit zu versetzen, wagt sie gar nicht erst, sich auszumalen, welche Wonnen Sie ihr mit Ihrem ... zu spät, sie malt es sich bereits aus.

Es genügt allerdings nicht, Ihr die Erregung bloß zu schildern. Sie müssen ihre Gedanken und Gefühle durch direkt an ihr Unterbewusstsein gerichtete, in das Gesprächsmuster eingebettete Anweisungen (Suggestionen) dirigieren. Beschreiben Sie ihr zum Beispiel die Empfindungen eines Menschen, der auf den höchsten Punkt einer Achterbahn zusteuert, wie folgt: »Du spürst, wie die Aufregung wächst ... du konzentrierst dich ganz auf das Gefühl in deinem Bauch ... du gibst dich ihm ganz und gar hin ...« Durch die Verwendung des Imperativs sollten sie diese Worte ganz automatisch in Erregung versetzen – und wenn nicht, so ist Ihnen zumindest ihre ungeteilte Aufmerksamkeit sicher.

Durch bestimmte subtile Befehle stellen Sie außerdem sicher, dass Ihr Gegenüber seine aktuelle Sehnsucht und Erregung mit Ihnen in Verbindung bringt. Bauen Sie zum Beispiel die folgenden Worte in Ihre Geschichte ein: »... es mag sie einige Überwindung kosten, aber schließlich tun sie es. Mit mir ist es immer ...« Wenn Sie an der entsprechenden Stelle unmerklich die Stimme heben, registriert Ihre Gesprächspartnerin unbewusst hinter Ihren Worten: »Tun Sie es! Mit mir!«.

Zu guter Letzt sollte das Sprachmuster eine sexuelle Suggestion enthalten. Im Kontext mögen Ihre Worte harmlos klingen, doch die sexuellen Konnotationen von Formulierungen, die mehrere Deutungen zulassen, werden sich garantiert einen Weg in das Unterbewusstsein Ihres Gegenübers bahnen. Seien Sie nicht überrascht, wenn die Betreffende, nachdem ihr plötzlich die zweite Bedeutung des Gesagten aufgegangen ist, zur Toilette eilt und auf ihrem Stuhl einen feuchten Beweis für ihre Erregung hinterlässt. Hier ein Beispiel für solche Konstruktionen: »Versuch, dich diesem Gedanken zu öffnen ... zu fühlen, wie er dich durchdringt ... und du kommst wieder und wieder zu demselben Schluss ...« Ich denke, das sollte zur Illustration reichen.

Noch raffinierter und subtiler ist die Verwendung von Begriffen mit semantischer oder phonologischer Ambiguität (sehen/säen, Meer/mehr, ...). Die Wirkung von Doppeldeutigkeiten und Gleichklang bestimmter Wörter (gegebenenfalls durch eine leicht veränderte Aussprache erzielt) ist zwar bis dato nicht erwiesen, trotzdem gibt es einige glühende Verfechter dieser Taktik, deshalb möchte ich hier einige Beispiele anführen (die zugegebenermaßen sehr komisch klingen, wenn man sie das erste Mal hört). So wird etwa durch undeutliche Aussprache aus »belassen« »blasen«, aus »schöner machen« »schöner Mann« (womit Sie natürlich auf sich anspielen), aus »Direktion« »die Erektion«. Plaudern Sie ungeniert über »gen Italien« strömende Urlaubermassen oder das Paarungsverhalten von »Vögeln und Fischen« und bauen Sie nach Herzenslust zweideutige Verben wie durchziehen, einlochen und eintüten ein. Besonders passen in diesem Zusammenhang natürlich die gleich klingenden Wörter »sechs« und »Sex«. In einen harmlosen Kontext eingebettet, bahnen sich solche und ähnliche Wortspiele dank einer entsprechenden Betonung oder Aussprache einen Weg in ihr Unterbewusstsein und lassen dort die dazu passenden Bilder entstehen. Objektiv gibt es gegen das, was Sie sagen, nichts einzuwenden.

Sie sprechen ja nur über ganz neutrale Themen. Sie wird Sie also nicht für die vor ihrem geistigen Auge ablaufenden erotischen Szenen verantwortlich machen und Ihnen unlautere Absichten unterstellen, sondern denken, dass sie halluziniert.

Die wichtigste Funktion von Sprachmustern ist immer noch die Tatsache, dass sie bei Ihrer Auserwählten angenehme Gefühle wecken und dafür sorgen, dass sie diese unbewusst mit Ihnen in Verbindung bringt. Ein praktischer Nebeneffekt ist, dass Sie sich nicht krampfhaft etwas Spezielles, der Situation Angemessenes aus den Fingern saugen müssen, sondern einfach einem festgelegten, von zahllosen Verführungsgurus erprobten Modell folgen können, was den Druck erheblich verringert.

Ziel ist es über kurz oder lang natürlich, dass Sie mit zunehmender Erfahrung nicht mehr auf vorgefertigte Modelle zurückgreifen müssen, sondern aus dem Stegreif neue aus dem Ärmel schütteln können. Bis es soweit ist, müssen Sie sich eine möglichst natürliche Präsentation angewöhnen – Sie wollen schließlich nicht klingen, als hätten Sie wochenlang vor dem Spiegel geübt. Nur ein Perverser würde so etwas tun, um Frauen aufzureißen, hab ich Recht?

Das Fernsehdoku-Muster

Den folgenden Ansatz hat Ross Jeffries höchstpersönlich entwickelt. Es ist sein bekanntester und einer der effektivsten – es geht sogar das Gerücht um, man könne Frauen damit zum Orgasmus bringen. Ich selbst habe das zwar noch nicht erlebt (ich ziehe es ehrlich gesagt vor, Frauen nicht nur verbal, sondern auch körperlich zu beglücken), aber ich kann dieses Gesprächsmodell nur empfehlen.

Er: Ich habe gestern eine echt interessante Dokumentation im Fernsehen gesehen. Es ging um Leute, die ihre Brötchen damit verdienen, sich Attraktionen für Vergnügungsparks wie Disney Land oder Magic Mountain oder die Universal Studios auszudenken. Wenn das kein cooler Job ist ...

Sie: Ja, klingt spannend.

Er: Es ging unter anderem darum, welche Faktoren aus einer Attraktion ein richtiges ERLEBNIS machen. Es hieß, für einen Benutzer muss die perfekte Attraktion drei Bedingungen erfüllen. Erstens: Dass du in einen ZUSTAND HÖCHSTER ERREGUNG GERÄTST – dein Herz klopft heftig, du atmest rascher, du spürst EIN SENSATIONELLES KRIBBELN IM GESAMTEN KÖRPER.

Sie: Mhm ...

Er: Zweitens muss eine große Faszination davon ausgehen. Die Fahrt muss so BERAUSCHEND sein, dass du, kaum AM ZIEL ANGEKOMMEN, WIE ANGESCHRAUBT SITZEN BLEIBST (deuten Sie hier unauffällig auf Ihr bestes Stück) UND AM LIEBSTEN GLEICH NOCH MAL LOSLEGEN würdest.

Sie: Stimmt!

Er: Das dritte und wichtigste Element, hieß es, sei das Gefühl absoluter SICHERHEIT. Du musst, obwohl das Ding vielleicht ein bisschen riskant aussieht, ÜBERZEUGT sein, dass dir NICHTS PASSIEREN KANN. Denn erst, wenn du dich total SICHER FÜHLST und ENTSPANNT BIST, wirst du dich GEHEN LASSEN und diese ERREGUNG ein ums andere Mal SO RICHTIG AUSKOSTEN können. Hast du nicht auch das Gefühl (drücken Sie ihre Hand), dass es genau darum geht?

Sie: Oooh, ja!!!

Er: Man muss sich bloß mal in Erinnerung rufen, wie viel Spaß so eine Achterbahnfahrt macht ... Erst geht es steil nach oben, du fühlst dein Herz vor Aufregung hämmern, dein Puls rast, du keuchst und schnappst nach Luft, und du spürst das Blut durch jeden Zentimeter deines Körpers rauschen. Und die Spannung steigt, je höher es hinaufgeht, bis du endlich am Gipfel angekommen bist und die Welle der Begeisterung über dir zusammenschlägt. Du lässt los, gibst dich der Erregung hin, stößt vielleicht sogar einen Schrei der Verzückung aus.

Nach der Sendung dachte ich, eigentlich kann man das doch eins zu eins auf zwischenmenschliche Beziehungen umlegen: Der ideale Partner hat für uns genau denselben Reiz. Wenn wir ihn finden, spüren wir richtig, wenn es tief drin in uns Klick macht und wir uns plötzlich total zu ihm hingezogen fühlen. Es ist auf der einen Seite ein Gefühl völliger Sicherheit und absoluten Wohlbehagens, als wäre man von vornherein füreinander bestimmt gewesen; und zugleich hat man den Eindruck, man würde sich schon ewig kennen.

Am Arbeitsplatz (Ein kleines feines Modell)

Er: Sie müssen am Ende Ihrer Schicht ja ganz schön erledigt sein ...

Sie nickt.

Er: Ist denn wenigstens bald ein Urlaub in Sicht?

Sie antwortet etwas.

Er: Was ist für Sie das perfekte (*zeigt unauffällig auf sich*) Urlaubsziel? Gibt es einen Ort, von dem Sie schon ewig träumen (*weist unauffällig auf seine Körpermitte*)?

Sie beschreibt irgendein Urlaubsziel.

Er: Klingt toll ... Ich gönne mir ja gern einen Miniurlaub in der Badewanne. Kennen Sie das, wenn Sie nach einem harten Arbeitstag nach Hause kommen und sich schon unbändig darauf freuen, sich gleich aus den Kleidern zu schälen für eine heiße Dusche oder ein ausgiebiges Bad?

Sie antwortet.

Er: Ist das nicht herrlich, wenn Sie, noch ehe Sie in die Wanne gestiegen sind, schon zu spüren glauben, wie sich die Hitze im ganzen Körper ausbreitet ... und dann gleiten Sie endlich hinein, und das warme Wasser umspült Sie sanft, und Sie geben sich ganz diesem wunderbaren Gefühl der Entspannung hin ...

Sie sagt kurz etwas.

Er: Zu dumm, dass man sich bei dieser Hektik hier nicht ungestört unterhalten kann. Hätten Sie Lust, sich nach Feierabend mit mir auf einen Drink zu treffen?

Realitäten schichten

Wie Sie bereits wissen, ist ein fundamentaler Aspekt der Speed Seduction®-Methode das geschickte Tarnen der Befehle und Suggestionen, mit denen Sie bei Ihrem Gegenüber bestimmte Emotionen wecken. Geben Sie einfach vor, Informationen aus zweiter Hand zu liefern: Zitieren Sie einen Kumpel, eine Fernsehsendung, eine Zeitschrift, beschreiben Sie eine hypothetische Situation oder schildern Sie, was Sie selbst fühlen. Ich nenne das Realitäten schichten.

Die Anweisung lässt sich zum Beispiel sehr geschickt hinter einer Frage verstecken. Der Satz »Kennen Sie dieses herrliche Gefühl, wenn Sie ...« ist keine Frage, sondern eine indirekte Suggestion, die genannten Empfindungen zu fühlen. Dadurch entstehen im Grunde zwei verschiedene Realitätsebenen (oder zwei Schichten von Realitäten, wenn Sie so wollen): die Realität dessen, was Sie sagen, und die Realität, die Sie tatsächlich kreieren. Der Trick ist, diese beiden Realitätsschichten so übereinanderzulegen, dass sie sich decken.

Das Sprachmuster beziehungsweise Gesprächsmodell der »Informationen aus zweiter Hand« werden Sie wie von selbst immer wieder anwenden. Es ist einmal mehr Ross Jeffries, der ein gutes Beispiel parat hat:

Es gibt schon echt primitive Kerle. Neulich steh ich an der Bar, da kommt ein Typ schnurstracks auf die Frau, die neben mir sitzt, zu und sagt doch glatt: »Stell dir mal vor, wir zwei würden so richtig wild rumknutschen. Na, törnt dich der Gedanke an?

Also wenn dich das schon auf Touren bringt, dann mal' dir jetzt mal den Rest des Abends aus, zum Beispiel, wie ich dir die Muschi lecke! Das wird dich erst richtig heiß machen!« Wie kann ein Mann so etwas zu einer Wildfremden sagen?

Die Variante:

Ich frage Frauen immer nach der schlimmsten Anmache, die ihnen je untergekommen ist. Was musstest du dir in dieser Richtung denn schon alles anhören? (Sie erzählt.) Puh, ziemlich übel. Aber noch harmlos verglichen mit dem, was unlängst einer Bekannten von mir passiert ist. Da kam doch tatsächlich ein Typ auf sie zu, sah ihr in die Augen und sagte (*nehmen Sie ihre Hand und sehen Sie ihr tief in die Augen*): »Stell dir vor, ich würde dir die ganze Nacht lang die Muschi lecken, wie du es gern hast, bis du so heiß und nass bist, dass du mich darum bettelst, dich zu bumsen.« Hat dieser Irre tatsächlich gehofft, damit könnte er sie abschleppen? Ich würde so etwas nie sagen.

Dabei haben Sie genau das getan: Sie haben ihr indirekt aufgetragen, sich vorzustellen, wie Sie mit ihr knutschen und sie die ganze Nacht oral verwöhnen. Doch die Art der Präsentation stellt sicher, dass es so klingt, als wären es nicht Ihre Worte, was verhindert, dass sie etwaige anzügliche Konnotationen mit Ihnen in Verbindung bringt.

Zitate dienen also dazu, zwischen Ihnen und dem jeweiligen Gesprächsthema Distanz zu schaffen und kritische Überlegungen auszuschalten. Dies ist besonders wichtig, wenn Sie es mit einem schüchternen, verunsicherten Mädchen zu tun haben, dem Ihre Geschichte höchstwahrscheinlich Unbehagen bereitet. Doch da Sie beide nicht direkt in die Begebenheit verwickelt sind, wird die Betreffende eher gewillt sein, sich geistig auf die Geschichte einzulassen, sprich an Sex zu denken – und zwar im Zusammenhang mit Ihnen. Mission erfüllt!

Gerade, wenn Sie wie in den oben angeführten Beispielen gleich in der Einleitung auf dieses Thema zu sprechen kommen, erweisen sich Zitate als unerlässlich. Es ist für einen Flirt von essentieller Bedeutung, die Unterhaltung auf das Thema Sex zu lenken; allerdings ist es auch riskant. Die Realitätsschicht des Zitates mindert das Risiko.

Wie immer gibt es auch hier eine Ausnahme: nämlich wenn Sie es mit einem sehr aufgeschlossenen, abenteuerlustigen Mädchen zu tun haben, das sich mit Ihnen lieber ganz unverblümt über Empfindungen unterhält, seien sie nun erotischer oder anderer Natur. In diesem Fall wirkt es auf sie womöglich feige, wenn Sie sich hinter einem Zitat verschanzen; die dadurch entstehende Distanz ist unnötig, sogar unerwünscht. Wenn Sie den Eindruck gewinnen, dass die Dame Ihrer Wahl der Typ für offene Unterhaltungen ist, dann nutzen Sie die Chance und kommen Sie zum Thema, ohne ein Blatt vor den Mund zu nehmen.

Die Präsentation

Um die Traumfrau zu erobern, reicht es natürlich nicht aus, sich ein paar Gesprächsmuster einzuprägen. Sie müssen sie auch richtig zu präsentieren wissen – sprich, mit dem passenden Auftreten. Hier einige ganz allgemeine Flirt-Grundregeln, die Sie sich unbedingt einprägen sollten, egal, mit welchen Verführungsmethoden Sie arbeiten:

Achten Sie auf Ihre Intonation (Sprachmelodie). Versuchen Sie, möglichst natürlich und aufrichtig zu klingen. Sorgen Sie aber dafür, dass sie die wichtigsten Elemente auch garantiert registriert, indem Sie die eingebetteten Befehle und Suggestionen betonen. Wenn Sie eine angenehme Erfahrung beschreiben, legen Sie möglichst viel Enthusiasmus in Ihre Stimme. Steigern Sie sich gegebenenfalls so richtig hinein.

Setzen Sie Gesten ein. Untermauern Sie Ihre Worte (vor allem die an das Unterbewusstsein gerichteten Anregungen) mit passenden Gesten. Die einfachste und wirksamste ist das Deuten auf die eigene Wenigkeit. Wann immer Sie behaupten, etwas sei ganz großartig, zeigen Sie unauffällig mit der Hand auf sich. Dadurch wird sie das Genannte mit Ihnen in Verbindung bringen. Bei jeder sexuellen Anspielung (»eindringen«, »einlochen«, »eintüten«) deuten Sie am besten unauffällig auf Ihren Schritt. Es funktioniert auch in die entgegengesetzte Richtung: Zeigen Sie unauffällig in die Richtung Ihrer Gesprächspartnerin, wenn Sie zum Beispiel »in sich aufnehmen« oder »feucht« sagen.

Bleiben Sie vage. Je konkreter Sie werden, desto weniger können sich die von Ihnen geschilderten Gefühle mit den persönlichen Erfahrungen oder Träumen der Umworbenen decken. Drücken Sie sich dagegen möglichst vage aus, so wirkt das auf ihre Phantasie und lässt Sie zudem romantisch, spannend und mysteriös erscheinen – genau wie es sich für einen PAR gehört.

Verknüpfen Sie Gefühle mit körperlichen Empfindungen. Sie haben erfolgreich ein Glücksgefühl in ihr hervorgerufen. Erinnern Sie sie unmittelbar im Anschluss daran an etwas, das sich herrlich anfühlt: Wind, der ihr Haar durcheinander wirbelt, Eis auf ihrer Haut an einem heißen Sommertag. Ross Jeffries meint dazu: »Der Effekt ist so gut wie unwiderstehlich und führt zu einer exponentiellen Wirkungssteigerung.«

Beobachten Sie ihre Reaktionen. Fragen Sie sich nie, ob Sie alles richtig machen, ob Sie gut aussehen, ob sie Sie sympathisch findet, ob Sie je mit ihr im Bett landen werden! Mit der Einstellung »Sie scheint zwar nicht abgeneigt, aber ich könnte es ja trotzdem noch vermasseln« *werden* Sie es vermasseln. Konzentrieren Sie sich nicht auf sich, sondern auf Ihre Auserwählte! Versuchen Sie herauszufinden, wie sie tickt, und verhalten Sie sich dementsprechend. Das ist von so essentieller Bedeutung, dass ich später noch sehr ausführlich darauf zurückkommen werde.

Seien Sie flexibel, aber hartnäckig. Werfen Sie nicht gleich die Flinte ins Korn, falls sich ein Gesprächsmuster als ungeeignet erweist, sondern probieren Sie es einfach mit einem anderen – so lange, bis es klappt. Der Wechsel muss noch nicht einmal unauffällig vonstatten gehen. Sagen Sie als Überleitung einfach: »Da fällt mir noch etwas Interessantes ein« oder »Ach, übrigens ...«. Das Wichtigste ist, sich vom Widerstand Ihres Gegenübers nicht aus dem Konzept bringen zu lassen. Die Abwehrhaltung einer Frau erfüllt wie gesagt nur einen Zweck: Weicheier, Waschlappen und Würstchen abzuschrecken. Zeigen Sie ihr, dass Sie davon meilenweit entfernt sind!

Keine Angst vor Fehlern! Ich weiß, ich wiederhole mich, aber man kann es einfach nicht oft genug betonen: Ein gescheiterter Anbaggerversuch ist noch lange keine Niederlage, sondern bloß eine Erfahrung, aus der Sie lernen sollten; ein weiterer Schritt auf dem Weg zum Erfolg. Ein PAR weint niemals einer Frau nach. Er weiß, dass hinter der nächsten Ecke bereits eine noch attraktivere auf ihn wartet. Lassen Sie sich nicht entmutigen, wenn eine Frau so dumm war, Sie abblitzen zu lassen. Halten Sie es mit Ross Jeffries, der dazu meint: »Und wenn Sie sich bloß angewöhnen, nach dem Grundsatz zu leben, dass es keine Fehler, sondern nur lehrreiche Erfahrungen gibt, dann haben Sie schon mehr kapiert als neunundneunzig Prozent der Gesellschaft.«

Eile mit Weile

Sie plaudern angeregt über Gefühle, Erfahrungen und wunderbare Begegnungen, doch der erwünschte Erfolg bleibt aus? Gut möglich, dass sie versucht, Sie abzuwimmeln. Es kann aber auch sein, dass ihr bislang einfach noch kein solches Erlebnis beschieden war und sie es deshalb schwierig findet, Ihnen Ihre Begeisterung nachzuempfinden. Das bedeutet für Sie: immer mit der Ruhe. Erläutern Sie ihr die Gefühlsdimensionen, von denen Sie sprechen, und lassen Sie ihr Zeit, um das, was Sie erzählt haben, sacken zu lassen. Manchmal dauert es eine Weile (ein paar Stunden, Tage, oder womöglich sogar einen Monat). Doch glauben Sie mir: Wenn sie es schließlich begriffen hat, wird sie sich Ihnen geradezu an den Hals werfen.

Mentale Bindung

»Jeder Mensch trifft seine Entscheidungen auf der Basis von und beeinflusst durch seinen Geisteszustand. Wenn Ihnen eine Entscheidung nicht passt, müssen Sie eben den Geisteszustand des Betreffenden ändern.«

Ross Jeffries

Bei der Verwendung der Speed Seduction®-Technik gehen Sie nicht damit hausieren, was für ein attraktiver, fürsorglicher und ganz und gar wunderbarer Kerl Sie doch sind. Vielmehr unterhalten Sie sich mit Ihrer Gesprächspartnerin darüber, wie schön es doch ist, jemanden kennen zu lernen, mit dem man Spaß haben kann und der einem das Gefühl gibt, etwas Besonderes zu sein. Den Beweis, dass Sie ein toller Hecht sind, führen Sie indirekt. Statt sich an der verschlossenen Vordertür quasi mit dem Brecheisen schaffen zu machen, schleichen Sie sich durch den Hintereingang in ihr Herz.

Sie wagen zu bezweifeln, dass diese emotionale Hintertür für Sie offen steht? Nun, gehen Sie am besten gar kein Risiko ein, sondern steuern Sie sie sanft, aber unbemerkt in die erwünschte Richtung.

Um dafür zu sorgen, dass sie mental empfänglich für neue Erfahrungen ist, können Sie mithilfe subtiler Gesten und Anweisungen einen emotionalen Bezug zu sich oder zur gegenwärtigen Situation herstellen. Geben Sie ihren Gedankengängen möglichst gleich von Anbeginn des Gesprächs eine bestimmte Richtung vor. Da sie nicht daran gewöhnt ist und deshalb auch nicht gelernt hat, so etwas zu ignorieren, leistet ihr Bewusstsein keinerlei Widerstand. Der Befehl gelangt ungefiltert ins Unterbewusstsein. Im Folgenden ein Beispiel für diesen Prozess, einmal mehr nach Ross Jeffries:

Hey, bist du schon mal einem Menschen begegnet, bei dem du auf der Stelle das Gefühl hattest, dass du ihn unbedingt näher kennen lernen musst (*zeigen Sie auf sich selbst*)? Jemand, von dem eine solche Faszination ausging, dass du gleich neugierig wurdest, Schmetterlinge im Bauch hattest und wusstest, dass es bestimmt hochinteressant sein würde, mehr über ihn zu erfahren? Du erinnerst dich bestimmt an eine solche Situation ... Und, wie war das – hast du dir erst ausgemalt, wie toll man sich mit diesem Menschen amüsieren könnte, und bist erst dann so richtig neugierig geworden? Oder war zuerst die Neugier da und dann hast du dir vorgestellt, wie viel Spaß du mit dem Betreffenden (*zeigen Sie auf sich selbst*) haben würdest?

Was ist hier geschehen? Im Grunde genommen stellen Sie sicher, dass sich die Betreffende Ihren Anweisungen mental öffnet, indem Sie

1. sie in eine »empfängliche« Stimmung versetzen (ihre Gedanken in eine entsprechende Richtung lenken) und

2. ihr befehlen, in dieser Stimmung zu bleiben, solange sie sich mit Ihnen unterhält (ihre Gedanken an die Situation binden).

In diesem Sinne ist die Herstellung einer mentalen Bindung eigentlich eine Vorannahme: Sie unterstellen, dass es eine Unterhaltung geben wird, und infiltrieren sie vorsorglich mit einer Vorstellung, gefolgt von einem impliziten Befehl (»Du erinnerst dich bestimmt an eine solche Situation«). Und es funktioniert! Bedingt durch die von Ihnen herbeigeführte Erinnerung wird sie die gesamte Unterhaltung hindurch in der gewünschten Stimmung bleiben. Und sie wird von Ihrer faszinierenden Persönlichkeit und Ihrem unwiderstehlichen Äußeren hingerissen sein – ohne zu wissen, weshalb.

Jedenfalls behauptet Ross Jeffries das. Und Tausende Männer können bezeugen, dass es stimmt – allerdings (wie so oft) nur, wenn man auch wirklich an den Erfolg glaubt. Und Ihre Überzeugung muss auch auf Ihre Gesprächspartnerin überspringen. Wenn Sie das positive Endergebnis nicht voraussetzen und sich nicht mit Ihrer gesamten Energie darauf konzentrieren, dieses Ziel zu erreichen, dann werden all Ihre Anstrengungen umsonst sein.

Gängige Vorurteile

Obwohl Gesprächsmodelle ein überaus effektives Verführungstool sind, gibt es diesbezüglich einige Vorurteile, mit denen ich rechtzeitig aufräumen möchte. Die folgenden Punkte treffen aber auch auf das Flirten ganz allgemein zu.

1. **Gesprächsmuster sind erniedrigend und manipulativ.**
   Die Verführung einer Frau ist keineswegs erniedrigend, sondern im Gegenteil ein Kompliment, ja, ein Geschenk:

Sie bereiten ihrer gähnenden Langeweile ein Ende, sorgen für angenehme Abwechslung vom faden Einheitsbrei der ständig gleichen öden Anmachsprüche und Erlebnisse, denn Sie bieten ihr die Möglichkeit, in nie da gewesene Gefühlswelten einzutauchen. Sollen Sie ihr dieses Vergnügen etwa vorenthalten?

Trotzdem haben aufgrund dieses Vorurteils viele Männer Angst, dabei »ertappt« zu werden, dass sie sich auf ein vorgefertigtes Schema stützen, als wäre es ein Verbrechen, eine schöne Frau zu verführen! Zugegeben, falls sie Ihnen auf die Schliche kommt, wird sie sich wahrscheinlich aus dem Staub machen – aber nicht, weil die Verwendung von Gesprächsmodellen an sich etwas Schlimmes wäre, sondern weil sie Sie für einen Versager halten wird, der nicht in der Lage ist, etwas Originelles zu sagen. Nicht was Sie tun ist also falsch, sondern wie Sie es tun.

2. **Wer Gesprächsmuster verwendet, hat einen Mangel zu kaschieren.**

Manche Menschen mutmaßen, ein Mann, der sich beim Flirten der einen oder anderen Schablone bedient, sei nicht reich, attraktiv oder clever genug, um sich auf »normalem Weg« eine Frau zu angeln. So ein Unsinn! Wer diese Ansicht auch nur eine Minute lang teilt, ist nichts anderes als ein erbärmlicher DFL. Ist die Verführung einer Frau fauler Zauber? Ist es wirklich ein Zeichen von Schwäche, in einem bestimmten Bereich mit Raffinesse und Geschick ans Werk zu gehen? Ich glaube, wir alle kennen die Antworten auf diese Fragen.

Wenn Sie ein Gesprächsmodell einsetzen, dann nicht, weil es Ihnen an einer bestimmten Eigenschaft, an Attraktivität, Begabung oder Geld mangeln würde, sondern weil Sie Ihrer Auserwählten etwas bieten wollen, an dem es ihr mangelt: ein unvergessliches, atemberaubendes Abenteuer mit einem einfallsreichen Alpha-Mann.

3. **Die Verwendung von Gesprächsmustern ist wie Männchen machen.**

   Irrtum! Sie haben es nicht nötig, um die Gunst einer Frau zu betteln. Vielmehr bieten Sie ihr ein Tauschgeschäft an: Sie wollen Ihr Vergnügen, aber dafür bereiten Sie ihr derart unglaubliche Geistes- und Sinnesfreuden, dass sie sich Ihnen praktisch an den Hals werfen wird. Sie wird so scharf auf Sie sein, dass sie gar nicht anders kann. Wenn Sie mit einer Frau flirten, dann liefern Sie ihr etwas, das sie vorher nicht hatte: Spannung. Aufregung. Abenteuer. Sie sind dabei, ihr ein unbezahlbares Geschenk zu machen, und das, so oft sie will – vorausgesetzt, sie ist clever, hübsch und abenteuerlustig genug, um Ihr Interesse immer wieder aufs Neue zu wecken. Ist sie damit jedoch überfordert, werden Sie wohl oder übel eine andere beglücken müssen. Das Wissen um diese Tatsache nennt man Selbstbewusstsein. Legen Sie sich lieber schleunigst eine ordentliche Portion davon zu, sonst landen Sie wieder im DFL-Pool bei all den anderen Losern. Das wollen Sie natürlich unbedingt verhindern. Verwandeln Sie sich also in einen richtigen Mann und überdenken Sie Ihre Einstellung zum Thema »Nach Mustern handeln«! Es heißt nicht umsonst: »Geben ist seliger denn nehmen«.
4. **Gesprächsmuster dienen nur dazu, eine Frau zuzutexten.**

   Falsch. Sie sollen nicht ohne Punkt und Komma drauflosladern, sondern mithilfe des Musters eine auf beiden Seiten aktive Unterhaltung anleiern. Es gibt durchaus Frauen, die nur zuhören und bei Ihren Worten in aller Stille zunehmend verträumt und feucht werden. In der Mehrheit der Fälle jedoch wird Ihre Gesprächspartnerin, wenn sie so richtig auf Touren kommt, auf Ihre Themen eingehen, persönliche Gefühle und wichtige Erfahrungen mit Ihnen teilen und Ihnen womöglich sogar die eine oder andere schmutzige Fantasie verraten. Lauschen Sie aufmerksam und variieren Sie Ihr Muster ihren Reaktionen entsprechend: Rennboote machen sie unheimlich heiß? Dann bauen Sie eines ins Gespräch ein. Sie vergöttert ihren Vater? Wecken Sie die Empfindungen längst vergangener heißer Sommertage, an denen sie mit ihrem Daddy spazieren gegangen ist. Sie kann sich sogar auf Ihren Schoß setzen, wenn sie will!

5. **Wer mit einem todsicheren Gesprächsmodell keinen Treffer landet, ist ein Totalversager.**

   Stimmt auch nicht, mein Herr! Selbst wahre Meister ihres Faches können nur auf eine etwa siebzigprozentige Erfolgsquote verweisen. Trotzdem – lassen Sie sich das auf der Zunge zergehen: Sieben von zehn der Frauen, die Sie ansprechen, werden mit Ihnen ins Bett wollen! Und der Rest? Tja, die übrigen dreißig Prozent waren dumm genug, sich eine einmalige Chance entgehen zu lassen. In diesen Fällen hat die Methode nicht versagt, sondern Sie vor einer langweiligen, tumben Vertreterin des weiblichen Geschlechts bewahrt.

6. **Gesprächsmuster sind nur etwas für Kerle mit akutem Notstand.**

   Von wegen. Die Verwendung von Gesprächsmodellen und Sprachmustern ist reine Einstellungssache, quasi ein alternativer Way of Life. Mit dieser Konversationsmethode (und der Geisteshaltung eines Verführers) werden Sie endlich der Mensch, der Sie schon immer sein wollten: selbstbewusst, weil Sie wissen, dass Sie jeder Situation oder Konversation gewachsen sind; dominant, weil Sie nicht zögern, das Kommando zu übernehmen; beliebt, weil Sie dank Ihrer Aufmerksamkeit auf die Interessen, Gefühle und Gedanken Ihrer Mitmenschen eingehen und ihnen daher ganz neue Dimensionen der Unterhaltung eröffnen. Nutznießer sind also nicht nur schöne Frauen, sondern auch weniger schöne, andere Männer, Ihr Boss und (schluck!) sogar Ihre Eltern. Selbstverständlich versuchen Sie nicht, all diese Leute zu verführen, doch das Grundprinzip lässt sich auf jede beliebige Konversation anwenden, um die Wünsche Ihres jeweiligen Gesprächspartners zu erkennen und zu erfüllen. Es steht in Ihrer Macht. Worauf warten Sie noch, nutzen Sie sie!

Verfeinern der Muster

Ich habe Ihnen nun eine kurze Einführung in das Konzept der Speed Seduction® gegeben und Sie mit der zugrunde liegenden Philosophie und einigen allgemeinen Richtlinien vertraut gemacht. Ein Profi sind Sie damit allerdings noch lange nicht. Dafür müssen Sie sich schon an Verführungsguru Ross Jeffries persönlich wenden.

Gesprächsmodelle und Sprachmuster bilden lediglich das Fundament; von dort ist es noch ein weiter Weg zur Speed Seduction®. Mein Ziel war es, Ihnen einige hilfreiche Beispiele für den Einstieg in eine Unterhaltung mit einer Frau zu liefern, in der Sie sich gegenseitig ein wenig auf den Zahn fühlen und über Ihre Auffassungen zu bestimmten Themenbereichen austauschen können. Sobald Sie den Einsatz diverser Muster aus dem Effeff beherrschen, werden Sie in jedem Gespräch ganz automatisch in den typischen Muster-Jargon verfallen, in dem Selbstsicherheit, Macht und unverblümtes sexuelles Begehren mitschwingen. Sie werden einen Einblick in die Sehnsüchte, Vorlieben und Fantasien Ihrer Gesprächspartnerin erhalten und sich dieses Wissen zunutze machen, indem Sie so genannte Trance-Wörter und häufig von ihr verwendete Phrasen in Ihre Aussagen einbauen, um die allmählich aufkeimende Sympathie zwischen Ihnen zu verstärken. Es handelt sich nicht, wie von Anfängern und Außenseitern oft angenommen, um einen primitiven, so genannten »Mindfuck«, sondern um eine gemeinsame Entdeckungsreise durch paradiesische Gefilde, die Sie und Ihr Gegenüber bisher im Alleingang erkundet haben und künftig zu zweit erforschen wollen.

So gesehen unterscheidet sich Speed Seduction® nicht wesentlich von den im nächsten Kapitel beschriebenen Verführungstechniken: Auch sie dienen dazu, eine von Sympathie, Vertrauen und Verständnis geprägte Basis zu schaffen, jede Menge sexuelle Spannung aufzubauen – und nicht zuletzt anzudeuten, wie diese Spannungen für alle Beteiligten möglichst befriedigend abgebaut werden können (ganz recht, an dieser Stelle würden Sie in der Unterhaltung unmerklich auf Ihre Körpermitte zeigen).

IX. Zielgerichtete Kommunikation

Potential und Persönlichkeit

Was ist der Zweck einer Unterhaltung mit einer schönen Frau? Was bewirkt, dass sie sich die Zeit für ein Gespräch mit Ihnen nimmt und Ihnen schließlich ihre Telefonnummer gibt? Nein, nicht Ihr Äußeres, sondern die Zurschaustellung Ihres Potentials und Ihrer Persönlichkeit.

Wenn Sie beim Flirten nicht von der ersten Sekunde an bestimmte Eigenschaften und Qualitäten an den Tag legen, brauchen Sie gar nicht damit zu rechnen, bei der Betreffenden landen zu können. Sie müssen sie locken, ködern, Ihre Tauglichkeit als Partner unter Beweis stellen und dafür sorgen, dass *sie sich in Ihrer Gegenwart gut fühlt.* Das ist die grundlegendste Voraussetzung für den Erfolg einer Verführung.

Es gibt viele verschiedene Mittel und Wege, sie in dieses Hochgefühl zu versetzen – und entsprechend viele Möglichkeiten der Anbahnung: Sie können sie in Großmeistermanier scharf machen, als Entertainer für gute Laune am laufenden Band sorgen oder mithilfe von Sprachmustern ihre Fantasie anregen. Sie können aber auch, sobald Sie ihre Wertvorstellungen kennengelernt haben (dazu kommen wir gleich), eine Verständnis- und Vertrauensbasis aufbauen, ihre Ansichten unterstützen und ihr Selbstwertgefühl stärken. Lauter zulässige Vorgehensweisen, die jedoch scheitern werden, wenn Sie ihr nicht genügend den Mund wässrig machen. Genau deshalb ist Selbstvertrauen eine der fundamentalsten Voraussetzungen für das Flirten.

Natürlich startet auch der eine oder andere ahnungslose DFL gelegentlich den kläglichen Versuch, sein Potential zu demonstrieren. Die meisten begehen jedoch, da sie dieses Buch nicht gelesen haben und flirtmäßig völlig unbedarft sind, den Fehler, als harmloser »netter Kerl« aufzutreten, damit die Angebetete das Gefühl hat, sie könnte mit ihm reden wie mit ihrem Bruder. Aber wissen Sie was? Frauen schlafen nicht mit ihrem Bruder!

Und auch wer meint, die Bräute würden, berauscht von seinem bloßen Anblick oder seiner Gegenwart, reihenweise schwach werden, irrt. Mit Muckis und einem hübschen Gesicht ist für die meisten Frauen nun einmal nur ein Bruchteil ihrer Anforderungen an den idealen Partner erfüllt. Zugegeben, manch eine mag beides erregend finden und den Neid ihrer Konkurrentinnen genießen, wenn sie sich stolz mit einem Adonis an ihrer Seite zeigen kann (der optische Aufputz wirft ja auch ein gutes Licht auf sie), doch das Glück ist garantiert nur von kurzer Dauer, wenn er ansonsten keine konkreten Qualitäten vorzuweisen hat. Natürlich kriegen Sie mit einem attraktiven Äußeren Frauen rum – aber nicht halb so viele wie mit dem in diesem Ratgeber versammelten Wissen.

Nicht auf Ihr Aussehen, sondern auf Ihre Persönlichkeit und Ihre potentielle Tauglichkeit als Partner kommt es also an. Decken sich diese sich mit den Wertvorstellungen der betreffenden Frauen, dann werden Ihre Bemühungen von Erfolg gekrönt sein. Ganz am Anfang wissen Sie natürlich nie, mit welcher Art von Frau Sie es zu tun haben, und müssen sich daher willkürlich für »anzüglich«, »aufregend«, »mysteriös« oder »unterhaltsam« entscheiden in der Hoffnung, damit ins Schwarze zu treffen. Falls es klappt, haben Sie die schwierigste Hürde bereits genommen und gezeigt, was Sie zu bieten haben. Jetzt müssen Sie nur noch lernen, die Betreffende in ihr ganz persönliches Paradies zu führen.

Der Klang der Worte

Ehe ich Ihnen verrate, was Sie sagen sollen und weshalb, möchte ich Ihnen noch einige Grundlagen der Konversation darlegen. Viele der im Folgenden erwähnten Theorien finden sich zweifellos auch in einschlägigen Sachbüchern, allerdings mit dem Unterschied, dass sie ausnahmslos alle aus der Praxis stammen. Keine trockene Theorie also, sondern in zahllosen Feldstudien erprobte Ratschläge – und sie funktionieren, bei echten, realen, lebenden Megabräuten!

> **Aus der Akte Verlierer: Was ist meine Botschaft?**
>
> Die meisten DFL begreifen nicht, worauf es Frauen wirklich ankommt (oh, Wunder!), also beschränken sie sich im Prinzip auf die Message: »Hier bin ich, so sehe ich aus; ich hoffe, du magst mich.« Einige nehmen an, das würde bereits genügen, weil sie gut aussehen und davon ausgehen, dass alle Frauen auf optische Reize anspringen. Andere machen sich über sich selbst lustig und scherzen über die Tatsache, dass sie nicht besonders attraktiv sind. Beide Strategien sind nicht sonderlich intelligent und typisch für notorische Frauenvergrauler. Nehmen Sie sich vor der Annäherung also fünf Minuten Zeit, um darüber nachzudenken, wie Sie sich nach außen hin präsentieren wollen.

Zunächst ein Wort zur Vortragsweise. Wenn Sie auf einen der bisher genannten Sprüche oder ein Muster von Ross Jeffries zurückgreifen, die Worte aber nur gelangweilt herunterbeten, als hätten Sie sie brav auswendig gelernt, wird Ihre Auserwählte wenig beeindruckt sein. Egal, ob es sich um eine Flirteröffnung handelt oder eine Frage, um sie besser kennen zu lernen; Sie müssen stets möglichst natürlich und überzeugend klingen.

Vermeiden Sie Nuscheln genauso wie Gebrüll, Gekreisch oder gewehrsalvenartiges Gelaber. Sprechen Sie leise, aber klar und deutlich, sanft, aber trotzdem sexy. (Tragen Sie nur nicht zu dick auf, sonst denkt sie noch, Sie arbeiten bei einer Sex-Hotline.) Eine ruhige, hypnotisierende Sprechweise ist ein wichtiger Erfolgsfaktor. Denken Sie also daran, dass nicht nur Ihre Worte, sondern auch Stimmlage und Tonfall die Betreffende in die richtige Laune versetzen sollen.

Das können Sie üben – im Idealfall am lebenden Objekt. Vor allem Einsteiger sollten sich jedoch nicht scheuen, auch zu Hause im stillen Kämmerlein zu trainieren: Stellen Sie sich einfach vor, Sie würden sich mit einer Frau unterhalten, sei es beim Saft einschenken, Duschen oder Putzen (Sie wissen doch, es geht nichts über eine gepflegte »Spielwiese«!).

> »Lenken Sie das Gespräch möglichst oft auf Ihr Gegenüber. Je mehr Sie über die Betreffende erfahren, umso eher sind Sie in der Lage, sich eine Strategie zurechtzulegen. ... Sprechen Sie nicht über sich, sondern lassen Sie lieber Ihren optischen Eindruck auf sie wirken. ... Je weniger eine Frau über Sie weiß, desto neugieriger ist sie.«
>
> Don Diebel, laut eigenen Angaben
> »Amerikas Top-Single-Experte«

Es nützt nichts, sich die Worte nur im Stillen vorzusagen, es sei denn, Sie haben vor, das Objekt Ihrer Begierde mithilfe von Gedankenübertragung zu bezirzen. Sprechen Sie beim Üben mit normaler Lautstärke, damit Sie sich an den Klang Ihrer Stimme gewöhnen. Falls Sie einen Kassettenrekorder besitzen, nehmen Sie sich auf und probieren Sie, bis Sie mit dem Resultat zufrieden sind. Ihre Stimme ist ein wichtiges Kommunikationsinstrument – setzen Sie es ein!

Übrigens: Nichts verschafft Ihnen so viel Aufmerksamkeit wie eine geschickt platzierte »bedeutungsschwangere Pause«. Verstummen Sie plötzlich mitten im Satz – aber nicht zu lange. Ihre Gesprächspartnerin könnte vor Neugier platzen! Auf diese Weise wird Ihnen Ihr Gegenüber garantiert gespannt an den Lippen hängen.

> Hüten Sie sich, einer Frau zu widersprechen, die Sie zu verführen beabsichtigen! Sollten Sie an eine nicht besonders helle Tussi geraten sein, ihr aber trotzdem an die Wäsche wollen, dann lächeln und nicken Sie und plappern Sie einfach ihre Worte nach. Entpuppt sich eine jedoch als zänkische Megäre, suchen Sie lieber das Weite.

Das Echo-Spiel

Jede Frau sehnt sich danach, verstanden zu werden. Um ihr dieses Gefühl zu vermitteln, müssen Sie ihr nicht nur aufmerksam zuhören, sondern das, was sie sagt, auch wiederholen. Dabei ist es zwar hilfreich, falls Sie zufällig ihrer Meinung sind, aber unbedingt nötig ist es nicht.

> **Ein Plädoyer für den Liebesroman**
>
> Es gibt wohl nichts Schlimmeres als kitschige Liebesromane: lachhafte Handlungen, langweilige Dialoge, haarsträubend konstruierte Beziehungen. Einen Vorteil hat diese Art von Lektüre alllerdings: Sie kann Ihnen die Verführung erleichtern, weil Frauen die »romantische« Ausdrucksweise dieser Schnulzen lieben. Probieren Sie es aus! Umschmeicheln Sie eine Frau mit den entsprechenden Formulierungen und sie wird Ihnen praktisch

aus der Hand fressen, ohne zu wissen, weshalb. Ihre Worte werden ihr seltsam vertraut erscheinen und ihr so goldrichtig im Ohr klingen, dass sie sich im Nu »in Ihre starken Arme schmiegen und sich Ihnen willig hingeben« wird.

Also, auf in den nächsten Buchladen! Bei der Gelegenheit können Sie gleich von einer der heißen Schnitten, die gerade in der Abteilung für Herz-Schmerz-Literatur stöbern, eine Empfehlung einholen – natürlich, weil Sie ein Geschenk für Ihre Schwester suchen.

Hören Sie ihr geduldig zu und spielen Sie »Echo«, indem Sie das, was sie sagt, etwas zeitversetzt und leicht verändert wiedergeben, als wäre es auf Ihrem Mist gewachsen.

Gehen Sie dabei aber subtil und kreativ vor. Ein einfaches »Genau meine Meinung!« reicht leider nicht. Variieren Sie den Gedanken, sodass er anders klingt, jedoch für dieselben Werte und Einstellungen steht. Meist wird ihr gar nicht auffallen, dass sie im Grunde genommen eben genau dasselbe gesagt hat, sondern lediglich »bemerken«, wie viel Sie gemeinsam haben – Sie müssen offensichtlich ihr Traummann sein! Und selbst wenn sie nicht ganz so einfältig ist, beweisen Sie damit zumindest, dass Sie ein guter Zuhörer sind und ihre Ansichten teilen.

Besonders effektiv wird dieses Spiel, wenn Sie gelernt haben, ihre »Trancewörter« (Ausdrücke, die sie besonders oft verwendet) zu identifizieren und geschickt in die Unterhaltung einzustreuen. Auf diese nicht ganz einfache, aber sehr wichtige Technik komme ich in Kapitel zehn noch einmal zurück.

Regel Nummer eins beim Flirten: Stellen Sie sicher, dass die Konversation möglichst zielgerichtet verläuft. Was immer Sie sagen, hat einen Zweck zu erfüllen und muss daher in die entsprechende Richtung führen. Sie wissen schon: Sex Talk, Intimität und schließlich die Gelegenheit, das Gesagte in die Tat umzusetzen.

Viele DFL haben keine Ahnung, worauf sie hinaus wollen. Sie denken: Solange ich mit ihr rede, läuft doch alles wie geschmiert. Je länger wir uns unterhalten, desto größer meine Chancen. Infolgedessen bombardieren sie ihre bedauernswerte Gesprächspartnerin mit Fragen (»Wo gehst du hin?«, »Was machst du so?«, »Was hast du gestern getrieben?«), die nichts weiter sind als verzweifelter Smalltalk.

Diese Art der Konversation ist in etwa so sinnvoll, als würden Sie sie schweigend anstarren, und wird sie vermutlich zu Tode langweilen, es sei denn, sie ist bereits völlig von Ihnen betört (höchst unwahrscheinlich, wenn Sie sich eben zum ersten Mal begegnet sind). Nicht nur der Ansatz ist hier grundfalsch, sondern auch die Argumentation: Je länger Sie mit einer Frau reden, desto geringer sind Ihre Erfolgschancen, weil die Wahrscheinlichkeit, dass Sie irgendwann etwas Falsches sagen, mit jedem Wort steigt. Außerdem wirken Sie auf diese Weise verzweifelt und verloren, ganz egal, wie lange Sie das Gespräch in Gang halten können. Wenn Sie sich dabei ewig im Kreis drehen und sie das Thema nicht sonderlich interessiert, wird sie Ihrer bald überdrüssig.

Sie sollten eine Unterhaltung nicht erst beenden, wenn Ihre Gesprächspartnerin das Interesse verliert, sondern *ehe* sie anfängt, sich zu langweilen! Den geeigneten Moment für den Abgang zu verpassen und endlos weiterzuquasseln, auch wenn sie schon am laufenden Band gähnt, ist einer der Kardinalfehler beim Flirten. Machen Sie sich dünn, solange das Gespräch in vollem Gange und sie noch von Ihnen fasziniert ist. Auf diese Weise wird sie sich fragen, was denn derart wichtig sein kann, dass Sie sie so abrupt sitzen lassen, statt erleichtert aufzuatmen, weil ihr schon die Augen zuzufallen drohten. Sie wird unweigerlich zu dem Schluss kommen, dass Sie ein viel beschäftigter Mensch sind. Und was noch wichtiger ist: Sie wird mehr wollen – genau die richtige Voraussetzung, um sich von einer Frau zu verabschieden, vor allem, wenn Sie bereits ihre Telefonnummer erhalten oder die nötigen Arrangements für ein Wiedersehen getroffen haben.

Achten Sie außerdem darauf, die richtigen Fragen zu stellen. Unpersönliche Fakten sind langweilig. Was Sie aufspüren sollten, sind Gefühle und Überzeugungen. Versuchen Sie, ihre Gedanken auf ihren Körper, ihre Empfindungen und Erfahrungen zu lenken, in der Hoffnung, damit auf etwas zu stoßen, das ihr wichtig ist und angenehme Gefühle in ihr weckt (Sehnsucht oder Erregung zum Beispiel). Das mag der Wind sein, der ihr beim Eislaufen die Haare zerzaust, oder ihr neues Kätzchen, wenn es ihr zutraulich das Kinn leckt. Mithilfe solcher Informationen lässt sich sehr gut und schnell eine Verständnis- und Vertrauensbasis herstellen.

Er: Erzähl mal, hast du irgendein Lieblingshobby oder eine Lieblingssportart?

Sie: Äh ... ja, ich gehe gerne Eislaufen.

Er: Ah ja, das kann ich gut nachvollziehen. Ist es nicht einfach herrlich, mühelos übers Eis zu gleiten, so weit der Schwung dich trägt? Du fühlst dich anmutig, graziös und völlig frei ... Und je schneller du läufst, desto intensiver hast du das Gefühl, zu fliegen. Du spürst den Wind in deinen Haaren ... Ich liebe dieses Gefühl.

Sie: Äh, genau (*leckt sich über die Lippen*)!

Er: Ich sehe schon, du stehst auch total auf dieses Gefühl der Freiheit.

Im Grunde genommen haben Sie nichts anderes getan, als ihr die uralte, simple Frage »Was machst du gerne?« zu stellen. Ein DFL würde sich jedoch gar nicht die Mühe machen, zuzuhören, sondern bloß gelegentlich ein »Mhm, aha, schön, ja« einflechten, weil er sich bereits darüber den Kopf zerbricht, wie er seine eigenen liebsten Freizeitbeschäftigungen (Bier trinken, Sportsendungen gucken) ein wenig interessanter erscheinen lassen könnte.

Sie dagegen hören aufmerksam zu, erkennen, was ihr wichtig ist, und sind dadurch in der Lage, sofort eine Verständnis- und Vertrauensbasis zu schaffen. Sobald Sie signalisiert haben, dass Sie ihre Ansichten nicht nur nachvollziehen können, sondern sogar teilen, können Sie nach weiteren Aktivitäten forschen, die ihr dasselbe Vergnügen bereiten. Eine davon ist nicht weiter schwer zu erraten.

Die Frage diente in diesem Fall also nicht bloß als Einleitung, sondern auch dazu, um Informationen über Ihr Gegenüber für den späteren Gebrauch zu sammeln. Der Informationstopf, der sich bei diesem sogenannten »Fluff Talk« füllt, ist ein essentieller Bestandteil des Flirts. Er eignet sich optimal als Überleitung zum tatsächlichen Gespräch (oder zum nächsten Thema, sobald Sie eines erschöpfend abgehandelt haben), weil sich damit Lücken stopfen und scheinbar zusammenhanglose Gedanken verbinden lassen.

Der »Fluff Talk« verleiht darüber hinaus einer planlosen Unterhaltung die nötige Orientierung: Sie fragen Werte und Gefühle ab auf der Suche nach Hinweisen, die Sie Ihrem Ziel wieder einen Schritt näher bringen.

Erzähl doch mal ...

Wir haben von dieser Form der Gesprächseröffnung bereits in Kapitel drei gehört und kommen hier noch einmal kurz darauf zurück. Ich bin sehr für die auf Emotionen abzielende Variante des Fluff Talk, doch auch die Aufforderung »Erzähl mir etwas über dich« ist ein cleverer Schachzug. Sie lässt sich vor allem auf Partys gut umsetzen.

Egal, welches Thema sie aufgreift, es wird mit großer Wahrscheinlichkeit etwas sein, das ihr am Herzen liegt, sei es ein spontaner Kommentar zu ihrem Beruf (Büroangestellte, Architektin, Stripperin) oder eine Erklärung, wie sie überhaupt hier gelandet ist (sie kennt die Bar oder den Gastgeber der Party). Steigen Sie sofort darauf ein, indem Sie nachhaken! Das Thema berührt sie offensichtlich, daher sollte es auch für Sie von Interesse sein. Auf diese Weise schaffen Sie sofort eine Verständnis- und Vertrauensbasis und steuern direkt auf die gewünschte anregende Unterhaltung zu.

Manche Frauen rücken im Gespräch recht früh mit einer persönlichen Information heraus und hören im Gegenzug gern von Ihnen ein ebenso persönliches Detail. Eröffnen Sie ihr also eine (eher allgemeine) Einzelheit über Ihre Wenigkeit, die thematisch etwa in dieselbe Richtung geht wie ihre Enthüllung. Damit entsteht der Eindruck, dass Sie etwas gemeinsam haben, und es wird suggeriert, dass Sie beide aufgeschlossen und relaxt sind. Die ideale Voraussetzung, um sich ein wenig miteinander zu amüsieren.

Falls sie verwirrt oder gar nicht reagiert, oder sich gar mit einer schnippischen Bemerkung abwendet, können Sie nur blitzschnell auf eine andere Gesprächseröffnung ausweichen – oder gleich schleunigst das Weite suchen. Wozu seine Zeit an eine solche Schlafmütze verschwenden?

Die Aufforderung »Erzähl mir etwas« funktioniert auch bei Kleidung oder Accessoires. Gehen Sie einfach auf ein Mädchen zu und sagen Sie: »Toller Schal!« oder »Hübsche Halskette! Steckt da irgendeine Geschichte dahinter?« Natürlich nur, wenn es sich dabei um ein interessantes, außergewöhnliches Stück handelt. In den meisten Fällen mag der betreffende Gegenstand nichts Besonderes für sie sein oder keine aufregende Geschichte hergeben, aber falls doch, dann wird sie Ihre Aufmerksamkeit erfreut registrieren und die Frage gern beantworten.

»Es törnt irgendwie ab, wenn ein Mann eine abfällige Bemerkung macht oder sich über etwas beschwert. Manche Typen scheinen anzunehmen, sie würden intelligent und anspruchsvoll wirken, wenn sie über den Wodka, die Musik oder die anwesenden Gäste herziehen. Ich schließe daraus bloß, dass er ein Dauernörgler ist.«

Wendy, Toronto

»Keine negativen Kommentare« ist eine weitere Grundregel des Fluff Talk. Bleiben Sie also stets positiv und, nicht vergessen, hüten Sie sich, Ihrer Gesprächspartnerin zu widersprechen. Anbei einige weitere Ratschläge, zusammengetragen von Don Diebel, einem PAR der alten Schule:

Vermeiden Sie es,

- persönliche Probleme (familiärer, beruflicher, finanzieller Natur) vor ihr auszubreiten;
- verzweifelt zu klingen (sowohl inhaltlich als auch im Tonfall);
- zu viel zu trinken (Frauen hassen Trunkenbolde; mit mäßigem Alkoholkonsum dagegen hinterlassen Sie eher einen guten Eindruck);
- Ihre Exfreundinnen zu erwähnen (auch nicht, um Mitleid zu erregen, indem Sie erzählen, Sie seien schlecht behandelt, verlassen, betrogen oder wie eine Weihnachtsgans ausgenommen worden);
- den Clown zu spielen, wenn Sie nicht der Typ dafür sind (man wird Sie durchschauen. Lachen oder lächeln Sie freundlich und achten Sie darauf, dass Ihr Lächeln aufrichtig wirkt und nicht wie eine starre Maske, mit der Sie Ihre Unsicherheit kaschieren);
- gesundheitliche Probleme zu erwähnen (denken Sie einfach daran, was Ihnen so durch den Kopf geht, wenn Ihr

Großonkel ausführlich von seiner Gallenblasenoperation erzählt);

- vor ihr zu prahlen, es sei denn, Sie können ihr etwas wirklich Beeindruckendes über sich erzählen – und selbst dann sollten Sie Vorsicht walten lassen und es nur *ganz beiläufig* erwähnen (falls sie von der Eigenschaft oder Fähigkeit, mit der Sie sich brüsten, nicht beeindruckt ist, geht der Schuss nämlich nach hinten los. Frauen mögen keine Angeber – je größer die Klappe, desto kleiner erfahrungsgemäß der – Sie wissen schon – und durchschauen sie für gewöhnlich sehr bald);
- die Themen Politik, Religion und Verschwörungstheorien anzuschneiden; es gibt nichts, das ein bis dahin angeregtes Gespräch schneller und gründlicher killt.

Lenken Sie die Unterhaltung statt dessen auf die Frau und ihre Interessen.

Ihre Körpersprache

Setzen Sie Ihre Haltung und Gestik bewusst ein, um Frauen zu erobern. Demonstrieren Sie Alpha-Eigenschaften, zeigen Sie sich maskulin und aufmerksam, ohne aufdringlich zu werden. Schaffen Sie Intimität, aber schießen Sie dabei nicht über das Ziel hinaus. Zugegeben, es ist eine Gratwanderung, aber wenn Sie erst einmal ein wenig mehr Erfahrung mit Frauen haben, wird Ihr Körper spielend lernen, zur richtigen Zeit die richtigen Signale auszusenden.

Zunächst sollten Sie sich stets um eine aufrechte Haltung bemühen, das lässt Sie größer und attraktiver scheinen. Nur unsichere Langweiler ziehen den Kopf ein. Sie dagegen sind selbstbewusst und haben alles unter Kontrolle. Zeigen Sie es auch! Und lächeln Sie dabei freundlich und entspannt, sonst wecken Sie womöglich den Anschein, jemand hätte Ihnen einen Kiefernzapfen in den Hintern gesteckt. Stehen Sie nicht bloß steif in der Gegend herum, sondern gewöhnen Sie sich eine möglichst natürliche Haltung an, die Sie automatisch einnehmen, wann immer Sie auf eine Frau zugehen.

Nähern Sie sich ihr bis auf siebzig bis neunzig Zentimeter (außer, die Musik ist sehr laut oder die Bar ist sehr voll) und rücken Sie im Laufe des Gesprächs allmählich näher, bis Sie in etwa fünfundvierzig Zentimetern Entfernung an die Grenze ihres persönlichen Raumes stoßen. Um weiter als bis hierher vordringen zu dürfen, werden Sie sich ein wenig ins Zeug legen müssen. Zögern Sie jedoch nicht, diese Zone zu entern und, falls sie es zulässt und nicht zurückweicht, gegebenenfalls auch dort zu verweilen.

Um kurzzeitig Intimität zu erzeugen, können Sie hin und wieder einen Vorstoß in ihren persönlichen Raum wagen und sich dann wieder zurückziehen, etwa, indem Sie sich in den ersten zwei Minuten der Unterhaltung ein wenig vorbeugen, als hätten Sie sie nicht gehört. Berühren Sie sie dabei leicht am Rücken oder an der Schulter und verharren Sie so, bis sie ihre Aussage wiederholt hat. Dann lehnen Sie sich zurück und antworten ihr. Ein intimes, aber völlig gerechtfertigtes Manöver, das sie nicht als Eindringen in ihren persönlichen Raum betrachten wird, zumal es nur von kurzer Dauer ist.

Dass Sie sie dabei anfassen, spielt eine große Rolle, denn nichts wirkt so stark wie eine der Situation angemessene und trotzdem sinnliche Berührung. Geht sie mit Körperkontakt in die Offensive, sollten Sie sich mit einer wirkungsäquivalenten Berührung an einer ähnlichen Stelle revanchieren. Dieses Vorgehen nennt sich Spiegelung und wird im nächsten Abschnitt genauer erläutert. Im Sitzen sollten Sie die Gelegenheit nutzen, ein wenig mit ihr zu füßeln. Sehen Sie ihr dabei in die Augen; falls sie den Blick nicht abwendet, füßeln Sie erneut mit ihr und sagen Sie neckend: »Füßelst du etwa mit mir?« Oder warten Sie einfach ab, bis die Situation von selbst »eskaliert«.

»Mit Köpfchen« kommunizieren

In der Literatur über Körpersprache ist nachzulesen, dass Frauen, wenn sie ein Gespräch interessant finden, den Kopf schief legen. Tun Sie dasselbe, wenn Sie einer Frau lauschen, um ihr zu signalisieren, dass Sie daran interessiert sind, was sie sagt (auch, wenn Sie das Gähnen kaum noch unterdrücken können). Ihr Unterbewusstsein wird es mit Sicherheit registrieren. Probieren Sie es aus, wenn Ihnen das nächste Mal eine Frau vorjammert, ihre beste Freundin verlange von ihr, ein Brautjungfernkleid in Knallpink zu tragen, das sich ganz schauderhaft zu ihren kastanienroten Haaren ausmachen wird. Stellen Sie die üblichen Fragen über die Freundin, das Kleid, ihr Haar, die Hochzeit – je nachdem, in welche Richtung sich das Gespräch entwickeln soll, und legen Sie dabei den Kopf ein wenig schief. Auf diese Weise wecken Sie ungleich rascher das Interesse der Betreffenden, weil sie *intuitiv spürt*, dass Sie Interesse an ihr hegen.

Wundern Sie sich nicht, falls sie nach ein paar Minuten einen Schuh ausgezogen hat und ihn verführerisch von ihrer Fußspitze baumeln lässt – oder Ihrem besten Stück mit den Zehen eine Massage verpasst. Füßeln (oder das Berühren oder Aneinanderreiben von Schenkeln, falls Sie nebeneinander sitzen) wirkt überaus erregend.

Der Spiegeleffekt

»Ich liebe es, wenn ein Mann ... meine Bewegungen imitiert. Angenommen, wir sitzen uns gegenüber und ich beuge mich vor, um etwas zu ihm zu sagen, dann finde ich es schön, wenn er sich ebenfalls vorbeugt ... Das gibt mir das Gefühl, dass wir auf einer Wellenlänge sind.

Wenn ich dagegen total aus dem Häuschen bin und er völlig entspannt, fühle ich mich ganz weit weg.«

Carlie, Salt Lake City

Sie können natürlich nicht nur die Gedanken und Worte einer Frau imitieren, sondern auch ihre Bewegungen und ihr Verhalten. Möglicherweise haben Sie das ja bereits Ihr ganzes Leben lang getan, ohne es zu bemerken. Nun ist es Zeit, diese Fähigkeit zu Ihrem Vorteil einzusetzen.

Sie haben bestimmt schon bemerkt, dass zwei Menschen, die eine angeregte Unterhaltung führen, die Posen und Bewegungen ihres Gegenübers »spiegeln«. Beugt sich der eine vor, tut der andere es ihm nach; lehnt sich der eine zurück, so folgt der Zweite auf den Fuß. Sie kreuzen zugleich und auf ein- und dieselbe Weise die Hände, neigen simultan die Köpfe zur Seite. Oft widmen sie sich, erregt über das, was sie gerade sagen oder gleich sagen werden, sogar ähnlichen »Begleitaktivitäten« (Spiel mit Schlüsselanhänger oder Kugelschreiber). Alle diese Vorgänge laufen ganz unbewusst im Hintergrund ab, während sich die beiden mit ihrer gesamten Energie und Konzentration dem Gespräch widmen. Ihre geistige Harmonie äußert sich unwillkürlich in ihrer Körpersprache.

Das Verhalten des Gesprächspartners zu spiegeln generiert ein Gefühl der Eintracht und der Sicherheit. Man fühlt sich in der Gegenwart des anderen wohl, versteht einander, hat nicht nur mental, sondern auch körperlich etwas gemeinsam. Genau das ist es, was eine Frau in Ihrer Anwesenheit verspüren soll. Indem Sie ihre Bewegungen imitieren, lösen Sie in ihr unterschwellig positive Gefühle für Sie aus und schaffen umgehend eine Verständnis- und Vertrauensbasis. Und das alles quasi ohne einen Finger zu rühren (es sei denn, um sie zu imitieren)!

Der Prozess der Spiegelung umfasst verschiedenste Bereiche (Haltung, Gestik, Mimik) und verläuft in drei Phasen. Spätestens in der dritte Phase haben Sie die Situation total unter Kontrolle.

1. *Imitation* ihrer Bewegungsabläufe einschließlich Körperhaltung, Handbewegungen, et cetera. Ich weiß, Sie denken jetzt: Das ist doch verrückt! Sie wird mich dabei erwischen, wie ich sie nachahme! Ich versichere Ihnen, Sie können Ihre Hemmungen getrost über Bord werfen. Ihre Gesprächspartnerin wird *nicht das Geringste* bemerken! Sie wird nur unbewusst registrieren, wie sie sich zunehmend entspannt und zu Ihnen hingezogen fühlt.
2. *Spiegelung* ihrer Bewegungen. Klingt unmöglich? Ist es aber nicht! Nachdem Sie sie eine Zeit lang imitiert und eine Verständnis- und Vertrauensbasis geschaffen haben, laufen Ihre Bewegungen ohnehin fast automatisch synchron ab. Mit der Zeit registriert das Gehirn die optischen Reize so rasch, dass Ihre Bewegungen praktisch aneinandergekoppelt sind. Ziemlich beeindruckend, nicht? Aber es wird noch besser: Diese Synchronisation ist lediglich die Vorstufe zur Königsdisziplin, nämlich zur ...
3. *Steuerung* ihrer Bewegungen. Jetzt übernehmen Sie das Kommando und bringen sie dazu, Ihren Bewegungen unbewusst zu folgen. Sie werden sprachlos sein, wenn es Ihnen das erste Mal gelingt. Husten Sie, und sie wird husten. Kratzen Sie sich, und sie wird sich ebenfalls kratzen. Weil Sie sich im Gegensatz zu ihr des Spiegeleffekts bewusst sind und gezielt darauf hinarbeiten, gewinnt Ihr Unterbewusstsein allmählich die Oberhand über das Unterbewusstsein Ihres Gegenübers. Zur gleichen Zeit werden Sie meist auch verbal die Führung übernehmen. Diese beiden Entwicklungen gehen üblicherweise Hand in Hand, es kann aber auch sein, dass sich die unbewusste Imitation Ihrer Bewegungen schon etwas eher vollzieht.

Einige Verführungsexperten sind sogar in der Lage, eine Gleichschaltung von Atmung und Blinzeln zu bewerkstelligen, was für das Gegenüber die Illusion beinahe perfekter Harmonie entstehen lässt. Empfehlenswert ist diese Technik jedoch nur für wahre Meister ihres Faches, denn als Anfänger – und selbst mit etwas Übung – laufen Sie Gefahr, allzu angestrengt auf ihre Atmung zu achten, was unweigerlich so wirkt, als würden Sie ihr auf den Busen starren. Der Blick auf den Vorbau ist übrigens strengstens tabu, es sei denn, sie steht bereits ganz offensichtlich auf Sie (in diesem Fall sollten Sie allerdings schon ein gutes Stück weiter sein als bei der Spiegelung ihrer Atmung). Außerdem benötigen Sie Ihre Konzentration für weit Wichtigeres, zum Beispiel zum Reden und Zuhören.

Fazit: Der Spiegelbildeffekt ist definitiv ein raffiniertes und sehr wertvolles Verführungs-Werkzeug. Falls er Sie allerdings bei der Verfolgung Ihres Hauptziels, der verbalen Herstellung eines Gefühls der Verbundenheit – behindert, verzichten Sie lieber darauf, bis Sie in der Lage sind, diese Methode korrekt anzuwenden.

Reaktionen austesten (»Kalibrieren«)

Ich habe nun schon alles Mögliche erwähnt, was Sie beim Flirten tun und lassen sollten. Doch es gibt eine Regel, auf die ich noch einmal zurückkommen möchte, weil sie von größter Wichtigkeit ist, nämlich, dass Sie stets die Reaktionen der Betreffenden beobachten und Ihren nächsten Schritt davon abhängig machen müssen. Falls sie lächelt oder Ihnen einen eindeutig einladenden Blick zuwirft, können Sie Ihren Kurs beibehalten, falls sie jedoch gähnt oder die Stirn runzelt, ist es höchste Zeit, die Taktik zu wechseln.

Das sind natürlich Extrembeispiele. Sie werden selten derart eindeutig erkennen, ob Sie auf dem richtigen Weg sind und weitermachen können oder nicht. Vielmehr müssen Sie lernen, ihre Körpersprache und ihre Mimik zu interpretieren.

Doch woher wissen Sie, was sie wirklich denkt? Ganz einfach: Fragen Sie nach. Ich nenne diesen Prozess »kalibrieren«.

Flechten Sie zu diesem Zweck gleich zu Beginn Ihrer Unterhaltung ganz nebenbei Bemerkungen ein, die unter Garantie eine eindeutig positive oder negative Reaktion hervorrufen, und achten Sie dann darauf, wie sich die jeweilige Reaktion bei ihr manifestiert.

Falls sie zum Beispiel von ihrer Katze erzählt, könnten Sie sie fragen: »Was würden Sie tun, wenn Ihrer Katze etwas zustieße?« Sofort werden sich ihr Gesichtsausdruck und ihre Haltung ändern. Schieben Sie dann eine positive Bemerkung hinterher, etwa »Ist bestimmt ein schönes Gefühl, wenn Ihre Katze morgens reinkommt und Sie weckt«, und beobachten Sie wiederum genauestens ihre Reaktion. Die genannten Beispiele mögen Ihnen albern erscheinen – Sie wissen schließlich, wie sich Emotionen wie Trauer oder Glück im Allgemeinen offenbaren. Doch Sie werden feststellen, dass sich Gefühle nicht nur im Gesicht, sondern im ganzen Körper widerspiegeln – und genau diese Komplexität der Körpersprache müssen Sie ausloten. Der eine oder andere DFL glaubt doch tatsächlich, ein Lächeln oder eine gerunzelte Stirn wären Ausdruck der seelischen Befindlichkeit eines Menschen. Sie dagegen registrieren sämtliche Indikatoren, die Ihre Gesprächspartnerin aussendet, denn sobald Sie anfangen, mit ihr zu flirten (das heißt, gut dreißig Sekunden später), werden sie Ihnen als Wegweiser ins gelobte Land dienen.

Sie können natürlich auch ganz direkt und unverblümt vorgehen, wie das Jake Thompson empfiehlt. Jake bittet die betreffenden Frauen geradeheraus, erst an etwas zu denken, von dem sie hellauf begeistert sind, dann an etwas, zu dem sie neutral eingestellt sind, und als Drittes an etwas, das ihnen entschieden gegen den Strich geht. Und schon hat er das Objekt seiner Begierde kalibriert!

Womit Jake diese Fragen rechtfertigt? Nun, er behauptet einfach, er wolle Hellseher werden. Sie finden, damit macht er sich die Sache etwas zu einfach? Zugegeben, aber das ist im Grunde kein Nachteil. Machen Sie sich weder jetzt noch später, wenn Sie diese Methode am lebenden Objekt testen, darüber lustig, denn bei Frauen kommt so ein Firlefanz fast immer an. Sie lieben das Rätselhafte, sind geradezu fasziniert von Themen wie Gedankenlesen und dergleichen mehr. Mit der Erwähnung esoterischer Phänomene ist Ihnen die Aufmerksamkeit von neunundneunzig Prozent aller Frauen auf der Welt sicher, jedenfalls eine Zeit lang. Und außerdem können Sie im Anschluss gleich zu Handliniendeutung oder Astrologie wechseln; dabei können Sie nämlich wunderbar in ihrem Gesicht »lesen«, während Sie ihr die Zukunft vorhersagen.

Die Körpersprache Ihrer Gesprächspartnerin

Nach diesen detaillierten Ausführungen zu Ihrer eigenen Körpersprache möchte ich nun auf die der Frau und ihre Interpretation eingehen. Im Verlauf der Unterhaltung wird sich ihre Körpersprache unmerklich verändern und Signale übermitteln, die ihr Bewusstsein noch nicht zu senden bereit ist. Und zwar nicht zwingend positive. Gelegentlich können Sie diesen unwillkürlich ausgesendeten Signalen sehr deutlich entnehmen, dass Sie mit Ihrem Ansatz auf dem Holzweg sind. Geben Sie nicht auf! Sie hat Sie noch nicht bewusst von der Liste gestrichen. Versuchen Sie es mit einer anderen Tour und halten Sie weiterhin nach subtilen Anzeichen Ausschau.

Das Wichtigste ist zunächst, zu erkennen, ob sie sich Ihnen allmählich »öffnet« oder nicht. Wir sind es gewohnt, Unbekannten zunächst mit geschlossener Körperhaltung zu begegnen, das heißt, mit verschränkten Armen, angelegten Ellbogen, geschlossenen Beinen und leicht abgewandtem Körper. Das trifft übrigens auch auf Sie selbst zu, denken Sie also daran, sich stets »offen« zu präsentieren. Gelingt es Ihnen, im Laufe des Gesprächs Spannungen abzubauen, so wird Ihr Gegenüber zu einer etwas offeneren Haltung wechseln: hängende oder leicht ausgestreckte Arme, Beine geöffnet, der Körper Ihnen zugewandt. Und sobald sie sich Ihnen körperlich »öffnet«, wird sie dies auch mental tun.

Im Folgenden finden Sie eine umfangreiche Liste weiterer Merkmale und sowohl bewusster als auch unbewusster Signale, an denen Sie sich orientieren können. Lernen Sie, die jeweiligen Indikatoren durch Beobachtung von miteinander interagierenden Menschen auszumachen. Achten Sie dabei genau darauf, wie sie sich gegenseitig beeinflussen (Spiegelbildeffekt) und einander Signale senden. Es macht Spaß, etwa einen siegessicheren Mann beim Flirten zu beobachten und im Gegensatz zu ihm dank ihrer eindeutig negativen Körpersprache längst zu wissen, dass seine Chancen verdammt schlecht stehen. Außerdem hat es den nützlichen Nebeneffekt, dass Sie lernen werden, Ihre eigene Körpersprache bewusst einzusetzen sowie die Ihres Gegenübers zu interpretieren.

Die Interessensindikatoren der Frau

Mund:

- Sie lächelt breit und entspannt und zeigt dabei sowohl die obere als auch die untere Zahnreihe.
- Sie beißt sich auf die Unterlippe oder zeigt ihre Zunge (insbesondere, wenn diese gepierct ist).
- Sie leckt sich die Lippen (egal ob nur kurz und lokal oder lang und ausgiebig).
- Sie bohrt einen Fingernagel zwischen die Zähne.
- Sie spitzt die Lippen und streckt die Brust heraus.
- Sie bläst Ihnen Rauch ins Gesicht (insbesondere mit geschürzten Lippen).

Augen:

- Sie wirft Ihnen wiederholt verstohlene Blicke zu.
- Sie hält (wenn auch nur für kurze Zeit) Ihrem Blick stand. Falls sie den Blick abwendet, sollte sie zuvor die Augen niederschlagen.
- Ihre Pupillen sind erweitert.
- Sie zuckt mit den Augenbrauen und lächelt, meist in Verbindung mit Blickkontakt.
- Sie blinzelt Ihnen zu.
- Sie blinzelt häufiger als üblich (»klimpert mit den Wimpern«).

Haare:

- Sie fährt sich mit den Fingern durchs Haar (mit einer einzigen Bewegung oder mehrfach).
- Sie sieht Ihnen in die Augen und wickelt sich dabei eine Haarsträhne um den Finger.
- Sie streift sich das Haar von der Schulter.

Kleidung:

- Ihre Brustwarzen stellen sich auf und zeichnen sich deutlich unter ihrem Top ab (aber bitte auf keinen Fall ständig prüfend auf ihren Busen starren!).
- Der Rocksaum rutscht nach oben.
- Sie nestelt oder zupft an ihren Kleidern oder streicht sie glatt.

Hände:

- Die Handflächen zeigen nach oben.
- Sie stützt einen Ellbogen in der Handfläche auf und streckt den aufgestützten Arm in Ihre Richtung aus oder gestikuliert (Handflächen zeigen dabei nach oben).
- Sie lässt ihr Glas sinken. Das ist eine Einladung, näher zu treten!

- Sie hält die Hände ruhig und spielt nicht mit Schlüssel, Glas oder Strohhalm.
- Sie reibt sich die Handgelenke.
- Sie fasst sich mit einer Hand an die Brust.
- Sie fasst sich kurz an die Wange (aber nur, wenn die Hand nicht dort liegen bleibt).
- Sie spielt mit ihrem Schmuck (Ziehen oder Streicheln). Wenn Sie heftig daran reißt oder herumdrückt, ist das ein schlechtes Zeichen.
- Sie berührt Sie beim Reden.
- Sie wendet den Blick ab und gibt vor, auf die Uhr zu sehen, während Sie an ihr vorbeigehen.

Sprache:

- Sie passt sich Ihrem Tonfall und Ihrer Sprechgeschwindigkeit an.
- Sie lacht zur gleichen Zeit wie Sie.
- In einer Menschenmenge spricht sie ausschließlich mit Ihnen und widmet Ihnen ihre ungeteilte Aufmerksamkeit.

Wenn sie sitzt:

- Sie bewegt sich im Takt zur Musik und mustert Sie dabei.
- Sie setzt sich aufrecht hin und strafft die Schultern.
- Sie spreizt die Beine oder reibt sie aneinander oder am Tischbein.
- Ihr übergeschlagenes Bein zeigt auf Sie, wippt möglicherweise sacht in Ihre Richtung.

Weitere Anzeichen für Interesse:

- Sie imitiert Ihre Körpersprache und Haltung.
- Ihre Haut rötet sich (insbesondere Ohren oder Wangen).
- Sie beugt sich zu ihrer Freundin und flüstert ihr wie ein Teenager etwas ins Ohr.

- Sie steht mit nach vorn geschobener Hüfte da, ein Bein hinter dem anderen, und hält den Kopf leicht zur Seite geneigt.
- Sie läuft Ihnen wiederholt »zufällig« über den Weg oder postiert sich innerhalb von zehn bis zwanzig Minuten des Öfteren unauffällig in Ihrer Nähe und wirft Ihnen verstohlene Blicke zu.

Sie redet wie ein Wasserfall!

Sie sind im Begriff, Ihren »verbalen Überzeugungsangriff« zu starten, und sie lässt Sie plötzlich nicht mehr zu Wort kommen? Perfekt! Lächeln Sie einfach wissend und lassen Sie sie nach Herzenslust labern. Sobald sie das Thema Sex anschneidet, können Sie im Geiste schon mal Triumphgeheul anstimmen. Lehnen Sie sich entspannt zurück, verhalten Sie sich galant, aber ruhig und warten Sie einfach, bis sie sich geradewegs in Ihr Bett gequasselt hat.

Eines sollten Sie allerdings bedenken: Diese Indikatoren sind nicht bei allen schönen Frauen festzustellen. Die echten Megabräute, die das Zeug zum Model haben, finden es selten der Mühe wert, bewusst oder unbewusst Interesse an einem Mann zu signalisieren. Sie haben es nicht nötig und daher auch nie gelernt. Bei diesem Frauentypus gilt es, ganz genau hinzusehen und auch die kleinsten Anhaltspunkte zu erkennen.

Sieht sie Ihnen (wiederholt) ins Gesicht (was durchschnittliche Frauen ständig tun, ehe sie gegebenenfalls zu offensichtlicheren Signalen übergehen), und sei es nur für einen Moment, so ist das ein unmissverständliches Zeichen. Deutlicher wird sie vermutlich nicht, aber das sollte auch gar nicht nötig sein.

Eine offenbar sehr aufmerksame und selbstbewusste Frau namens Stephanie Alexander (wie sie wohl aussieht?) lieferte mir folgende Liste mit allgemeinen Signalen:

- *Sie macht Ihnen ein Kompliment:* Da es normalerweise umgekehrt läuft, deutet das meist auf Interesse hin.
- *Sie widerspricht Ihnen, lächelt aber dabei:* Koketter Protest à la »so leicht lasse ich mich nicht hinters Licht führen« lässt auf Interesse schließen. Ein träges »Mhm« dagegen ist ein schlechtes Zeichen.
- *Sie fragt nach, wenn sie Sie akustisch nicht verstanden hat:* Offensichtlich will sie trotz dröhnender House-Musik wissen, was Sie zu sagen haben. Schlagen Sie ihr vor, einen etwas ruhigeren Ort aufzusuchen. Sie wird garantiert darauf eingehen.
- *Sie lacht über Ihre lahmen Witze* (kann aber auch am Alkoholkonsum liegen).
- *Sie berührt Sie mehrfach:* Spiegeln Sie ihr Verhalten, ohne jedoch einen Gang höher zu schalten.
- *Sie wartet auf Sie.* Falls Sie von der Toilette zurückkommen und Ihre Gesprächspartnerin ist nicht mit ihren Freundinnen oder einem anderen Kerl auf und davon ist, deutet das ebenfalls auf Interesse hin. Tun Sie dasselbe, um ihr ebenfalls Interesse zu signalisieren.
- *Sie weicht nicht zurück:* Wenn Sie kurz in ihren persönlichen Raum eindringen, um nach etwas zu greifen (Aschenbecher, Glas, et cetera), und sie scheint sich nicht daran zu stören, fühlt sie sich in Ihrer Gegenwart wohl.
- *Sie will wissen, wo Sie hingehen, wenn Sie aufbrechen:* Dieses Mal kommt sie zwar noch nicht mit (wegen ihrer Freundinnen oder weil sie sich in der Gesellschaft eines Fremden unbehaglich fühlt), aber beim nächsten Mal könnte es schon ganz anders laufen.

Interesse heucheln?

Vermitteln Sie einer Frau im Gespräch stets das Gefühl, dass Sie von ihr und ihren Ansichten fasziniert sind. Im Idealfall ist Ihr Interesse sogar echt. Das erleichtert Ihnen nicht nur das Abschleppen, mit einem reinen Gewissen werden Sie das Zusammensein mit der Betreffenden auch viel mehr genießen.

Behalten Sie immer Ihr Ziel im Hinterkopf. Sie sind nicht auf der Suche nach der Frau fürs Leben, sondern nach der Frau für den Moment. Das heißt, Sie sollten in der Lage sein, auch ein Mädchen mit anderen Wertvorstellungen faszinierend oder eine mittlere Dumpfbacke unterhaltsam zu finden. Sie wollen schließlich nicht den Bund der Ehe eingehen, sondern bloß ein wenig Spaß. Und wer weiß, vielleicht gefällt Ihnen ja, was Sie sehen, hören und bekommen, und es wird (später) sogar mehr daraus als nur ein One-Night-Stand.

Denken Sie immer daran: Jede Frau hat, ganz abgesehen von der Tatsache, dass sie dem weiblichen Geschlecht angehört, etwas Wunderbares zu bieten. Wenn Sie sich darauf konzentrieren, es zu finden, werden Sie nicht nur viel öfter flachgelegt, sondern vor allem ein ungleich zufriedenerer Mensch.

X. Die Erforschung der weiblichen Wertvorstellungen

Erklärung

In diesem Kapitel bringe ich Ihnen eine Verführungstechnik näher, die in vielerlei Hinsicht den Kern des Flirtgesprächs darstellt: Das Eruieren weiblicher Wertvorstellungen. Zweck der Übung ist es, herauszufinden, was eine Frau von einem Mann erwartet – und sich dann in den Mann ihrer Träume zu verwandeln, indem Sie diese Erwartungen erfüllen.

Es geht also nicht darum, ganz allgemein ein Traummann zu werden (eine PAR-Strategie für Anfänger), sondern *ihr* Traummann. Eine Frau hat gern das Gefühl, dass sie etwas Besonderes ist und dass Sie etwas in ihr sehen, was Sie in keiner anderen Frau sehen – etwas, das für Sie ihren Reiz ausmacht. Dieses Gefühl vermitteln Sie ihr, indem Sie sich ganz auf sie konzentrieren und ihr tiefschürfende Fragen stellen, um ihr Wesen, ihr Leben und ihre Gedanken gründlich zu erforschen.

Wenn sie dann ihr Innerstes vor Ihnen ausbreitet, tun Sie gut daran, ihr aufmerksam zu lauschen, anstatt sich über ihren außergewöhnlich spitzen Busen oder das morgige Meeting den Kopf zu zerbrechen. In einigen Minuten werden Sie nämlich genau die Ideale, die sie gerade beschrieben hat, übernehmen und sie von Ihrer Seite aus in die Unterhaltung einfließen lassen.

Wenn Sie wissen wollen, worauf eine Frau Wert legt, ist es am einfachsten, sie danach zu fragen:

Er: Wenn ich dich fragen würde, was dir in einer Beziehung wichtig ist, was würdest du dann sagen?
Sie: Ich mag große Männer.
Er: Hm. Besonders groß bin ich ja nicht, also wirst du an mir wohl kaum Interesse haben ...

Halt! Halt! Halt! Ganz falsch. Hier liegt das älteste Missverständnis aller Zeiten vor. Bei der Aussage »Ich mag große Männer« geht es im Grunde nicht um das physische Merkmal, sondern um das *Gefühl*, das sie in der Gegenwart eines großen Mannes überkommt. Dasselbe gilt übrigens für gut aussehende Männer (genau deshalb ist Ihr Äußeres von marginaler Bedeutung). Sie müssen sich nicht gleich künstlich die Beine verlängern lassen, nur weil Sie nicht besonders lang geraten sind, oder eine Bank ausrauben, um einer Frau finanzielle Sicherheit bieten zu können. Größe, Aussehen, Reichtum – all das sind lediglich so genannte instrumentelle Werte, die dazu dienen, einen terminalen Wert zu erreichen.

Sprich: Es kommt nicht auf die genannten Eigenschaften an (groß, reich), sondern darauf, welcher angestrebte Wert für sie dahinter steckt (Sicherheit, Stabilität) – denn genau diesen müssen Sie repräsentieren.

Kehren wir also noch einmal zum vorherigen Dialog zurück:

Er: Wenn ich dich fragen würde, was dir in einer Beziehung wichtig ist, was würdest du dann sagen?
Sie: Ich mag große Männer (*instrumenteller Wert*).
Er (*nickt*): Und was empfindest du in der Gegenwart eines großen Mannes?
Sie: Ich fühle mich beschützt und behütet (*terminaler Wert*).

Voilà! Damit sind Sie über den instrumentellen Wert, der für die Verführung ohne jegliche Bedeutung ist, beim terminalen Wert gelandet. Dieser terminale Wert (auch »Zielzustand«) ist der

Schlüssel zu ihrem Herzen, oder zu ihrem Höschen, oder zu beidem. Vermitteln Sie also das angestrebte Gefühl (Sicherheit, Geborgenheit), und Sie verwandeln sich automatisch in ihren Märchenprinz.

Der »Zielzustand«

Wonach sollen Sie nun fragen, um eine Frau in Richtung »Zielzustand« dirigieren zu können? Es gilt, Emotionen zu ergründen, die ihr wichtig sind. Fragen Sie nicht: »Legst du Wert darauf, dass dein Leben aufregend ist?«, sondern: »Was findest du aufregend?«

Insgesamt stehen Ihnen neun Fragen für die Recherche zur Verfügung. Sie sollten natürlich noch etwas umformuliert werden. Es ist nicht nötig, alle neun durchzukauen, in den meisten Fällen reichen zwei oder drei.

1. Was will sie?
2. Was mag sie?
3. Was braucht sie ihrer Meinung nach?
4. Was steht ihr ihrer Meinung nach zu?
5. Gibt es etwas, das sie früher einmal hatte und nach dem sie sich heute sehnt?
6. Gibt es etwas, das sie früher einmal hatte und auf keinen Fall mehr haben will?
7. Was macht ihr Angst?
8. Was macht sie glücklich?
9. Was macht sie an?

Die folgenden Fragen zielen auf ganz bestimmte Antworten ab und sollten Ihre Gesprächspartnerin schon mal in die richtige Stimmung versetzen. Sie werden sie überdies ein ganzes Stück besser kennen lernen, weil Sie sie zwingen, nicht nur tief in ihrem Bewusstsein, sondern auch im Unterbewusstsein zu graben.

1. Was gefällt dir an deinem Arbeitsbereich ganz besonders?
2. Was war das Ungewöhnlichste, das du je gemacht hast? (Mit etwas Glück ein sexuelles Erlebnis; falls nicht, können Sie diesbezüglich später noch genauer nachbohren.)
3. Mit welcher Charaktereigenschaft würden dich deine Freundinnen und Freunde am ehesten beschreiben?
4. Was für einen Eindruck hast du von mir? (Liefert hoffentlich nützliches Feedback, und vielleicht bekommen Sie ja sogar genau das, was Sie hören wollen, zu hören.) Beobachten Sie sie jedenfalls ganz genau bei der Beantwortung!)

> Übertriebener Enthusiasmus wegen ihrer bevorzugten Freizeitaktivitäten oder ihrer Ideale erweckt den Anschein, als hätten Sie kein eigenes Leben. Stellen Sie ihr lieber einige intelligente Fragen und spiegeln Sie im Gespräch ihre Gefühle wider.

5. Was ist deine früheste Kindheitserinnerung? (Auch falls es eine negative ist, wird sie sich Ihnen garantiert mitteilen.)
6. Was ist deine liebste Erinnerung an die Schulzeit (hoffentlich eine Liebesgeschichte; falls nicht, verfolgen Sie das Thema weiter und versuchen Sie, zum Thema Sex zu gelangen).
7. In welchem Alter warst du am beliebtesten? (Weckt die Erinnerung an schöne Zeiten.)
8. Was war der glücklichste Moment deines Lebens? (Hoffentlich ein sexuelles Erlebnis. Falls ja, sofort nachfragen. Gut möglich, dass sie mit Ihnen flirtet.)

Wie immer ist es von Bedeutung, ihre Reaktion richtig zu verstehen. Reagiert sie auf einen Fragebereich negativ oder wenig angetan, versuchen Sie es mit dem nächsten. Wenn sie sich in ein Thema vertieft, ergreifen Sie die Chance und stellen Sie ihr detaillierte Fragen dazu. Auf diese Weise zwingen Sie sie, den betreffenden Moment und die damit verbundenen Gefühle noch einmal zu durchleben. Spinnen Sie den Faden weiter und legen Sie ihr dar, wie die betreffende Situation noch enden hätte können, um sie schrittweise in die erwünschte Richtung zu steuern. Haben Sie zuvor eine Verständnis- und Vertrauensbasis geschaffen, dann wird sie nur zu gern darauf eingehen, begeistert von der Tatsache, dass Sie ihr zuhören und mit ihr so bereitwillig in die Vergangenheit abtauchen.

Falls eine ihrer Antworten für Ihre Zwecke nicht ausreicht (»Was macht dir Angst?« – »Mäuse.«), fragen Sie sie nach einer ausführlichen Begründung. Haken Sie stets nach, falls Sie etwas nicht verstehen. Bedenken Sie, dass Sie niemals mit einer einzigen Frage herausfinden können, was eine Frau meint, wenn sie zum Beispiel von Ehrlichkeit spricht. Sie sollten nicht nur *glauben*, dass Sie sie verstehen, sondern absolut sicher sein.

Denn um der Richtige für sie zu sein, müssen Sie

- ihr das Gefühl vermitteln, dass Sie sie durch und durch verstehen
- sie tatsächlich durch und durch verstehen.

Richtige und falsche Fragen

Wenn Sie Ihr Gegenüber erst einmal zum Reden animiert haben und wertvolle Informationen erhalten, begehen Sie nicht den Fehler, der Unterhaltung durch zusammenhanglose Fragen den Schwung zu nehmen. Leiten Sie unauffällig zum nächsten Thema über, indem Sie ihr »tangentiale« Fragen stellen, die sich aus ihren Antworten ergeben. Hier ein großartiges Beispiel dafür, wie man von einem Thema zum nächsten wechselt, ohne dabei die Kontrolle über das Gespräch zu verlieren:

Richtig

Er: Was machen Sie beruflich?
Sie: Ich bin Lehrerin an einer staatlichen Schule.
Er: Puh, die Kids sind sicher ganz schön anstrengend.
Sie: Ja, manche haben es echt faustdick hinter den Ohren.
Er: Ich war auch nicht immer ein Engel. Ich habe als Teenager öfter mal ... (fügen Sie eine Lausbubengeschichte von sich ein, die Sie frech, aber nicht rabiat erscheinen lässt: Bier aus dem Keller der Eltern geklaut, mit Freunden nächtliche Ausflüge unternommen, Schwierigkeiten gemacht ...)
Sie: Ich auch! (Hören Sie aufmerksam zu!)
Er: Wie alt waren Sie da?
Sie: Vierzehn. Ich war zu jung, um ... (Hören Sie noch zu?)
Er: Hat Ihre ganze Familie unter einem Dach gelebt?
Sie: Nein, meine Eltern ließen sich scheiden, als ich zehn war.
Er: War bestimmt nicht einfach für Sie. Wie haben Sie sich gefühlt, als die beiden sich trennten?
Sie: Einsam. Es war beängstigend, aber ... (schön weiter die Lauscher aufsperren!)
Er: Eine gute Freundin von mir hat dasselbe durchgemacht. Sie ist gern für sich.
Sie: Ich auch. Ich lebe am liebsten allein.

Falsch

Er: Was machen Sie beruflich?
Sie: Ich bin Lehrerin an einer staatlichen Schule.
Er: Hat Ihre ganze Familie unter einem Dach gelebt?
Sie: Nein, meine Eltern ließen sich scheiden, als ich zehn war.
Er: Leben Sie allein?
Sie: Warum zum Teufel bombardieren Sie mich mit Fragen?

Es klingt vermutlich ein wenig zu offensiv, wenn Sie eine Frau ohne Umschweife fragen, worauf sie in puncto Beziehung am meisten Wert legt. Tarnen Sie die Frage daher mit einer hypothetischen Formulierung, zum Beispiel: »Wie würde Ihre Antwort lauten, wenn ich Sie fragen würde, was Ihnen in einer Beziehung am wichtigsten ist?« Damit schaffen Sie eine gewisse Distanz. Die Betreffende wird nicht das Gefühl haben, Ihnen einen zu persönlichen Einblick in ihre Psyche zu gewähren, sondern eine eher allgemeine Auskunft zu erteilen. Ein billiger psychologischer Trick, der Ihnen jedoch den Zugang zu ihren Vorstellungen erleichtert. Hier einige Tarn-Vorschläge:

»Ich bin bloß neugierig.« Erzählen Sie Ihrer Gesprächspartnerin, dass Sie gern Leute (nicht nur Frauen!) kennen lernen und in Erfahrung bringen, wie sie über ein bestimmtes Thema denken. »Ich liebe es, Menschen kennen zu lernen und mit ihnen über aktuelle Vorgänge in der Welt zu diskutieren oder einfach über ihre Gefühle. Das finde ich überaus anregend. Was würden Sie denn zum Beispiel sagen, wenn ich Sie fragen würde, was Ihnen an einer Beziehung wichtig ist?« Die Sache mit dem aktuellen Weltgeschehen ist natürlich Nonsens – vermeiden Sie Gespräche über Politik um jeden Preis und gehen Sie stattdessen sofort zum Thema Gefühle über.

»Ich hasse oberflächlichen Smalltalk.« Gestehen Sie ihr von vornherein, dass Sie vorhaben, »tiefer zu graben«, und unterstellen Sie, das Interesse beruhe auf Gegenseitigkeit. »Die meisten Menschen kommen in solchen Situationen ja auf der ›Wie geht's denn so?‹-Schiene oder erkundigen sich, was ihr Gesprächspartner am Wochenende getrieben hat. Nicht, dass mich das nicht interessieren würde, im Gegenteil, aber ich finde es einfach viel lohnender, mich auf einer anderen Ebene zu unterhalten und etwas wirklich Interessantes über mein Gegenüber zu erfahren. Gibt es in Ihrem Leben derzeit zum Beispiel irgendwelche größeren Herausforderungen, etwa in beruflicher oder privater Hinsicht?«

»Kommen wir auf den Kern der Sache zurück.« Falls Sie zwar über ein relevantes Thema sprechen, dabei aber nicht in die richtige Richtung (nämlich auf ihre Gefühle und Gedanken) steuern, tun Sie einfach etwas verwirrt und haken Sie nach: »Ich weiß, was du meinst, aber du musst dich doch auch fragen, worauf du im Bereich ... (Arbeit, Beziehungen, Männer, Freunde, was auch immer Sie gerade erörtern) Wert legst.« Wenn sie nicht darauf einsteigt, formulieren Sie die Frage um: »Okay, aber darf ich fragen, was dir in puncto ... wirklich wichtig ist?«

»Könntest du das näher erläutern?« Widersprechen Sie ihr nicht, wenn sie etwas in den Raum stellt, dem Sie ganz und gar nicht zustimmen können, sondern sagen Sie ihr, aus diesem Blickwinkel hätten Sie die Problematik noch nie betrachtet, und bitten Sie sie, Ihnen ihren Standpunkt zu erklären. Falls sie zögert (gut möglich, dass sie ein wenig beleidigt ist, weil sie glaubt, Sie wollten sich als Besserwisser aufspielen), sagen Sie: »Das interessiert mich wirklich, ganz ehrlich! Wie bist du zu diesem Schluss gekommen?« Sie wird Ihnen nicht nur ein aufschlussreiches Detail über sich selbst enthüllen, sondern Ihnen womöglich die optimale Chance bieten, ihre Meinung zu praktisch *jedem* Thema zu ändern.

Spiel mit dem Feuer Dieser Ansatz ist zwar höchst riskant, dafür aber vermutlich die beste Möglichkeit, den wichtigsten Wert zu entschlüsseln, nämlich worauf es ihr bei einem Mann ankommt. Sie schneiden ganz unverblümt das Thema Beziehungen an, in der *Hoffnung*, dass sie keinen Freund hat. Man sollte einer Frau niemals eine Gelegenheit bieten, an ihren

Freund zu denken und schon gar nicht, ihn zu erwähnen. Seien Sie also gewarnt!

Er: Lebst/Bist du gerne hier?
Sie: Schon, ja.
Er (*neckisch*): Und was machst du so, um dich ein bisschen zu amüsieren? Hast du viele Verehrer?
Sie: Eigentlich nicht. Ich bin wählerisch. (*Demonstrative Abwehrhaltung, um Sie abzuschrecken; der perfekte Einstieg für relevante Fragen!*)
Er: Ach, ja? Welche besonderen Eigenschaften muss denn dein Traummann haben?

Ich bin eigentlich kein großer Fan von Spielchen, doch in bestimmten Situationen können sie sich als äußerst hilfreich erweisen. Außerdem machen sie richtig Spaß. Betrachten Sie die folgenden Beispiele als kleine Abwechslung für zwischendurch, aber verlassen Sie sich nicht ausschließlich auf diese Techniken. Sie müssen trotz allem lernen, wie man eine Unterhaltung einleitet und dirigiert.

Das »Ich mag ...«-Spiel Manche Männer verwenden dieses Spiel als Aufhänger für eine Gesprächseröffnung; ich finde es sinnvoller, damit vom Fluff Talk zur Wertvorstellungs-Erforschung überzugehen. Bemerken Sie einfach zu einem passenden Zeitpunkt: »Ich mag ... Prodigy«, falls gerade ein Song von Prodigy läuft oder »Ich mag Arizona«, falls sie eben dort war. Erwähnen Sie dann eine weitere Lieblingsband oder ein weiteres Lieblingsland von Ihnen. Falls Sie damit einen seltsamen Blick ernten, fragen Sie: »Und du, was magst du?« Meist wird sie ein ähnliches Thema aufgreifen. Dann sind Sie wieder an der Reihe. Grasen Sie auf diese Art und Weise ein breites Themenspektrum (Essen, Filme, et cetera) ab und beobachten Sie dabei ihre Reaktionen. Ihr Ziel ist es, über kurz oder lang bei Erfahrungen anzukommen, die ein positives Gefühl hervorrufen (»Ich mag lange heiße Duschen«, »Ich mag den Geruch nach einem warmen Sommerregen.«) Wenn Sie ein Profi sind, können Sie sogar das Thema Sex anschneiden. Hier einige tolle Ideen:

Ich mag ...

- Lachkrämpfe
- Musiksender, die meine Lieblingssongs spielen
- warme Handtücher aus dem Wäschetrockner
- Sommerschlussverkauf in richtig teuren Läden
- Hundebabys
- stundenlange nächtliche Telefongespräche
- Schoko-Milchshakes für zwei Personen
- dieses irre »Schmetterlinge im Bauch«-Gefühl, wenn ich mit einem bestimmten Menschen spreche
- Komplimente für mein Aussehen

Das Fragespiel Im Grunde nichts anderes als »Wahrheit oder Pflicht«, nur ohne Pflichten. Falls Sie einwilligt, dürfen Sie ihr eine beliebige Frage stellen – aber bitte eine relevante (Gefühle, etwaige einschneidende Erlebnisse), und nicht bloß »Was hast du heute gefrühstückt?«. Dann wird abgewechselt. Bringen Sie nicht gleich das Thema Sex aufs Tapet, sondern lassen Sie es langsam angehen und leiten Sie dann allmählich über zu Fragen wie »Wann hattest du das erste Mal Sex?«, »Wie war dein erster Kuss/Orgasmus?«, »Was macht dich an?«, et cetera. Falls sie positiv (aufrichtig und mit einem Lächeln) reagiert, können Sie ihr die noch intimere Frage »Würdest du mich gern küssen?« stellen.

»Beende meinen Satz!« In dieser Variante des Fragespiels fangen Sie einen Satz an, den Ihre Gesprächspartnerin beenden muss. Beginnen Sie mit einfachen, sachlichen Themen, leiten Sie dann aber rasch auf interessanteres (und hilfreicheres) Terrain über, etwa: »Ich fühle mich zu einem Mann hingezogen, wenn ...« oder »Ich finde es aufregend, wenn ...« oder »Ich fühle mich am wohlsten mit ...« oder »Ich bin glücklich, wenn ...«. So stellen Sie es ihr frei, mit Ihnen zu flirten. Sobald ihre Antworten in den sexuellen Bereich hineinzuspielen beginnen, nehmen Sie unvermittelt den heiligen Gral ins Visier, indem Sie den nächsten Satz mit »Es törnt mich total an, wenn ...« beginnen und sie auf den Mund küssen, ehe sie etwas sagen kann.

Doch Vorsicht! Keines dieser Spiele wird funktionieren, wenn Sie nicht zuvor bereits für eine Verständnis- und Vertrauensbasis gesorgt haben. Es handelt sich hier um Abkürzungen zum Ziel. Wenn Sie nicht in der Lage sind, ihre Körpersprache richtig zu interpretieren oder ihre Antworten zu verwerten, bringen solche Spiele nichts.

Entschlüsselung der Ideale

Nun hat sie Ihnen also einen terminalen Wert (Zielzustand) verraten, aber mal ganz im Vertrauen ... Sie haben noch immer keine Ahnung, was sie eigentlich will, stimmt's?

Angenommen, sie legt Wert auf Ehrlichkeit. Was bedeutet das? Sollen Sie ihr stets reinen Wein einschenken und ihr gestehen, dass Sie ein unverbesserlicher Casanova auf Frauenjagd sind? Ich wage zu bezweifeln, dass das gut ankommt.

Um herauszufinden, was dieses spezielle weibliche Wesen unter Ehrlichkeit versteht und warum gerade diese oder jene Eigenschaft an einem Mann wichtig ist, brauchen Sie etwas mehr Einblick. Wenn Sie sich nur auf der Basis Ihrer Annahmen ins Gefecht stürzen, schaufeln Sie sich womöglich Ihr eigenes Grab. Oder, wie der erfahrene PAR Jake Thompson es ausdrückte: »Wer sich einredet, er wüsste, was ›ehrlich‹, ›liebenswürdig‹ oder

›respektvoll‹ genau für sein Gegenüber bedeutet, der hat vermutlich bessere Chancen, sich nach dem Verzehr einer Dose Bohnen zum Mond zu furzen.«

Gehen Sie es also mit Bedacht an. Treten Sie einen Schritt zurück und unterziehen Sie ihre terminalen Werte einer genaueren Betrachtung. Es gibt fast immer einen Grund dafür, dass sie sich in einer Beziehung zum Beispiel in erster Linie Sicherheit wünscht. Einer meiner Freunde biss sich an einer blonden Flugbegleiterin beinahe die Zähne aus, bis er ihr schließlich die Sicherheit gab, die sie spüren wollte. Sie war auf dem College von vier Kerlen mit Schusswaffen bedroht worden und seither ausschließlich mit großen Männern ausgegangen. Der FBI-Agent, den sie einige Jahre später heiratete, war nur einen Meter siebenundsiebzig groß, aber sie fühlte sich an seiner Seite beschützt.

Nicht immer werden Sie so einfach dahinterkommen, aber auf jeden Fall häufiger, als Sie annehmen. Würde man Ihre Ideale unter die Lupe nehmen, käme man garantiert auch auf die Ursachen für Ihre Begierden und Bedürfnisse. Sie sind auch nur ein Mensch, und die meisten Ihrer Sehnsüchte sind auf Ihre bisherigen Erfahrungen und Erlebnisse zurückzuführen. Nicht umsonst heißt es, Männer würden meist einen Muttterersatz suchen und Frauen einen Mann, der sie an ihren Daddy erinnert.

Die drei Schritte ins Nirvana

Schritt eins: Machen Sie sich bewusst, dass alle Menschen, auch Supermodels und extrem gut aussehende Frauen, unerfüllte Bedürfnisse haben. Sogar Bill Gates würde gelegentlich gern etwas anders machen. Selbst Elle MacPherson stellt hin und wieder fest, dass ihr etwas abgeht. Jeder Mensch hegt bestimmte Sehnsüchte, sei es nun ein unscheinbares Mauerblümchen oder eine megapopuläre Glamour-Queen. Letztere mag eine Armee von Verehrern haben und sich auf feinste Satinlaken betten, doch sie träumt von Freiheit, Abenteuern, Respekt oder einem Mann, der sie verwöhnt, oder sie wäre gern wieder ein kleines Kind.

Schritt zwei: Finden Sie heraus, wonach sie sich sehnt. Achten Sie auf Kleinigkeiten und machen Sie sich ein Bild, indem Sie die diversen Informationen, mit denen sie etappenweise herausrückt, wie Puzzlestücke zusammenfügen. Sie können auch aktiv nach brauchbaren Informationen »buddeln«: Befragen Sie sie einfach nach unerfüllten Wünschen und Sehnsüchten; direkt, aber einfühlsam und respektvoll.

Schritt drei: Stillen Sie das entsprechende Bedürfnis und sorgen Sie dafür, dass sie das daraus resultierende Gefühl der Erfüllung mit (raten Sie mal!) Ihnen in Verbindung bringt.

Aus diesem Grund erweist es sich oft als hilfreich, eine Frau nach ihrer Kindheit zu befragen, um herauszufinden, was sie sich damals wünschte oder was ihr fehlte. Fast immer führt das auf direktem Weg zu ihren heutigen Bedürfnissen.

Und dann gilt es nur noch, die entsprechende Leere (kein Wortspiel!) in ihrem Leben zu füllen.

Trancewörter

Achten Sie beim Erforschen der Ideale genau auf die Wortwahl Ihrer Gesprächspartnerin. Begriffe, die sie häufig verwendet oder besonders betont, sind ihre so genannten Trancewörter – ein spezielles, ihr besonders vertrautes Vokabular, das mit ihren Gedanken verknüpft ist. Prägen Sie sich diese Worte ein und lassen Sie sie unauffällig ins Gespräch einfließen. Auf diese Weise verschaffen Sie sich einen direkten Zugang zu ihrem Unterbewusstsein.

Auf die (un)ehrliche Tour

Ein PAR namens Jobet Claudio schildert in einem Beitrag für eine Internet-Newsgroup (»Mindlist«, englischsprachig) seine Schwierigkeiten, eine Frau rumzukriegen. Bis er entdeckte, was ihr fehlte: Sie hatte schon sehr früh ihren Vater verloren. Dank dieser Information konnte er in ihr die Erinnerung an das Gefühl wecken, nach dem sie sich sehnte: »Ich brachte das Gespräch darauf, wie gut es sich anfühlt, als kleines Mädchen auf Daddys Schoß zu sitzen und ihn zu umarmen oder um kleine Geschenke zu betteln ... Es funktionierte, und wie!« Zweifellos eine gute Strategie, aber noch besser wäre es gewesen, der liebe Jobet hätte sich die Zeit genommen, etwas genauer nachzuforschen. Er hätte sie nach ihrem Vater befragen, sich beispielsweise nach dessen typischen Verhaltensweisen oder seiner Stimme erkundigen können. Auf der Basis dieser Erkenntnisse hätte er seiner Angebeteten gezeigt, dass er zu bieten hat, was ihr im Leben fehlt. Seine Beweggründe wären ehrlicher, redlicher gewesen – und er hätte ihre Bedürfnisse wirklich stillen können.

Ohne zu wissen, weshalb, wird sie den Eindruck gewinnen, dass Sie sie hundertprozentig verstehen, dass Sie genau auf derselben Wellenlänge oder sogar eine verwandte Seele sind. Was immer Sie tun oder sagen – wenn Sie verbal einen so guten Draht zueinander haben, ist die Wahrscheinlichkeit, dass sie sich mit dem, was Sie sagen, identifizieren kann, viel höher – dank einiger weniger Worte!

Schnappen Sie eines ihrer Trancewörter auf, so wiederholen Sie es in leicht veränderter Form. Lassen Sie dann aber etwas Zeit verstreichen, ehe Sie wieder eines einbauen. Übertreiben Sie es nicht – zwei bis drei Erwähnungen genügen, um sicherzustellen, dass Ihr Unterbewusstsein es registriert hat.

Er: Was ist dir in einer Beziehung wichtig?
Sie: Ich möchte einen Mann, an dessen Seite ich mich so richtig wohl fühlen kann.
Er: Ich finde es auch schön, wenn ich mich in der Gesellschaft eines Menschen so wohl fühle, dass ich jegliche Vorsicht vergessen und mich ihm öffnen kann.
Sie: (*erwidert irgendetwas*)
Er: (*sieht sich um*) Nette Bar. Sehr gemütlich. Der Wohlfühlfaktor ist mir sehr wichtig, wenn ich ausgehe. Ich will mich entspannen und nett unterhalten können.

Der Gebrauch von Trancewörtern ist überaus effektiv und im Grunde sehr einfach, wenn man sich einmal daran gewöhnt hat. Lassen Sie sich durch das aufmerksame Zuhören und Abspeichern von Informationen anfangs nicht aus dem Konzept bringen, damit das Gespräch nicht ins Stocken gerät. Sie werden bald lernen, Trancewörter zu erkennen und sie automatisch einzustreuen, ohne darüber nachdenken zu müssen.

Konditionierung durch Anker

Anker funktionieren nach dem Prinzip der klassischen Konditionierung, erforscht durch und benannt nach dem russischen Wissenschaftler Iwan Petrowitsch Pawlow. Dieser ließ in einer Versuchsreihe mehrere Tage lang stets eine Glocke ertönen, während er einem Hund Futter vorsetzte. Sobald das Tier das Futter sah und roch, setzte bei ihm der Speichelfluss ein. Nach einigen Tagen genügte der Glockenton, um den Gedanken an Futter hervorzurufen und somit den Speichelfluss anzuregen, obwohl man dem Hund gar kein Futter vorgesetzt hatte. Diesen Prozess – das Hervorrufen einer Reaktion ohne Vorhandensein des ursprünglichen Reizes – nennt man Konditionierung.

Tickt eine Frau also wie ein Hund? Darauf können Sie wetten! Als PAR müssen Sie es drauf anlegen, dass ihr bei dem Gedanken an Sie das Wasser im Mund zusammenläuft. Sie müssen sie dauerhaft in Hochstimmung versetzen, müssen dafür sorgen, dass sie lacht und sich in ihrer Haut (und in Ihrer Gegenwart) wohl fühlt. Natürlich ist das selbst für erfahrene Profis leichter gesagt als getan.

Der Trick ist, einen Pawlow'schen Reflex bei Ihrer Auserwählten auszulösen: Sie soll ein Glücksgefühl verspüren, auch wenn es keinen konkreten Anlass dafür gibt. Wie Sie das bewerkstelligen? Indem Sie die Betreffende in einem mit Ihnen in Verbindung stehenden Glücksmoment, wenn sie etwa dank Ihnen vor Freude lächelt oder lacht, an einer *bestimmten Körperstelle* drücken (Hand, Schulter, Ellbogen, Innenseite des Unterarms). Machen Sie dabei eine Bemerkung à la »Einfach großartig, nicht?« Dieser zusätzliche verbale Anker dient der Verstärkung des kinästhetischen Ankers und wird sie von Ihrer Berührung ablenken (sie soll sie lediglich unbewusst registrieren). Da Sie so hartnäckig darauf beharren, dass es sich gut anfühlt, muss wohl etwas Wahres dran sein ... doch was? Sie hat keine Ahnung; sie weiß nur, dass es ihr gefällt.

Der Anker ist nach dreimaliger Berührung an derselben Körperstelle gesetzt. Sobald Sie sie danach wieder auf dieselbe Art und Weise (mit demselben Druck, derselben Bewegung) anfassen, werden Sie bei ihr damit unerwartet jenes Hochgefühl hervorrufen, das sie in dem Moment, als Sie den Anker gesetzt haben, erlebte. Sie lassen quasi die Glocke ertönen, um den Speichelfluss anzuregen. Geschickte, erfahrene PAR können verschiedene Anker am Körper einer Frau setzen, um verschiedenste Emotionen auszulösen – Fröhlichkeit durch eine Berührung an der Schulter, Aufregung am Ellbogen, Romantik am Rücken, sexuelle Begierde am Knie.

Der verbale Anker

Es gibt nicht nur kinästhetische Anker, sondern auch verbale. Versuchen Sie's, wenn Sie mir nicht glauben. Flüstern Sie Ihrer Geliebten zu diesem Zweck unmittelbar vor dem Orgasmus eine bestimmte Phrase ins Ohr (zum Beispiel: »Lass dich gehen!« oder »Ja, gut so!«). Nach dreimaliger Wiederholung dieses Vorganges ist sie »konditioniert«. Flüstern Sie ihr danach zu einem völlig unpassenden Zeitpunkt in der Öffentlichkeit dieselben Worte ins Ohr, wird sie, erfasst von einer Woge der Leidenschaft und Lust, garantiert feuerrot anlaufen. Jedes Mal.

Setzen Sie die Anker allerdings nur sparsam ein, sonst ist die Betreffende bald desensibilisiert und reagiert nicht mehr. Wie der Hund das erlernte Verhalten (Speichelfluss) wieder verlernt, wenn der konditionierte Reiz (Glocke) wiederholt nicht die erwartete Konsequenz (Futter) nach sich zieht, müssen auch beim Menschen die Anker nach zwei bis drei Verwendungen »aufgefrischt« werden: Fassen Sie sie einfach wieder an der entsprechenden Stelle an, sobald sie neuerlich Glücksgefühle oder sexuelle Erregung verspürt.

Anker werden am besten zu einem frühen Zeitpunkt der Unterhaltung gesetzt, wenn sie in Hochstimmung ist und sich (aber auch Sie) attraktiv findet. Verpufft ihre gute Laune früher oder später ein wenig (weil sie müde ist, sich Sorgen macht, oder weil die Unterhaltung nur schleppend vorangeht), können Sie »die Glocke klingeln« lassen und sie mühelos wieder aufmuntern.

Sie, der Traummann

Nachdem Sie erfolgreich ihre Ideale (sowohl die instrumentellen als auch die terminalen) eruiert haben, ist es an der Zeit, dieses Wissen für Ihre Zwecke einzusetzen. Sie haben herausgefunden, was sie will, kennen ihre Trancewörter, ließen sie in epischer Breite von sich erzählen. Jetzt können Sie ein paar Details über sich enthüllen.

Wiederholen Sie dabei aber nicht stupide Wort für Wort ihre Vorlieben und Abneigungen – das wirkt meistens unbeholfen und überdies nicht mysteriös genug. Außerdem wird sie Ihre Taktik vermutlich durchschauen, wenn Sie sie mit Trancewörtern bombardieren oder ihre Wunschliste allzu rasch »abarbeiten«.

Erzählen Sie ihr am besten eine Geschichte über sich selbst, in der Sie genau die Werte verkörpern, die ihr wichtig sind. Falls sie erwähnt hat, dass sie Katzen mag, präsentieren Sie sich als Katzenliebhaber. Ja, auch, wenn Sie die Viecher in Wahrheit hassen! Es geht nur darum, auf ihre Sehnsüchte einzugehen. Dasselbe funktioniert auch mit Werten wie Gemütlichkeit und Vertrautheit. Erzählen Sie ihr von einer Begebenheit, die demonstriert, dass Sie Gemütlichkeit und Vertrautheit ebenfalls schätzen. Wenn sie sich mit Ihren Worten identifizieren kann, wird sie Ihre Gegenwart als vertraut und gemütlich empfinden.

Haben Sie es mit einem Katzenfan zu tun, können Sie zudem eine Katze in die Story einbauen. Erwähnen Sie die Worte »gemütlich« und »vertraut« im Rahmen der Geschichte mindestens zweimal. Sobald sie lächelt, vergessen Sie nicht, sie am Ellbogen zu berühren.

Damit haben Sie buchstäblich alle Register gezogen: instrumentelle und terminale Werte, Trancewörter und Anker.

Falls sie trotzdem weder Herzklopfen noch Erregung verspürt, ja, noch nicht einmal das Bedürfnis, Sie näher kennen zu lernen, dann ist entweder mit Ihrer Technik – oder aber mit Ihrer Gesprächspartnerin – etwas nicht Ordnung.

Einige Frauen stehen auf aggressive Männer, andere auf eher passive, mit denen sie kuscheln können, ehe sie zum Sex übergehen. Stellen Sie fest, auf welchen Typ Mann sie steht, und projizieren Sie dann das entsprechende Image.

Der Blick in die Zukunft

Sie haben zwei Möglichkeiten, Ihre Geschichte zu erzählen: die richtige (eine über einen fiktiven Freund, die beweist, dass Sie ihre Wertvorstellungen teilen) und die falsche (reines Geprahle, ohne sich um ihre Wertvorstellungen zu scheren). Eine Reise in die Zukunft gehört zweifellos zur ersten Kategorie.

Frauen lieben es, zu träumen. Träumen Sie mit ihnen! Sprechen Sie über Ihre Lieblingsfantasie, sei es, mit einem ganz besonderen Menschen Hand in Hand einen Strand entlangzulaufen oder unter einem tropischen Wasserfall zu knutschen. Koppeln sie die dabei geweckten intensiven Empfindungen an sich. Damit begeben Sie sich natürlich auf gefährliches Terrain, vor allem bei einer Frau, die Sie kaum kennen. Trotzdem wird sie vermutlich keinen Protest erheben, denn es handelt sich schließlich nur um eine Fantasie. Alles völlig harmlos, oder?

Um die Fantasie und die dabei entstehenden positiven Emotionen mit Ihrer Person zu verknüpfen, bedienen Sie sich der Zeitmaschine. Sie schwärmen nicht von einer hypothetischen Begebenheit, sondern von etwas, das in sechs Monaten Realität sein wird – im kommenden Frühling, Sommer oder Winter, je nach Bedarf. Und Sie werden nicht allein sein, sondern dieses Erlebnis mit *einem besonderen Menschen* teilen. Sofern Sie bereits eine solide Verständnis- und Vertrauensbasis geschaffen haben (was ich sehr hoffen will, weil Sie längst ihre Wertvorstellungen kennen!), sollten Sie die Tatsache, dass es sich bei dem betreffenden Menschen um Ihr Gegenüber handelt, gar nicht mehr explizit erwähnen müssen.

> **Das maßgeschneiderte Image**
>
> Sehen Sie zu, dass Sie das Wertesystem der Frau eruieren, *bevor* Sie einer Frau von sich erzählen. Denn wenn Sie das Gespräch auf sich bringen, sollten Sie wissen, welche Ihrer Eigenschaften Sie betonen und welche Sie lieber verschweigen sollten.
>
> Sobald Sie eine Vorstellung davon haben, welche Eigenschaften sie als positiv einstuft und welche als negativ, können Sie auch abschätzen, was sie sich von einem Mann im Bett erwartet und sich dementsprechend als ihr idealer Sexpartner präsentieren.

Ich muss hoffentlich nicht erwähnen, dass Sie diese Fantasie, nun, da Sie ihre Wertvorstellungen kennen, genau auf ihre Wünsche und Sehnsüchte zuschneiden sollten! Verwenden Sie den Blick in die Zukunft nur, wenn Sie ihre Reaktion darauf abschätzen können. Falls Sie die Betreffende bereits etwas besser kennen, versuchen Sie es doch nach dem folgenden Muster:

Er: Ich verreise gern. Nächstes Jahr möchte ich im Urlaub etwas weiter weg. Wenn du entscheiden müsstest, wo dein nächster Winterurlaub hinführt, für welches Land würdest du dich entscheiden?
Sie: Hm. Ich glaube, für die Schweiz.
Er: Ah, ja. Und was würdest du dort machen?
Sie: Och, Skifahren, die Bergwelt genießen, entspannen ...
Er: Abends könntest du mit einem besonderen Menschen gemütlich am offenen Kaminfeuer sitzen und spüren, wie sich die Wärme in deinen Muskeln ausbreitet und du dich entspannst ...
Sie: Ja, das klingt herrlich.

Er: Du lässt dir die Schultern und den Rücken massieren und dann nehmt ihr gemeinsam ein entspannendes heißes Bad und räkelt euch im heißen Wasser ...

Wenn der Funke überspringt, dann wird Ihre Gesprächspartnerin nach einer solchen Reise in die Zukunft im Nu das Gefühl haben, Sie schon seit Monaten zu kennen, obwohl es eigentlich erst eine Viertelstunde her ist, dass Sie einander zum ersten Mal über den Weg gelaufen sind. Ihre Augen werden förmlich leuchten, wenn Sie sie nach ihrer Telefonnummer fragen. Warten Sie's ab!

Für Geldgierige

Es hat sich herausgestellt, dass sich die Wertvorstellungen Ihrer Gesprächspartnerin auf Geld, Geld und noch mehr Geld beschränken? Geben Sie nicht auf, nur weil Sie womöglich ein armer Schlucker sind! Auch in diesem Fall können Sie sich die Zeitmaschine zunutze machen: Überzeugen Sie sie davon, dass Sie mit Ihrem (meinetwegen fiktiven) Unternehmen bald jede Menge Moneten scheffeln werden. Beschreiben Sie ihr dann mit viel Liebe zum Detail, wie Sie es sich *mit einem besonderen Menschen* gut gehen lassen werden, sobald der Rubel rollt und Sie nebst Luxuslimousine eine riesige Marmorbadewanne Ihr Eigen nennen können. Setzen Sie Anker, um diese Vorstellungen an sich und die Gefühle, die Sie in ihr auslösen, zu koppeln: Berühren Sie sie am Ellbogen, wenn Sie erwähnen, welche Kostbarkeiten Sie ihr kaufen werden. Ihr »Business-Plan« muss gar keinen Sinn ergeben – sie wird Ihnen trotzdem aus der Hand fressen.

Das perfekte Paar

Eine klassische Methode, um Wertvorstellungen zu eruieren, extrem einfach umzusetzen und praktisch idiotensicher (fast jedenfalls), ist dieses Drei-Schritte-Programm:

Schritt eins:

Er: Was ist dir in einer Beziehung wichtig?
Sie: Nun, ... (Antwort A).
Er: Woran erkennst du, dass du ... (Antwort A) hast?
Sie: (*Erklärt.*)
Er: Was ist deiner Ansicht nach noch von Bedeutung?
Sie: ... (Antwort B)
Er: Verstehe. (Spricht über Antwort B)
Sie: (*Führt ihre Antwort weiter aus.*)
Er: Ist das alles oder fällt dir noch etwas Wichtiges ein?
Sie: Auch ... (Antwort C) finde ich sehr wichtig.

Schritt zwei:

Er: Welchen dieser drei Werte – ... (Antworten A, B, C) – hältst du in einer Beziehung für essentiell? Was ist unabdingbar?
Sie: Hm. Ich schätze mal ... (Antwort x)
Er: Warum ist ... (Antwort x) so wichtig?
Sie: (*Erklärt.*)
Er: Und was ist dir von den anderen beiden wichtiger?
Sie: ... (Antwort y)

Schritt drei (etwa eine Stunde später):

Er: Ich glaube, wir würden perfekt zueinander passen. Wir haben ... (Antworten A, B, C in der von ihr genannten Prioritätenreihenfolge) gemeinsam. Das sind doch optimale Voraussetzungen für eine wunderbare Beziehung, findest du nicht?

XI. Krisenmanagement

Einführung

Es kann durchaus vorkommen, dass eine Frau wegen Ihrer Recherche in die Defensive geht (am ehesten erkennbar, wenn sie wissen will, was Sie mit Ihrer Fragerei bezwecken). Sie fühlt sich nicht wohl dabei, von Ihnen derart »durchleuchtet« zu werden, und leistet Widerstand.

Antworten Sie ehrlich. Nein, Sie brauchen ihr nicht auf die Nase zu binden, dass Sie versuchen, sie aufzureißen, indem Sie ihre Wertvorstellungen analysieren! Erklären Sie ihr, dass Sie sich bemühen, sie besser kennen zu lernen, um festzustellen, ob es sich lohnt, mehr Zeit mit ihr zu verbringen. Dagegen gibt es eigentlich nichts einzuwenden, stimmt's?

Lassen Sie bei dieser Gelegenheit gleich ein paar Worte zur positiven Bestärkung ihrer Gefühle einfließen. Falls eine Frau auf Ihre Fragen nach Idealen mit einer Gegenfrage kontert, können Sie mit der folgenden Argumentation gegensteuern: »Ich lerne gern Frauen kennen ... vor allem, wenn sie einen intelligenten, aufmerksamen und emotional aufgeschlossenen Eindruck machen. Es ist einfach großartig, sich mit solchen Frauen zu unterhalten.«

Das macht einen guten Eindruck, sorgt für emotionale Nähe und beruhigt sie zudem hinsichtlich Ihrer Absichten. Anstatt an diesem Problem (das nur für einen DFL eins ist) zu scheitern, sind Sie einem Schäferstündchen mit ihr wieder einen Schritt näher gekommen. Genau deshalb sind Sie ja ein PAR.

Heikle Fragen

Die Tatsache, dass Sie Übung im Flirten haben, wird man Ihnen gelegentlich auch negativ auslegen. Folgende haarige Fragen haben mir schon zahllose Frauen gestellt, meist mit einem hinterhältigen Lächeln:

- Versuchen Sie etwa, mich zu verführen?
- Macht es Ihnen Spaß, Frauen aufzureißen?
- Haben Sie schon viele Herzen gebrochen?
- Sie sind ein Casanova in Reinkultur, stimmt's?

Was nun? Sollen Sie leugnen und in die Defensive gehen? Oder beichten und riskieren, dass sie das Gefühl bekommt, nur eine weitere Kerbe an Ihrem Bettpfosten, eine von unzähligen bedeutungslosen Eroberungen zu sein? Tun Sie weder noch. Am besten vermeiden Sie wie schon im vorigen Abschnitt eine konkrete Antwort.

Sowohl ein Ja als auch ein Nein wären problematisch, weil Sie keine Ahnung haben, worauf die Betreffende mit ihrer Frage abzielt. Manche Frauen (vor allem ältere, die keine Zeit und Lust haben, einen jungen Mann »anzulernen«) bevorzugen erfahrene Liebhaber, die wissen, was Frauen wollen. Andere ahnen instinktiv, dass sie an einen PAR geraten sind, und schließen daraus, sie wären für Sie lediglich »Frischfleisch«. Die Durchschnittsfrau will einen Mann, der zwar kein Schürzenjäger ist, aber doch ausreichend Erfahrungen gesammelt hat, um gut im Bett zu sein.

Fazit: Sie sind wie immer am besten beraten, wenn Sie sich möglichst mysteriös geben. Weichen Sie aus, geben Sie ihr zu verstehen, dass sie etwas Besonderes für Sie ist, und lassen Sie sie zu der Überzeugung kommen, dass Sie eine Bereicherung für sie sind.

Falls Sie partout nicht weiterwissen, versuchen Sie es mit:

- »Sie sind eine faszinierende Frau, die ich gern näher kennen lernen würde.«
- »Irgendetwas an Ihnen zieht mich magisch an.«
- »Ich glaube, ich bin der Typ Mann, der mit der Art von Frau, wie Sie es sind, eine Menge Spaß haben könnte.«

Nach dem »Nein«

Die Frage »Hast du jemals ...?« in Verbindung mit einem positiven Erlebnis oder Gefühl entspricht exakt den Prinzipien von Ross Jeffries' Speed Seduction®. Sie dient außerdem dazu, eine Momentaufnahme ihrer Realität anzufertigen, und ist das optimale Mittel, um sie in freudige Erregung zu versetzen.

Doch was, wenn sie sich weigert, mitzuspielen? Wenn sie Ihre Frage, ob sie jemals »den Wind in ihrem Haar gespürt und sich dabei frei und ungebunden gefühlt« hat, mit einem schlichten Nein beantwortet?

Für eine solche Reaktion gibt es zwei mögliche Gründe, und keiner davon ist besonders vielversprechend. Erstens: Sie ist sehr jung und unerfahren oder fantasielos und weiß wirklich nicht, was Sie meinen. Das disqualifiziert sie zwar nicht, verheißt aber auch keine besonders aufregende Liebesnacht (es sei denn, es handelt sich um eine für Berührungen empfängliche Frau!).

Zweitens: Sie versucht, Sie abzuwimmeln. Lassen Sie sich nicht entmutigen, sondern wechseln Sie in den Zitat-Modus und beschreiben Sie ihr auf diese Weise das Gefühl, das Sie bei ihr hervorrufen wollen.

Er: Haben Sie schon einmal jemanden kennen gelernt, zu dem Sie sich sofort derart hingezogen gefühlt haben, dass Sie einfach etwas unternehmen mussten, um ihn kennen zu lernen?
Sie: Nein.

Er: Nun, jeder macht eben andere Erfahrungen. Meine Kollegin Lola erzählte mir neulich von einer solchen Begegnung. Sie saß in einem Café wie diesem hier, als plötzlich ein Mann hereinkam und sie ansah. Er war durchschnittlich attraktiv, hatte aber eine unheimliche Ausstrahlung ... Irgendetwas an ihm faszinierte sie so, dass sie ihn unbedingt besser kennen lernen wollte.

Altersunterschiede

Der Altersunterschied sollte niemals ein Problem sein – machen Sie also auch keines daraus! Sie sind der perfekte Mann für die betreffende Frau, und genau das werden Sie ihr auch gleich beweisen. Das Aussehen ist kein Hindernis. Das Geld ist kein Thema. Wozu also das Alter überhaupt ansprechen?

Trotzdem gibt es da gelegentlich ein Problem. Doch lassen Sie mich eines klarstellen: Es ist das Problem der Frau, nicht Ihres.

Zu jung können Sie eigentlich gar nicht sein. Die meisten älteren Frauen haben nichts gegen ein Abenteuer mit einem feurigen jungen Liebhaber einzuwenden, empfinden sie seine Aufmerksamkeit doch meist als sehr schmeichelhaft. Das Argument »zu alt« dagegen kommt schon mal vor, insbesondere von Mädchen, die eben erst die Volljährigkeit erlangt haben. Diese sind nicht erfahren genug, um zu erkennen, was ein älterer Mann zu bieten hat, und nehmen sich selbst und ihre Altersgruppe oft entschieden zu wichtig. Es gibt Zwanzigjährige, die um keinen Preis mit einem Sechsundzwanzigjährigen ausgehen würden. Das ist natürlich lächerlich – diese Gören haben keine Ahnung, was sie verpassen.

Nun raten einem manche Männer, in Bezug auf das Alter einfach ein wenig zu schwindeln und erst mit der Wahrheit herauszurücken, wenn Sie mit der Betreffenden im Bett waren und Sie von Ihren Qualitäten als Liebhaber überzeugt haben. (Ganz à la »Nicht einmal meine Mutter weiß genau, wie alt ich wirklich bin.«)

Das kann ich nicht weiterempfehlen. Ich bin entschieden dagegen, Frauen anzulügen. Mit der Zeit wird es nämlich immer schwieriger, sich alle Lügen zu merken – und ausgerechnet des Alters wegen damit anzufangen ist zudem absolut unnötig, denn es gibt viel effektivere Lösungsmöglichkeiten für dieses Problem.

Vermeiden Sie es wie gesagt von vornherein, das Thema Altersunterschied anzusprechen. Wenn Ihre Gesprächspartnerin es tut, hören Sie genau hin: Zieht sie Sie damit auf? Zögert sie noch? Oder will sie Sie damit einfach abwimmeln?

In den ersten beiden Fällen sollten Sie ihre Frage möglichst positiv umformulieren und zum Gegenschlag ausholen, indem Sie ihr das Zusammensein mit einem älteren Mann schmackhaft machen. Greifen Sie auch zum Trick mit der Zeitmaschine. Hören Sie jedenfalls nicht auf, zu reden, ehe Sie sie überzeugt haben. Wenn Sie sich zu früh unterbrechen lassen, riskieren Sie nur, dass Sie scheitern.

Sie: Bist du nicht etwas zu alt für mich?
Er: Zugegeben, ich bin älter als du, aber stell dir mal vor, was ich schon alles erlebt und gelernt habe. Davon könntest du auf jeden Fall profitieren: Wenn wir einfach nur Freunde werden, kann ich dir zumindest den einen oder anderen wertvollen Tipp geben. Und falls mehr daraus wird, könnte ich dir zeigen, wovon ich rede, zum Beispiel den Strand, an dem ich an ruhigen Abenden im Mondlicht spazieren gehe ... In einem halben Jahr könnte ich dir eine Menge beibringen.

Falls sie eine bissige Bemerkung zum Altersunterschied macht (manche Mädchen werden tun, als wären Sie ein Perverser) und sich uneinsichtig zeigt, müssen Sie rasch reagieren und zum Gegenschlag ausholen, indem Sie ihre Reife in Frage stellen.

Sie: Wie alt sind Sie?
Er: Vierzig.
Sie: Finden Sie nicht, dass Sie ein bisschen zu alt für mich sind? Sie könnten mein Vater sein!
Er: Ganz recht. Fühlst du dich reif genug für einen älteren Mann? Es gibt nicht viele Mädchen deines Alters, die bereits die nötige geistige Reife aufweisen.
Sie: Ach, hören Sie doch auf!
Er: Denk doch einmal an die vielen Vorteile, die dir ein älterer Mann bieten kann, und dann an die Milchbubis, mit denen du dich sonst abgibst. Fühlst du dich dem Erfahrungsschatz eines älteren Mannes gewachsen?

In beiden Fällen haben Sie ihr den Wind aus den Segeln genommen und Ihr Alter als eine positive Eigenschaft dargestellt. Manchmal erfordert es etwas mehr Überzeugungsarbeit – meist ist das Altersargument nur eine Ausrede, weil ihr kein besserer Grund einfällt, um Ihnen einen Korb zu geben. Zum Glück sind junge Mädchen leicht zu beeindrucken. Konzentrieren Sie sich auf Ihre Fragen und Ihr Endziel und erobern Sie dieses unerfahrene Küken!

Ehemänner, Lover und zukünftige Exfreunde

»Die richtig scharfen Bräute sind nie solo. Sie behalten ihren Freund oder Lover so lange, bis eine bessere Partie des Weges kommt und sie dem Vorgänger den Laufpass geben können. Deshalb ist es müßig, darauf zu warten, bis eine richtig scharfe Braut zufällig Single ist.«

Ray Parker, PAR

Lassen Sie mich eines gleich klarstellen: Sie sind kein Schwein, nur weil Sie eine Frau, die bereits vergeben ist, abschleppen und fantastischen Sex mit ihr haben, denn Sie zwingen sie ja zu nichts. Tatsache ist: Wenn Sie ungeniert flirtet, mit anderen Männern ausgeht und für Ihre Avancen nur allzu empfänglich ist, dann bettelt sie praktisch darum, verführt und beglückt zu werden.

Frauen, die nicht mehr solo sind, haben erwiesenermaßen die niedrigeren Ansprüche als Singles, weil sie nicht mehr den Traummann suchen, sondern bloß auf eine heiße Affäre aus sind. Bei ihnen brauchen Sie daher nicht mit Persönlichkeit zu punkten, sondern lediglich mit Leistungen im horizontalen Bereich.

Außerdem haben sie oft den größeren Notstand als Singlefrauen – sie lieben Sex (deshalb haben sie sich ja einen festen Freund oder Lover zugelegt), bekommen aber nicht, was sie brauchen. In den meisten Fällen ist der Sex zur Routine geworden, was allerlei Schwierigkeiten nach sich zieht: mangelndes Interesse seitens des Lovers (vor allem, wenn im Fernsehen Sport läuft), zu kurzes Vorspiel, der Partner schläft sofort nach seinem (aber noch vor ihrem) Orgasmus ein. Sie würden sich wundern, wie viele Frauen zwar vergeben, aber völlig unbefriedigt sind. Wie gut, dass es Sie gibt, um sie zu beglücken und ihre Sehnsüchte zu erfüllen!

Drei Faktoren weisen darauf hin, dass eine Frau nicht nur bereit ist, ihren Partner zu betrügen, sondern auch, dass sie dies mit Ihnen zu tun gedenkt. Profitieren Sie von den Beobachtungen anderer PARs und halten Sie nach folgenden Anzeichen Ausschau:

1. *Sie erzählt Ihnen von ihrer Beziehung.* Gut möglich, dass sie Ihnen endlos vorsülzt, wie toll es doch mit ihrem Freund läuft. Ein typischer Fall von »Mich dünkt, die Lady protestiert zu viel«: Sie schwärmt nur übertrieben von ihrer Beziehung, weil sie in Wirklichkeit alles andere als perfekt ist. Wahrscheinlicher ist ohnehin, dass sie aufzählt, was es alles daran auszusetzen gibt, um Ihnen eine Chance

zu bieten, sich ihrer ungestillten Bedürfnisse anzunehmen. Wie auch immer, jedes Gespräch über ihre Beziehung ist ein gutes Zeichen.

2. *Sie sorgt dafür, dass Sie Zeit miteinander verbringen können.* Jede Einladung zu irgendwelchen wie auch immer gearteten Aktivitäten (Lesung, Vortrag) kann als positives Zeichen gewertet werden, ganz gleich, wie banal sie auch sein mögen. Falls sie lieber subtiler vorgeht, regt sie vielleicht an, bei Ihnen zu Hause gemeinsam zu »lernen«, oder sie borgt sich Ihren Wagen, weil ihr Auto Öl verliert. Das ist Ihre Gelegenheit, in die Rolle des edlen Ritters zu schlüpfen und ihr zu helfen. Akzeptieren Sie es, dass sie bestimmt, wann Sie sich treffen. Sie hat eine Beziehung; sie weiß, wann ihr Freund da ist. Also ist es an ihr, den geeigneten Zeitpunkt auszuwählen. Das sollte Sie nicht stören, im Gegenteil: Sie bekommen »bei Anruf Sex« und müssen ansonsten keinen Finger rühren. Paradiesische Zustände!
3. *Sie gesteht Ihnen frühere Seitensprünge.* Vermutlich gibt sie sich dabei peinlich berührt und behauptet, es nie wieder tun zu wollen. Doch weshalb bringt sie das Thema dann überhaupt zur Sprache? Wenn eine Frau Ihnen beichtet, dass sie ihren Freund betrogen hat, können Sie sich seelisch schon einmal darauf vorbereiten, sie beim nächsten Treffen zu verführen. Warum? Weil das bedeutet, dass sie bereits plant, wieder fremdzugehen – mit Ihnen.

Ich wiederhole noch einmal: Lassen Sie sich von der Tatsache, dass sie in festen Händen ist, nicht abschrecken. Wenn sie nicht das geringste Interesse an einem kleinen Intermezzo hätte, wäre Sie auf Ihre Avancen von Anfang an nicht eingegangen. Keine Beziehung ist perfekt. Jede Frau ist auf der Suche nach einer besseren Partie – und diese bessere Partie sind Sie.

Aber fragen Sie eine Frau um Himmels willen nie von sich aus, ob sie vergeben ist. Ganz egal, wie die Antwort lautet, es braucht Sie nicht zu interessieren.

Gut möglich, dass sie einen Freund hat und sich bloß ein wenig amüsieren will. Dann verderben Sie ihr bloß die Lust, wenn Sie das Thema anschneiden. Sie wird sich einen anderen Kandidaten suchen und sich von ihm holen, was ihr fehlt.

Denkbar wäre auch, dass Sie ihre Neugier geweckt haben und sie die Tatsache, dass sie einen Freund hat, verschweigen möchte, um Sie nicht zu verscheuchen. Wer weiß, vielleicht ist sie gewillt, ihn zu verlassen (oder zumindest für eine Nacht zu vergessen), falls Sie ihre Erwartungen erfüllen. In diesem Fall durchkreuzen Sie mit der Frage nach ihrem Lover ihre Pläne und Sie werfen den Fisch, den Sie praktisch schon an der Angel hatten, wieder zurück ins Wasser!

Und wenn sie das Thema wirklich von sich aus anschneidet, ist das noch lange kein schlechtes Zeichen. Vielleicht will sie ja bloß ihr schlechtes Gewissen beruhigen: Wenn sie Ihnen klipp und klar sagt, dass sie vergeben ist, hat sie quasi ihre Pflicht und Schuldigkeit getan. Was kann sie dafür, wenn Sie sie trotzdem verführen und mit ihr schlafen? Sie hatte praktisch »keine andere Wahl«, als ihre dunkle Seite zu erforschen. Das ist Frauenlogik in Reinkultur – und nicht die schlechteste, denn sie gereicht zu Ihrem Vorteil!

Unter diesen Umständen wird die Betreffende beim Flirten wiederholt auf die Tatsache, dass sie nicht solo ist, anspielen und das sozusagen als Anmache verwenden. Wenn allerdings eine Frau ihrem Partner gegenüber wirklich loyal ist und ihn um keinen Preis betrügen will, ganz gleich, wie fasziniert sie von Ihnen ist, dann ist es eine gute Gelegenheit, wie ein echter Gentleman unverrichteter Dinge das Feld zu räumen. Schließlich liegt Ihnen als PAR nicht so viel an ihr, dass Sie vorhaben, genauso viel Zeit und Geld zu investieren wie der Kerl, mit dem sie im Moment zusammen ist.

Andererseits ist es definitiv eine interessante Herausforderung, einem anderen Mann die Freundin auszuspannen. Was auch immer sie behauptet, ihre Gefühle für ihn müssen nicht zwangsläufig ernst oder tief sein. Für viele attraktive Frauen sind Männer wie Handtaschen – ein nettes Accessoire, das beweist, dass sie ein Sexualleben haben, aber keine Schlampe sind. Und wie der Handtasche, die schon mal am Ende der Saison gegen ein aktuelleres Modell ausgetauscht wird, kann es auch dem Lover ergehen. Wer weiß, vielleicht avancieren Sie ja zu seinem Nachfolger. Probieren Sie es einfach mit allen Tricks. Falls Sie nicht erhört werden, liegt es nicht an Ihnen – sie ist ihrem Freund eben treu. Und falls doch, dann stellen Sie sich schon mal das Gesicht dieses Verlierers vor, wenn er erfährt, dass Sie fähig sind, ihr etwas zu geben, das er ihr nie geben konnte. Oder noch besser: Stellen Sie sich ihr Gesicht vor, wenn sie es bekommt!

Falls Sie mit dem Argument, sie sei bereits vergeben, abgewimmelt werden sollen, sich aber nicht geschlagen geben wollen, bedienen Sie sich einer der folgenden Techniken, um Ihren Konkurrenten für immer ins Abseits zu befördern:

Ignorieren

Stellen Sie sich einfach taub, wenn sie ihn zum ersten Mal erwähnt.

Sie: Tut mir Leid, ich habe einen Freund.

Er: Ja, also, wie gesagt ...

Es besteht immerhin eine Chance, dass sie die Sache damit auf sich bewenden lässt, weil es ihr ohnehin nur um die Beruhigung ihres schlechten Gewissens ging, oder weil sie es sich nach dieser kurzen Denkpause anders überlegt und beschlossen hat, dass dieser DFL kein Hindernis für eine angeregte Unterhaltung mit einem echten PAR darstellt. Falls sie doch noch einmal darauf zurückkommt, probieren Sie es mit einem der folgenden Ansätze.

Nehmen Sie es mit Humor

Wie gesagt, vermutlich wollte sie nur ihr Gewissen besänftigen oder Sie abschrecken. Nehmen Sie es ihr nicht krumm, sondern geben Sie ihr noch eine Chance.
Sie: Tut mir Leid, ich habe einen Freund.
Er (*lacht*): Hey, wir kennen uns noch keine drei Minuten und du vertraust mir schon deine Alltagssorgen an?

Oder, noch besser, stimmen Sie sie mit einem Scherzchen milde und säen Sie dann Zweifel:

Sie: Tut mir Leid, ich habe einen Freund.
Er: Schön, wenn es dich glücklich macht, dann bring ihn doch nächstes Mal mit! (*Schweigen.*) Und, macht er dich glücklich?

Verharmlosen Sie den Seitensprung

Tun Sie so, als wäre nichts dabei, wenn sie mit Ihnen befreundet ist, ja, sogar mit Ihnen ins Bett geht, obwohl sie in festen Händen ist. Steuern Sie das Gespräch auf neutrale Themen (weg von den Bereichen Sex und Beziehung), bis sie ihre Abwehrhaltung aufgibt und Sie sie näher kennen lernen können.

Sie: Tut mir Leid, ich habe einen Freund.
Er: Gut, weil ich nämlich nicht auf der Suche nach einer Freundin bin. Ich finde es einfach schön, mich mit Frauen zu unterhalten und mich gut mit ihnen zu verstehen ...

Dabei müssen Sie absolut ernst und aufrichtig klingen. Jeder Anflug von Sarkasmus, jedes Grinsen wird sie sonst zu der Überzeugung gelangen lassen, dass Sie nur ein Mistkerl sind, der mit diesem Spruch eine wunderbare Beziehung zu Bruch gehen lassen will. Sobald sie nämlich auch nur einen Funken Opportunismus erahnt hat, wird ihr ihre Beziehung auf einmal wieder ganz großartig erscheinen, auch wenn sie gerade noch anderer Meinung war.

Verharmlosen Sie die Beziehung

Es ist keine große Sache, wenn sie einen Freund hat. Eine Beziehung ist schließlich keine Verpflichtung auf Lebenszeit. Hat sie wirklich vor, nie wieder mit einem anderen ins Bett zu gehen?

Sie: Tut mir Leid, ich habe einen Freund.
Er: Hm, klingt ja, als wäre das was Ernstes mit ihm, wenn es dich davon abhält, mich kennen zu lernen. Wann ist die Hochzeit?

Wenn Sie richtig dick auftragen wollen, überrollen Sie sie mit folgendem Monolog:

Freut mich für dich, dass du einen Freund hast. Es ist einfach wundervoll, alles mit einem Menschen zu teilen, ihm zu vertrauen, ihn aus ganzem Herzen zu lieben und sicher sein zu können, dass er einen versteht. Du musst sehr glücklich sein. Wann ist die Hochzeit? Ihr werdet doch sicher heiraten, nehme ich an – ihr seid offensichtlich wie füreinander geschaffen. Bestimmt liest er dir jeden Wunsch von den Augen ab. Kein Wunder, wenn du dieses Glück für immer festhalten willst. Hach, ich finde es großartig, wenn zwei Menschen bereit sind, ihr Leben miteinander zu teilen.

Wenn sie Ihnen nun tatsächlich ein konkretes Hochzeitsdatum nennt, nehmen Sie lieber die Beine in die Hand. Alternativ können Sie sich aber auch im nächsten Abschnitt über die diversen Methoden der strategischen Eliminierung ihres aktuellen Zukünftigen informieren und zum Vernichtungsschlag rüsten. Haben die beiden noch kein Datum festgelegt, kann es keine allzu ernste Sache sein. Fangen Sie umgehend an, ihre Wertvorstellungen zu eruieren, und beweisen Sie ihr, dass Sie der Mann ihrer Träume sind.

Nun wissen Sie, wie Sie das Thema fester Freund umgehen, sobald es zur Sprache kommt. Aber nicht immer gilt das Motto »Aus den Augen, aus dem Sinn«. Deshalb schildere ich im kommenden Abschnitt eine Strategie, mit der sie den leidigen Konkurrenten gründlich in Misskredit bringen – und somit aus dem Weg räumen.

Entfremdung und Misstrauen

Sie behauptet also, sie hätte einen Freund. Doch wo steckt der Bursche? Er ist ganz offensichtlich nicht hier, sondern irgendwo anders. Äußerst unklug, denn damit bietet er Ihnen eine perfekte Chance, dafür zu sorgen, dass seiner Zuckerschnute ernste Bedenken in Bezug auf die Beziehung und seine Eignung als Partner kommen.

Sie: Tut mir Leid, ich habe einen Freund.
Er: Und er ist nicht hier! Ich kann nicht fassen, dass er dich aus den Augen lässt. Wo steckt er?

Wenn sie jetzt keine vernünftige Rechtfertigung bringt (»beruflich unterwegs«, »viel beschäftigter Geschäftsleiter«, et cetera), gehen Sie sofort in die »Vielleicht betrügt er dich gerade«-Offensive. Es ist irrelevant, ob sie Ihnen glaubt oder nicht (sie sollte es nicht tun, schließlich kennt sie ihren Freund ungleich länger als Sie). Hauptsache ist, dass Sie vor ihrem geistigen Auge das Bild des fremdgehenden Partners heraufbeschwören. Diese alternative Version der Realität wird ihr den ganzen Abend keine Ruhe lassen und ihre Zweifel verstärken.

Hüten Sie sich jedoch, ihren Freund zu beleidigen. Nehmen Sie auf keinen Fall die Worte »Er betrügt dich« in den Mund. Tun Sie lieber so, als würden Sie für ihn Partei ergreifen, indem Sie sein Verhalten »entschuldigen«: Sie sind auf seiner Seite und nichts läge Ihnen ferner, als einen Keil zwischen die beiden zu treiben. Erkundigen Sie sich nach seinem Verbleib und seinen Angewohnheiten: Plädiert er oft für getrennte Unternehmungen? Falls er mit seinen Freunden unterwegs ist, fragen Sie sie, ob diese gern auf Aufriss gehen und »beim weiblichen Geschlecht auch so viel Erfolg haben wie er«. Erklären Sie ihr, dass Sie den Abend ebenfalls gern in der Gesellschaft einer schönen Frau verbringen, egal, ob Sie mit ihr zusammen sind oder nicht. Machen Sie ihr Komplimente, die ihre Zweifel an seiner Loyalität mehren: »Ich bin sicher, dein Freund denkt da genau wie ich. Also, warum ist er nicht hier bei dir?«

Lenken Sie das Gespräch nun auf das Thema Fremdgehen, um ihr Misstrauen weiter zu schüren. Berichten Sie von einer »Bekannten«, die ihrem Partner stets treu war und sich schrecklich dumm und hintergangen fühlte, als sie erfuhr, dass er sie betrog.

Aber Freunde kommen und gehen, stimmt's? Philosophieren Sie ganz allgemein über Leute, die ihre Zeit vergeuden, ihr Leben verschwenden und tolle Gelegenheiten verpassen, und alles nur wegen eines Menschen, der nicht für sie da war, als sie ihn brauchten. Zählen Sie die zahllosen kleinen Ärgernisse auf, mit denen man sich in einer Beziehung herumschlägt, die tagtäglichen Problemchen, die jeder kennt.

Wenn sie nun anfängt, sich über die Fehler ihres Freundes zu beschweren (auch, wenn sie dabei noch lacht oder scherzt), bedeutet das, dass Ihre Bemühungen allmählich fruchten. Sie hat noch längst nicht alle Bedenken über Bord geworfen, aber sie schüttet Ihnen zumindest schon ihr Herz aus und macht sich Gedanken über seine negativen Eigenschaften. Falls sie einen speziellen Grund zur Klage nennt, haken Sie nach, damit ihr das Problem in seiner ganzen Bandbreite bewusst wird.

Schließlich wird es Zeit, über ihre Verflossenen zu sprechen. Haben die sie auch so behandelt? Liegt der Fehler womöglich an ihr? Wenn Sie sie dazu bewegen können, über einen bestimmten Exfreund zu reden, haben Sie zwei essentielle Ziele erreicht: Erstens denkt sie nicht mehr ausschließlich an ihren derzeitigen Freund, und zweitens wird ihr klar, dass man einen Lover nicht für die Ewigkeit hat. Die Loyalität, die sie im Augenblick verspürt, ist nur eine neue Version der Loyalität, die sie früher ihrem Ex gegenüber verspürte ... und irgendwann hinter sich ließ.

Falls der Verflossene, von dem sie erzählt, ein Idiot, DFL oder eine treulose Tomate war, konzentrieren Sie sich auf die Tatsache, dass Sie etwas Besseres verdient und gut daran tat, ihn sitzen zu lassen. Fazit: Es ist positiv, sich von seinem Freund zu trennen.

Falls er dagegen ein richtiger Pfundskerl war (erstaunlich viele Frauen erzählen gern von ihren ach so tollen Exbeziehungen!), wecken Sie in ihr die Erinnerung an aufregendes Vorspiel und sinnlichen Supersex. Mit etwas Glück lässt das ihren derzeitigen Freund ziemlich blass aussehen, vor allem, wenn die beiden schon länger zusammen sind und die Phase der ersten heißen Verliebtheit bereits Geschichte ist. Tja, wir wollen immer das, was wir nicht haben können; in diesem Fall den leidenschaftlichen Ex.

Das sollte reichen, um sie so richtig in Fahrt zu bringen. Versäumen Sie es nicht, sie an dieser Stelle mit ein paar wohldosierten Streicheleinheiten zu verwöhnen, die sie von ihrem abwesenden Liebhaber nicht alle Tage bekommt: Verpassen Sie ihr eine Nackenmassage, streicheln Sie ihren Rücken oder umarmen Sie sie von hinten, bis sie sich danach sehnt, all die lange aufgestaute Leidenschaft auszuleben. Und glauben Sie mir: Sie werden Ihre Bemühungen nicht bereuen!

Girl's Night

Der folgende Dialog basiert auf einem Klassiker aus *Sweep Women Off Their Feet and Into Your Bed* (*Wie Sie Frauen im Sturm erobern und in die Kiste locken*), konzipiert für die Anmache von Ladies, die mit ihren Freundinnen unterwegs sind, während sie ihren Männern einen Saufabend wie in den guten alten Zeiten gönnen. Dieses Gespräch illustriert die schwierigste, aber zugleich die lohnendste Art und Weise, eine Frau kennen zu lernen. Dass die Betreffende in diesem Fall bereit ist, für ihren Lover Partei zu ergreifen, erschwert die Sache natürlich zusätzlich ... zumindest eine Weile.

Er: Cool, dass du einfach mit deinen Freundinnen ausgehen und dich amüsieren kannst. Aber vermisst du deinen Freund nicht, wenn du einen schönen Schmusesong hörst? Würdest du dann nicht lieber an ihn geschmiegt tanzen, seine Lippen und seine Hände auf deinem Körper spüren, anstatt danebenzusitzen und zuzusehen?
Sie: Schon, aber wir brauchen auch gelegentlich Zeit für uns selbst, für unsere Freunde. Er respektiert meine Unabhängigkeit.
Er: Wow. Das ist großartig. Was glaubst du, denkt er jemals an all die Männer, die du kennen lernen könntest? Männer, die dich zu einem Drink einladen oder mit dir tanzen wollen ...
Sie: Er weiß, dass ich an denen nicht interessiert bin.
Er: Findet er es gut, wenn du oft ohne ihn ausgehst? Ich meine, es ist toll, einen so toleranten Freund zu haben, aber ich frage mich natürlich, was er inzwischen treibt. Bleibt er zu Hause oder zieht er mit seinen Kumpels um die Häuser?
Sie: Manchmal. Ich ziehe ja auch um die Häuser.
Er: Stimmt, mit deinen Freundinnen. Hat er nur männliche Freunde oder geht er auch mit weiblichen Bekannten aus? Sind seine Freunde richtige Schürzenjäger? Er geht bestimmt nicht auf Aufriss, aber wenn sie es tun, fragt man sich schon, was er wohl treibt.

Versteh mich nicht falsch, ihr scheint eine wunderbare Beziehung zu führen. Aber ich an seiner Stelle würde vermutlich möglichst viel Zeit mit dir verbringen wollen. Ich begreife nicht, wie er es aushält, nicht jede Minute an deiner Seite zu verbringen, dir in die Augen zu sehen, dich zu streicheln und dir etwas ins Ohr zu flüstern. Aber bestimmt ist er ein richtig liebevoller Kerl, der dich mit Wochenendtrips und kleinen Geschenken unter dem Kopfkissen überrascht, wenn du es am wenigsten erwartest. Jedenfalls würdest du genau das verdienen.

Ich hoffe schwer, er betrachtet dich nicht als Selbstverständlichkeit. Eine so attraktive Frau wie du könnte garantiert jeden Mann kriegen. Aber das weiß er sicher. Das sieht man ja auf den ersten Blick, dass du nur den Besten verdienst. Ich wette, er sitzt schon den ganzen Abend zu Hause und wartet auf deinen Anruf – anders könnte er eine Frau wie dich gar nicht halten.

Falls sie ihn irgendwann im Laufe des Abends anruft, ist das ein gutes Zeichen. Sie braucht die Bestätigung, dass er brav zu Hause sitzt. Doch selbst, wenn er es tut, ist die Wahrscheinlichkeit, dass sie sich zanken werden, hoch: Sie haben reichlich Zweifel gesät und genährt. Entwickelt sich auch nur der allerkleinste Streit, dann ergreifen Sie sogleich diese Chance und umgarnen Sie sie, wie sie sich das eigentlich von ihrem Freund erwartet, und gewinnen Sie sie mit Romantik pur für sich.

PHASE VIER

ABSCHLEPPEN

XII. Auf der Zielgeraden

Der Endspurt

Jetzt geht's mit Volldampf in die finale Phase der Verführung: vom Aufriss zum Abschleppen. Sie haben mit der Dame Ihrer Wahl erfolgreich angebandelt, sie besser kennen gelernt, sich in ihren Traummann verwandelt. Nun ist es an der Zeit, sie in Ihre Arme zu holen.

Beenden Sie einen Flirt nie mit den Worten: »War nett, dich kennen zu lernen. Mach's gut!« Sie gehen schließlich nicht zum Vergnügen auf die Jagd. Lassen Sie sich Ihre potentielle Ausbeute – eine Telefonnummer, eine Verabredung, ein Kuss (wenn Ihr Timing passt, sogar alles zusammen) – nicht entgehen.

Woran erkennen Sie, wann es Zeit wird für den Abgang? Warten Sie wie gesagt nicht, bis das Gespräch seinen Zenit überschritten hat, sondern gehen Sie, sobald Sie von Ihrer Auserwählten drei Anhaltspunkte für Interesse (siehe Kapitel neun) erhalten haben. Denken Sie immer daran: Eine Geste sagt mehr als tausend Worte. Hier noch einmal die wichtigsten:

Top-Interessensindikatoren:

- Sie hält Ihrem Blick einen Moment lang stand, schlägt dann die Augen nieder und wendet den Blick ab.
- Sie lacht oder lächelt über eine Bemerkung von Ihnen.
- Sie wendet sich Ihnen zu, die Arme seitlich positioniert (offene Körperhaltung).

- Sie spiegelt Ihre Körpersprache.
- Sie reibt oder streichelt ihre Arme oder fährt sich mit den Fingern durchs Haar. Wenn sie dagegen nervös an sich herumzupft, sich kneift oder die Arme vor der Brust verschränkt, bedeutet das, sie wünscht sich, dass Sie sich in Luft auflösen und auf Nimmerwiedersehen verschwinden.
- Sie fasst Sie an (insbesondere als Reaktion auf eine Berührung von Ihnen hin). Wenn sie dabei ein Stück weiter geht als Sie (zum Beispiel: Sie berühren sie an der Hand, sie reibt Ihnen dafür den Arm), sollten Sie die Sache möglichst sofort unter Dach und Fach bringen.

Sex Talk

Ehe wir zum Beenden des Flirts kommen, möchte ich noch eines der bedeutendsten Elemente jedes Flirts streifen: Sex Talk.

Kommen Sie einer Frau nie gleich zu Beginn mit Anzüglichkeiten oder Anspielungen (es sei denn, Sie gehen in Großmeistermanier an die Eroberung heran). Wenn Sie einer Frau gleich vorweg mit Sauereien kommen und damit auf Granit beißen, haben Sie sich nämlich meistens bereits sämtliche Chancen verbaut – außer, wie gesagt, Sie mimen den Verführungsgroßmeister und zielen darauf ab, Mädels abzuschleppen, die kein Hehl daraus machen, dass sie es nur auf den Sex abgesehen haben. Anderenfalls warten Sie lieber noch, bis Sie deutlich erkennen, dass die Betreffende an Ihnen interessiert ist.

Das diesbezügliche Procedere ist Ihnen inzwischen hinlänglich bekannt: Sie stellen eine Verständnis- und Vertrauensbasis her, versuchen, ihre Wertvorstellungen zu ergründen, diese auf sich bezogen im Gespräch widerzuspiegeln, und achten in jeder Phase auf ihre Körpersprache. Sobald sie Ihnen einigermaßen empfänglich dafür erscheint, kommen Sie zur Sache. Gehen Sie beim Sex Talk kühn, aber clever vor, am besten mithilfe eines »Zitats«. Sie können das Thema auf diese Weise unverblümt und in allen Einzelheiten abhandeln, und die Zuhörerin kann ihren erregenden Gedanken freien Lauf lassen, weil es offiziell ja um einen unbeteiligten Dritten geht. Sagen Sie zum Beispiel: »Meine Kollegin Kate hat mir erzählt, sie habe mal eine schnelle Nummer mit einem Kerl geschoben, den sie kaum kannte«. Lassen Sie sie dabei keine Sekunde aus den Augen.

Die meisten Frauen zucken unwillkürlich zusammen, wenn Sie das Thema Sex zum ersten Mal anschneiden. Das ist ein natürlicher Reflex, ein Instinkt, und sagt nichts über ihre wahren Wünsche aus. Machen Sie, sofern Sie zuversichtlich sind (soll heißen: falls sie zuvor Interesse signalisiert hat), keinen Rückzieher, sondern verfolgen Sie das Thema ungeniert weiter. Meist erzielen Sie damit eine sehr positive Reaktion. Wenn Sie Ihr Gegenüber richtig kalibriert haben, sollten Sie unschwer erkennen können, ob es sich um echtes Entsetzen handelt oder ob sie zwar zögert, aber trotzdem neugierig geworden ist.

Sex Talk ist die perfekte Überleitung zur letzten Phase des Flirts, weil sich damit die Dynamik Ihres Verhältnisses völlig verändert. Sobald Sie das Thema Sex angeschnitten haben, ist sie gezwungen, über Sex mit Ihnen nachzudenken. Falls sie diese Vorstellung angenehm oder ansprechend findet, wird sie garantiert darauf einsteigen; und sei es zunächst nur auf scherzhafte Art und Weise. Haben Sie diese erste Hürde erfolgreich genommen, dann gehört sie bereits so gut wie sicher Ihnen. Bringen Sie die Sache in diesem Fall umgehend zum Abschluss.

Aber keine überstürzte Siegessicherheit, bitte! Nur, weil sie mit Ihnen über Sex redet, muss das noch lange nicht heißen, dass sie auch willig ist. Es bedeutet lediglich, dass sie darüber nachdenkt und bereit ist, den Gedanken weiterzuverfolgen, zum Beispiel beim nächsten Rendezvous oder in einem Telefongespräch. Sie haben noch etwas Arbeit vor sich, sind aber definitiv auf dem richtigen Weg.

Mehr Sex Talk

Was ist noch besser als ein allgemeines Gespräch über Sex? Ein Gespräch über sexuelle Fantasien und diverse Praktiken! Der Schlüssel dazu ist es, Ihre Gesprächspartnerin richtig zu kalibrieren und zu verstehen, was sie wirklich von einem Mann erwartet. So manche Frau sehnt sich »nur« nach einem leidenschaftlichen Schäferstündchen zwischendurch. Vielleicht hat sie einen Freund, der manche ihrer Wünsche nicht erfüllt, vielleicht ist sie ein »böses Mädchen«, vielleicht ist sie einfach notgeil und hat Lust, einmal im Leben etwas total Verrücktes zu tun. Die Gründe sind völlig einerlei. Es kommt nur darauf an, was Sie daraus machen.

Ich bin ein echter Fan des Sex Talk. Aber selbst ich muss einräumen, dass es Situationen gibt, in denen der Schuss nach hinten losgeht und Ihnen die Überleitung zum Thema Sex frei nach dem Motto »Frechheit siegt« zum Verhängnis werden kann. Man kann nie wissen, wie die Betreffende auf den Umschwung reagieren wird. Gut möglich, dass sie das Weite sucht, falls sie noch nicht dafür bereit ist.

Deshalb schwören einige PAR dem Sex Talk überhaupt ab und raten stattdessen zum Einsatz taktiler Reize. Keine anzüglichen Kommentare, keine schlüpfrigen Witze oder Zweideutigkeiten, sondern ausschließlich Körperkontakt, um sexuelle Spannung aufzubauen. Steigt sie darauf ein, werden Sie allmählich dreister. Auf diese Weise kann sie reagieren, ohne etwas darüber hören oder sagen zu müssen, das ihr in der Öffentlichkeit womöglich die Laune verdirbt. Sobald Sie beim Küssen angelangt sind, ist es Zeit, den Flirt zu beenden und zu gehen. Nicht vergessen: Als PAR sollten Sie den Frauen stets Appetit auf mehr machen.

Sie haben also mit einem Zitat angefangen und wurden mit einer positiven Reaktion belohnt. Sie könnten den Flirt wie geplant zum Abschluss bringen und sich verabschieden. Aber in diesem Fall haben Sie so ein Gefühl, dass Sie mit dieser Frau vielleicht sogar ...

Schildern Sie ihr kurzerhand eine sexuelle Fantasie – erwähnen Sie zum Beispiel, eine gute Bekannte von Ihnen ziehe es vor, rein sexuelle Beziehungen einzugehen, weil sie dann im Bett tun und lassen kann, was sie will, ohne von ihrem Freund dafür verurteilt zu werden.

Beobachten Sie wiederum ihre Reaktion. Hat diese Vorstellung ihren Eifer gedämpft oder scheint sie dafür empfänglich? Wenn sie lächelt oder Sie berührt, erzählen Sie ihr von einer Bekannten, deren Bedürfnisse ungestillt bleiben, weil sie es nicht wagt, sie ihrem Partner einzugestehen. Folgern Sie, dass dies in einer ausschließlich auf Sex basierenden Beziehung ausgeschlossen ist, weil es dort nur darum geht, Fantasien zu ergründen und auszuleben.

Wenn sie Ihre Meinung teilt, wird sie sofort positiv reagieren. Das ist Ihr Stichwort! Diese Frau will großartigen Sex ohne Verpflichtungen. Vielleicht lässt sie sich sogar zu einem einmaligen »Walk on the Wild Side« überreden! Gehen Sie nun zu konkreteren Details über (bestimmte Stellungen, Sex in der Öffentlichkeit, ein flotter Dreier), aber übertreiben Sie nicht. Versuchen Sie mehr über *ihre* unerfüllten Träume herauszufinden, statt von Ihren eigenen Fantasien zu schwärmen. Machen Sie verheißungsvolle Andeutungen in die entsprechende Richtung. Wenn Sie geschickt vorgehen, wird sie binnen fünf Minuten an Ort und Stelle über Sie herfallen wollen. Das wäre eine der wenigen Ausnahmen, wo Sie sich nicht mit einer Telefonnummer begnügen, sondern umgehend mit ihr nach Hause gehen sollten.

Behalten Sie stets Ihr Ziel im Hinterkopf. Alle bisherigen Schachzüge dienten nur dazu, Sie an diesen Punkt zu führen. Mit anderen Worten: Bringen Sie den Flirt baldmöglichst zum Abschluss!

Manchmal erhalten Sie von einer Frau die Telefonnummer, ohne erst ihre Wertvorstellungen eruieren zu müssen. Oder Sie sprechen sie auf der Straße, in einem Café oder an einem anderen untypischen Ort an und haben weder die Zeit noch die Gelegenheit, sich ausführlich mit ihr zu unterhalten. In diesem Fall können Sie natürlich nicht auf allzu viele Anzeichen von Interesse warten. Aber keine Sorge: Sollten Sie eine Frau auf der Straße angesprochen haben und sie lächelt und redet mit Ihnen, dann ist das bereits mehr als genügend Bestätigung. Machen Sie sich das Überraschungsmoment zunutze – inklusive der Schmeichelei, die Ihre Avancen implizieren – und gehen Sie direkt zum Abschluss über, sobald sich die Gelegenheit dazu bietet.

Viele Männer (vor allem DFL) begehen den Fehler, diesen Moment hinauszuzögern. Sie glauben, die Unterhaltung in die Länge ziehen zu müssen (»Je mehr Zeit wir miteinander verbringen, desto besser ... Wenn ich zu rasch vorgehe, hält sie mich womöglich für einen notgeilen Wichser«). Irrtum! Beenden Sie die Unterhaltung, sobald Sie Persönlichkeit demonstriert und ihr ein Lachen entlockt haben.

Tatsache ist: Je sympathischer Sie ihr sind, desto rascher sollten Sie sich verziehen, denn ganz gleich, wie interessant Sie wirken, irgendwann geht Ihnen unweigerlich der Gesprächsstoff aus. Wenn Sie trotzdem bleiben, wirken Sie bald verzweifelt. Vermeiden Sie peinliches Schweigen und gehen Sie, solange Sie ihr noch unendlich faszinierend erscheinen und das Gespräch in vollem Gange ist. Damit stellen Sie sicher, dass sie zumindest unbewusst das Gefühl hat, sie sei mehr an Ihnen interessiert als Sie an ihr.

Diane aus New York City über Männer, die bei ihr bleiben, anstatt ihren Kumpels in die nächste Kneipe zu folgen: »Das wirkt, als wäre der Typ nur ausgegangen, um sich eine aufzureißen. Dadurch erhöht sich der Druck ganz enorm. Mir ist es lieber, er fragt nach meiner Telefonnummer und zieht dann mit seinen Freunden weiter, meinetwegen mit dem Argument, sie nicht im Stich lassen zu wollen.«

Sobald Sie ihre Telefonnummer haben, gehen Sie; selbst wenn sie eine noch so vielversprechende Kandidatin ist und Sie nichts Besseres zu tun haben. Schieben Sie einen dringenden Termin vor oder behaupten Sie, mit Freunden verabredet zu sein. Frauen mögen viel beschäftigte Männer, die ein wenig mysteriös wirken und den Anschein erwecken, dass sie ein erfülltes Leben führen. Wenn Sie eine Runde um den Block spazieren, ist das besser, als weiter bei ihr herumzuhängen, weil selbst die interessanteste Unterhaltung irgendwann versiegt.

Eine Ausnahme

Es gibt eine Ausnahme von der »Machen Sie schnellstmöglich einen Abgang«-Regel: Wenn Sie sich wirklich glänzend amüsieren und alles bestens läuft. In diesem Fall wäre es vermutlich ungünstig, den Flirt zu beenden und sie »hungrig« sitzen zu lassen. Wer weiß, ob es Ihnen beim nächsten Gespräch (womöglich am Telefon) gelingt, an die gute Stimmung anzuknüpfen und die Attraktion wieder aufleben zu lassen. Warum also nicht einfach weitermachen?

Wie bereits erwähnt, können gleich mehrere Gründe dagegen sprechen (sie fühlt sich mit der Zeit belästigt; das Gespräch kommt ins Stocken; Sie wissen nicht mehr, was Sie noch sagen sollen, und wirken plötzlich verzweifelt). Trotzdem gibt es Situationen, in denen klar ist, dass es ein Fehler wäre, einfach zu gehen. Falls Sie zufällig Zeit haben und auch Ihre Gesprächspartnerin Bereitschaft zum Umdisponieren signalisiert, spricht nichts dagegen, die Verführung fortzusetzen. Es ist nicht immer empfehlenswert, kann aber unter Umständen das Richtige sein.

Entscheidend ist, einen Szenenwechsel anzuregen, der Betreffenden sozusagen eine spontane Verabredung vorzuschlagen. Tagsüber könnten Sie sie etwa in ein gemütliches Café führen oder einen Spaziergang mit ihr unternehmen. Wichtig ist (vielleicht nicht so sehr für Sie, aber höchstwahrscheinlich für Ihre Gesprächspartnerin), dass Sie »unbeobachtet« sein können. Es macht nichts, wenn Sie von wildfremden Leuten umgeben sind, denn die haben ja nicht mitbekommen, dass Sie sich eben erst kennen gelernt haben.

Über das weitere Procedere – wie Sie es bewerkstelligen, dass sie noch am selben Tag oder beim nächsten Rendezvous mit Ihnen nach Hause geht – kläre ich Sie im nächsten Kapitel auf.

Flirtziel Telefonnummer

»Die Sache unter Dach und Fach bringen« bedeutet nicht, dass Sie an Ort und Stelle mit der Betreffenden Sex haben oder gleich mit ihr nach Hause gehen. So rasch werden Sie selten Erfolg haben. Ziel jedes Flirts ist es somit, eine Telefonnummer zu erhalten – und das Versprechen, dass Sie sich wieder sehen werden. Falls eine Frau wider Erwarten gleich mit Ihnen ins Bett will, ist das natürlich toll, aber rechnen Sie lieber nicht mit einem solchen Resultat, sonst erleben Sie in neunundneunzig Prozent der Fälle eine Enttäuschung.

Sorgen Sie nach jedem Flirt für einen ordnungsgemäßen Abschluss (Telefonnummer, Verabredung), selbst, wenn Sie wie empfohlen nur eine Viertelstunde frische Luft schnappen gehen, um viel beschäftigt zu wirken und danach wieder zurückkommen. Es besteht immer das Risiko, dass sie plötzlich weg muss oder unauffindbar ist. Sehen Sie also zu, dass Sie die Telefonnummer kriegen!

Sie könnten zum Beispiel sagen:

- »Ich will ja nicht mit der Tür ins Haus fallen, aber gibst du mir deine Telefonnummer?«
- »Schreib mir doch mal deine Nummer auf ...« (reichen Sie ihr einen Stift und ein Stück Papier).
- »Ich habe so ein Gefühl ... vielleicht geht es dir ja ganz ähnlich ... Ich glaube, wir würden uns wirklich gut verstehen, wenn wir die Möglichkeit hätten, uns ungestört und ohne Zeitdruck zu unterhalten ... Wäre es für dich in Ordnung, wenn du mir deine Nummer gibst und ich dich mal anrufe?«

Prinzipiell ist gegen solche Unverblümtheit ja nichts einzuwenden, doch in dieser Situation rate ich eher dazu, es so darzustellen, als sei es ihre Idee gewesen, Ihnen ihre Telefonnummer anzuvertrauen. Dann denkt sie nämlich: »Hm, ich habe ihm meine Nummer gegeben ... Dann finde ihn wohl tatsächlich sympathisch«, während sich ihr im umgekehrten Fall der folgende Gedanke aufdrängt: »Er hat nach meiner Nummer gefragt, das heißt, er steht auf mich.« Im ersten Fall sind die Machtverhältnisse zu Ihren Gunsten verschoben, im zweiten dagegen sind Sie nur einer von zahllosen Losern, die versucht haben, an ihre Nummer zu kommen. Wenn die Betreffende eine richtig heiße Braut oder auch nur überdurchschnittlich attraktiv ist (etwas anderes will ich doch nicht hoffen!), haben Sie sich damit selbst als Hampelmann disqualifiziert.

Versuchen Sie es also mit: »Wie sollen wir es anstellen, dass wir uns wieder sehen?« Das impliziert, dass Sie gerne ihre Nummer hätten, erfordert jedoch eine Initiative von ihrer Seite. Glauben Sie mir, das macht einen riesigen Unterschied.

Um ganz sicher zu gehen, können Sie mitten in der wunderbar interessanten, humorvollen Unterhaltung, die Sie gerade führen, auf die Uhr sehen oder sich nach der Uhrzeit erkundigen. Teilen Sie ihr mit, dass Sie jetzt leider gehen müssen, lassen Sie aber anklingen, dass Sie sie gern wieder sehen würden.

Schlagen Sie ihr für das nächste Treffen eine konkrete Aktivität vor – vielleicht hat sie Ihnen ja bereits ihre Hobbys verraten. Vereinbaren Sie kein Date im herkömmlichen Sinne (Dinner oder Kino), sondern regen Sie stattdessen ein Wiedersehen in einem Café in der Nähe ihres Büros an, oder gehen Sie mit ihr Inline-Skaten.

Wenn Sie es auf diese Weise angehen, wird sie Ihnen ihre Nummer mit hoher Wahrscheinlichkeit freiwillig verraten (vorausgesetzt, Sie haben ihr zuvor ausreichend den Mund wässrig gemacht). Falls nicht, versuchen Sie es mit einem der folgenden Tricks:

Er: Klasse. Ich rufe dich dann morgen an.
Sie: Du hast meine Nummer doch gar nicht!
Er: Ach, richtig. (*Zückt einen Stift.*)

Oder:
Er: Ich freu mich schon auf die Radtour mit dir. (*Sie nickt.*) Aber damit es überhaupt so weit kommt, musst du mir eine Frage stellen ...
Sie: Gibst du mir deine Telefonnummer?
Er: Wow, du gehst ja ganz schön ran! Bist du immer so direkt?
Sie: Ich weiß, was ich will.
Er (*gibt sich beeindruckt*): Okay, wie wär's, wenn wir unsere Nummern austauschen?

Alternativ können Sie ihr versichern, Sie hätten sich blendend mit ihr amüsiert, müssten jetzt aber leider einen Termin wahrnehmen und seien schon spät dran. Verabschieden Sie sich, gehen Sie etwa zwanzig Schritte und bleiben Sie plötzlich wie angewurzelt stehen (für den Fall, dass sie Ihnen nachsieht und sich wundert, weshalb Sie kein Wiedersehen vorgeschlagen haben). Dann kommen Sie lächelnd zu ihr zurück und sagen: »Wissen Sie was? Ich fand unsere Unterhaltung eben wirklich interessant ... Es wäre jammerschade, wenn wir uns nicht wieder sehen würden. Wir würden garantiert einiges verpassen. Wenn wir das also jemals wiederholen wollen, sollten wir wissen, wie wir einander erreichen können. Was meinen Sie, wie sollen wir das einfädeln?«

> Phoebe aus Westport in Connecticut erzählt: Wenn sich ein Mann mit mir verabredet, sollte er das möglichst auf der Basis gemeinsamer Interessen tun. Falls wir uns eben über Golf unterhalten haben, könnte er zum Beispiel vorschlagen, dass wir uns mal auf einer Driving Range treffen. Dadurch ist der Druck ungleich geringer als bei einem traditionellen Date – wenn ich Lust habe, kann ich auf das Angebot zurückkommen.

Sollten alle Ihre Versuche scheitern, können Sie immer noch auf einen der eingangs erwähnten direkteren Ansätze zurückgreifen. Zugegeben, damit begeben Sie sich auf DFL-Niveau, aber das ist auf jeden Fall besser, als ohne Telefonnummer abziehen zu müssen.

Hat Ihnen Ihre Auserwählte die Nummer verraten oder überreicht, dann reagieren Sie bitte nicht mit einem unmotivierten »Super, ich melde mich (irgendwann)«, sondern informieren Sie sie, wann Sie anzurufen gedenken: »Danke. Ich melde mich dann morgen. Wäre dir so gegen fünf recht?«

Vereinbaren Sie das Telefonat gleich für den folgenden Tag, sofern möglich (was soll schon groß dagegen sprechen, es ist ja bloß ein Telefongespräch!). Nur ein Dummkopf würde in dieser Situation den Anschein erwecken, schwer erreichbar zu sein. Sie soll schließlich wissen, dass Sie Interesse haben, also beweisen Sie es ihr, indem Sie sie baldmöglichst anrufen. Keine Sorge, das lässt Sie in diesem Fall nicht verzweifelt aussehen, sondern vielmehr wie einen Mann, der weiß, was er will, und nicht davor zurückschreckt, es sich auch zu nehmen.

Deuten Sie außerdem stets an, dass Romantik in der Luft liegt, etwa mit: »Ich hoffe, es wird richtig romantisch mit uns ... Ich liebe Romantik.« Oder, falls Sie nicht ganz so dick auftragen wollen, mit der etwas subtileren Variante: »Ich hoffe, es bleibt nicht nur bei Verabredungen zum Skaten/Kaffeetrinken/ ...«

Ich selbst versuche gern, sie bereits vorweg auf das Telefonat einzustimmen, indem ich sage: »Also, wenn ich dich morgen anrufe, dann sag bitte nicht: ›Hä? *Wer* ist dran? ... Ach, du.‹ Okay? Es wäre schön, wenn du so richtig begeistert ausrufen könntest: ›Hey! Du hast Wort gehalten! Das freut mich sehr!‹ Abgemacht?«

Diese Bitte muss natürlich wie ein Scherz mit einem breiten Grinsen vorgebracht werden, damit die Begegnung in einem leichten, positiven, freundlichen Tonfall endet. Dies sorgt dafür, dass Sie beim Telefonat tags darauf problemlos wieder auf derselben »Stufe« einsteigen können. Die meisten Frauen zitieren mich sogar wortwörtlich, mit einem Anflug von Ironie, was dem Gespräch gleich eine positive Note verleiht.

Es kann durchaus passieren, dass sie lieber Ihre Nummer haben will. Gehen Sie darauf nicht ein! Viele Frauen sammeln Telefonnummern wie andere Leute Briefmarken, obwohl sie nicht beabsichtigen, jemals eine davon zu benutzen. Manche haben sogar entsprechende Wetten mit ihren Freundinnen laufen. Die

Frage ist also: Hat sie es nur darauf abgesehen, Ihre Nummer den zahllosen anderen in ihrem unbenutzten Adressbuch hinzuzufügen, oder ist ihr nicht wohl bei dem Gedanken, einem wildfremden Menschen die ihre zu verraten?

Wie dem auch sei, unterstellen Sie ihr einfach, sie wolle mit den auf diese Weise gesammelten Telefonnummern doch bloß ihre Freundinnen beeindrucken. Sollte dies tatsächlich der Fall sein, haben Sie ihr bewiesen, dass Sie ihre Spielchen durchschauen, was ihr hoffentlich Respekt abnötigen wird. Wahrscheinlicher ist jedoch, dass sie den Vorwurf entrüstet von sich weist. Sagen Sie ihr, sie hätte nur eine Chance, Sie vom Gegenteil zu überzeugen: Indem sie Ihnen ihre Nummer gibt.

Alternativ können Sie behaupten, sehr beschäftigt und daher viel unterwegs zu sein: »Wer mich telefonisch erreichen will, entwickelt meist eine dauerhafte und zweifellos sehr erfüllende Beziehung mit meinem Anrufbeantworter, ehe er mich an der Strippe hat ... Glaub mir, es ist einfacher, wenn ich dich anrufe.«

Wenn sie nun kontert, sie habe ebenfalls sehr viel zu tun, schlagen Sie ihr einen Kompromiss vor: Sie tauschen die Nummern aus, wodurch sich die Chancen, einander zu erreichen, verdoppeln werden.

Zweiter Versuch

Angenommen, Sie haben ihr vergeblich eine Gelegenheit geboten, Ihnen ihre Nummer zu geben, haben sie danach gefragt und auf Granit gebissen. Nicht den Kopf hängen lassen! Noch ist nicht alles verloren. Versuchen Sie, herauszufinden, weshalb sie sich so hartnäckig weigert, damit herauszurücken.

Vielleicht ist sie von Ihrem Wunsch überfordert. Das wäre durchaus denkbar, wenn Sie zu rasch und zu direkt vorgegangen sind. Bedrängen Sie sie nicht weiter mit Fragen und versuchen Sie nicht, sie auszutricksen. Das erweckt lediglich den Eindruck der Verzweiflung, entnervt sie noch mehr und wird ihren Argwohn schüren. Bleiben Sie höflich und geben Sie ihr zu verstehen, dass es kein Problem ist, wenn sie Ihnen diese Information nicht anvertrauen will.

Denken Sie jedoch daran, dass Beharrlichkeit meist belohnt wird. Brechen Sie die Unterhaltung noch nicht ab – auch wenn Sie bereits die Ausrede mit dem Termin vorgebracht haben (»Ach, fünf Minuten kann ich noch erübrigen«) –, sondern kehren Sie zum Eruieren ihrer Ideale zurück. Geben Sie sich noch eine Chance, sie zu erobern und den Flirt ordnungsgemäß zum Abschluss zu bringen.

Falls Sie im Laufe des Gesprächs erfahren haben, wo sie arbeitet und nach wie vor interessiert sind, rufen Sie sie nach drei Tagen im Büro an. Lassen Sie sich nicht entmutigen, wenn sie so tut, als könnte sie sich nicht an Sie erinnern. Falls Sie fragt, wie Sie sie aufgespürt haben, und dabei neugierig klingt, schlagen Sie ein Treffen in einem Café in ihrer Nähe vor. Falls sie jedoch verärgert reagiert, womöglich sogar droht, Sie anzuzeigen, wenn Sie sie weiterhin belästigen, müssen Sie es notgedrungenermaßen aufgeben und die Angelegenheit als schlechte Erfahrung abhaken. Aber wie Sie inzwischen hoffentlich wissen, gibt es noch zahllose weitere schöne Frauen, die nur auf Sie warten. Sie haben es nicht nötig, sich mit einer herumzuärgern, die derart misstrauisch und unfreundlich ist.

Der Abschiedskuss

Versuchen Sie am Ende des Flirts (nachdem Sie ihre Nummer in der Tasche haben, versteht sich) stets, sich mit einem Kuss zu verabschieden. Meist signalisiert sie Ihnen unbewusst durch ihre Körpersprache, ob sie dafür bereit ist oder sogar einen erwartet, indem sie sich von Ihnen widerstandslos berühren lässt und Sie im Gegenzug auch berührt, sich über die Lippen leckt, Ihren Mund betrachtet oder einen Schritt auf Sie zugeht. Halten Sie also nach derlei Anzeichen Ausschau und nützen Sie gegebenenfalls die Gelegenheit!

Warten Sie aber nicht darauf, dass sie Sie um einen Kuss bittet. Das hätten wir zwar gern, aber so ticken Frauen nun einmal nicht. *Es ist Ihre Pflicht, die Initiative zu ergreifen!* Also los. Geben Sie ihr einen Kuss, der »nach mehr« schmeckt. Wenn sich die Gelegenheit dazu bietet und Ihnen die Betreffende dafür empfänglich scheint, sogar einen Zungenkuss. Falls ihre Körpersprache nicht ganz so aufgeschlossen wirkt, lassen Sie den Mund lieber zu, aber versuchen Sie ihn wenigstens einige Sekunden dauern zu lassen.

Und was, wenn sie gemischte Signale aussendet? Wenn sie ihre Nummer nur widerstrebend herausgerückt hat oder die Unterhaltung nicht besonders gut lief? Jetzt ist nicht der richtige Zeitpunkt, den Schwanz einzuziehen, mein Freund! Begehen Sie bloß nicht den Fehler, ihr den Rücken zu kehren, ohne herauszufinden, ob sie es zugelassen hätte oder nicht. Auch in diesem Fall gilt: Es ist besser, zu versagen, als es gar nicht erst zu versuchen.

Natürlich müssen Sie die Sache mit Bedacht angehen. Versuchen Sie nicht, sie in der Anwesenheit ihrer Familie oder Freunde zu küssen. Selbst wenn sie prinzipiell nicht abgeneigt wäre, wird sie sich äußerst unwohl dabei fühlen, einen Mann zu küssen, den sie eben erst kennen gelernt hat. Genau aus diesem Grund rate ich stets dazu, sie vor dieser Phase von ihrer Clique zu isolieren.

In allen anderen Fällen müssen Sie versuchen, sie zu küssen. Aber bitten Sie sie um Himmels willen nicht um Erlaubnis! Die alte Frage »Darf ich dich küssen?« ist nur etwas für armselige bettelnde Loser und macht es ihr allzu leicht, abzulehnen. Bieten Sie ihr erst gar keine Gelegenheit dazu!

Aus der Akte Verlierer: Mit einem Trick zum Kuss?

Wenn Sie Ihre Hausaufgaben gemacht haben (Ideale eruieren, Verständnis- und Vertrauensbasis herstellen), sollte es Ihnen nicht allzu schwer fallen, den Flirt ordnungsgemäß (mit Telefonnummer und Kuss) zu beenden. Trotzdem greifen manche Männer gern auf einen Trick zurück, um die Prozedur ein wenig abzukürzen. Am beliebtesten ist in diesem Zusammenhang das folgende Spielchen: Auf der Basis einer Information, die Ihnen Ihre Gesprächspartnerin über sich anvertraut hat (Herkunft, Beruf, Freizeitbetätigung), stellen Sie die Behauptung auf, Frauen aus der betreffenden Stadt, Berufssparte, et cetera könnten nicht küssen. Sie wird natürlich widersprechen, worauf Sie entgegnen: »Nun, das finden wir ganz einfach heraus« – und ihr einen langen, leidenschaftlichen Kuss verpassen.

Lassen Sie mich an dieser Stelle einen Augenblick Advocatus Diaboli spielen und Sie auf Folgendes aufmerksam machen:

1. Die meisten Frauen werden Sie durchschauen.
2. Dieser Trick ist ziemlich riskant. Sie können sich eine saftige Ohrfeige einfangen, falls Sie nicht zufällig an eine für taktile Reize empfängliche Frau geraten sind.
3. Und wenn Sie es richtig angepackt haben (soll heißen, wie ein echter PAR) und bereits auf Tuchfühlung gegangen sind, wird es ohnehin nicht mehr lange dauern, bis Sie mit ihr knutschen. Fazit: Wozu der Lady einen Kuss abluchsen, wenn Sie sie binnen fünf Minuten so richtig scharf darauf machen können?

Falls Sie trotzdem auf einen derartigen Kniff zurückgreifen wollen, halten Sie sich lieber an den folgenden eines PAR namens Sir Moby und fragen Sie die Betreffende, ob sie gerne Eis isst. Die meisten bejahen und wollen dann natürlich wissen, was es mit der Frage auf sich hat. Sir Moby erzählt: »Ich erkläre ihnen, dass Frauen, die kein Eis mögen, normalerweise mit geschlossenem Mund küssen und nicht besonders leidenschaftlich sind.

Worauf mir die meisten schon wenige Minuten später einen Zungenkuss geben – und mir obendrein die eine oder andere Vorliebe oder schmutzige Fantasie gestehen.«

Ist die Situation tatsächlich unklar, fragen Sie sie stattdessen lieber: »Möchtest du mich küssen?« Solange die Antwort nicht rundheraus Nein lautet, können Sie zur Tat schreiten – auf ein direktes Ja werden Sie jedenfalls lange warten. Viele Frauen haben ein Problem damit, ihre Wünsche derart offen auszudrücken. Sind Sie jedoch an eines der seltenen Ausnahmeexemplare geraten, können Sie davon ausgehen, dass die Antwort auf die Frage »Möchtest du die ganze Nacht mit mir vögeln?« gleich lauten wird.

Falls sie also schweigt oder »Keine Ahnung« murmelt, bedeutet dies üblicherweise, dass sie durchaus will, sich aber aus gesellschaftlichen oder persönlichen Gründen zurückhält. Sagen Sie: »Lass es uns einfach ausprobieren« und geben Sie ihr den schönsten Kuss, den sie je erlebt hat. Sie wird es mit Sicherheit zu schätzen wissen.

Reagiert sie mit einem unverhohlenen Nein, sollten Sie, um die Situation wieder in den Griff zu bekommen, schleunigst zum Gegenschlag ausholen, indem Sie erwidern: »Meine Güte, du hast ja echt ein Talent, romantische Momente zu ruinieren. Ich wette, das hat deinen Ex ziemlich genervt.« Damit riskieren Sie natürlich, dass sie nicht ans Telefon geht, wenn Sie anrufen. Kann aber auch sein, dass sie es sich das nächste Mal anders überlegt und bereit ist für den Kuss.

Adiós, Amiga

»Man muss nicht immer erfolgreich sein. Schätzen Sie das Potential einer Frau ab und gehen Sie entweder zum Angriff über oder sägen Sie sie prophylaktisch möglichst schnell ab. Manch-

mal ist es das Klügste, einfach ›Adiós‹ zu sagen und sich die nächste Kandidatin vorzuknöpfen. Machen Sie sich bewusst, dass Sie nicht unbedingt jede Frau erobern (und ihre Telefonnummer erhalten) müssen. Das verringert den Leistungsdruck und lässt Sie viel entspannter an die Sache herangehen. Paradoxerweise führt das meist dazu, dass Sie bei viel mehr Frauen punkten, als Sie jemals zu träumen gewagt haben.«

Ross Jeffries

Keine Frau ist es wert, allzu wichtig genommen zu werden! Andere Mütter haben auch schöne Töchter – wenn es mit einer aus welchen Gründen auch immer nicht klappt, ist es Ihr gutes Recht, sich anderswo umzusehen.

Zerbrechen Sie sich nicht unnötig den Kopf, wenn eine Ihren Anforderungen nicht entspricht oder nicht interessiert ist. So etwas kommt ständig vor. Wenn Sie nach einer angemessenen Zeitspanne (fünf Minuten) trotz angemessener Bemühungen (mindestens drei Versuche, Ideale zu eruieren, Persönlichkeit und Potential zu demonstrieren) keine positiven Signale empfangen, ja, nicht einmal ein Lächeln ernten, *dann suchen Sie sich einfach eine neue Kandidatin.*

Machen Sie nicht denselben Fehler wie so viele ahnungslose Loser, die eine Frau ewig sinnlos anbaggern in der Hoffnung, dass sie vielleicht irgendwann auf wundersame Weise doch noch Interesse entwickelt – bis die Ärmste, zu Tode gelangweilt und frustriert, keine andere Wahl mehr hat, als den Knaben beinhart abzuservieren. Das ist weder gut für das Image noch für das Selbstbewusstsein eines Mannes.

Wenn Sie rechtzeitig erkennen, dass es Zeit wird, weiterzuziehen, können Sie, statt wertvolle Zeit zu verschwenden, aus dem Gespräch aussteigen, solange es noch positiv läuft. Sie halten sich für die Zukunft alle Möglichkeiten offen und beweisen, dass Sie weder verzweifelt noch übereifrig sind. Damit tun Sie Ihrer Reputation einen Gefallen und nutzen außerdem die Gelegenheit, sich inzwischen mit anderen Kandidatinnen zu unterhalten, die Sie mehr zu schätzen wissen. Sie haben es nicht nötig, eine Frau zu ihrem Glück zu zwingen. Sie wissen, was Sie wert sind – es ist ihr Pech, wenn sie die Gelegenheit, die Sie ihr bieten, nicht ergreifen will.

Ich predige zwar stets Beharrlichkeit, aber in so einem Fall drückt ein professioneller PAR den *Eject*-Knopf und verabschiedet sich mit den Worten: »Die Nacht ist jung, vielleicht sieht man sich ja später wieder. War nett, dich kennen zu lernen. Tschüss!«

Spezialkniff für Wortgewandte: Die perfekte Welt

»Die perfekte Welt« ist eine Strategie für fortgeschrittene Verführer, mit der man Gerüchten zufolge garantiert jede interessierte, aber noch zögernde Frau herumkriegt.

Ziel ist es, nur für sie beide ein imaginäres Paralleluniversum zu kreieren, in dem Sie glücklich und entspannt tun und lassen können, wonach Ihnen der Sinn steht. Sie müssen keinerlei Rücksicht auf gesellschaftliche Normen oder auf die Ansichten anderer Menschen nehmen, denn Sie befinden sich in einer anderen, eigenen Welt; einer Welt ohne Regeln; einer Welt, die mit der »normalen« nichts zu tun hat und nicht unter irgendwelchen Einflüssen von außen steht.

Es bietet sich an, eine solche Spezialwelt zu konstruieren (funktioniert übrigens auch sehr gut am Telefon!), wenn Sie Ihre Gesprächspartnerin davon überzeugen wollen, sich das nächste Mal bei Ihnen zu Hause zu treffen. Diese Taktik ist insbesondere dann optimal, wenn die Betreffende irgendwelche Einwände erhebt, denn in dieser Spezialwelt sind Sie beide frei von jeglichen Zwängen und Konventionen, die uns alle daran hindern, das Leben in vollen Zügen zu genießen. Es ist eine perfekte Welt, vor allem in Bezug auf die Liebe.

Selbstverständlich können Sie diese Welt erst erschaffen, wenn Sie genau wissen, wie sie aussehen soll. Wie bei jedem Flirt gilt es also zunächst, sich über die Ideale und Prinzipien der betreffenden Frau zu informieren.

Sobald Sie ihre Wertvorstellungen und möglichen Einwände gegen ein Wiedersehen in Ihren vier Wänden kennen (vielleicht hat sie ja einen Freund oder Angst vor Kritik von außen), können Sie dazu übergehen, diese perfekte Welt zu entwerfen. Statten Sie sie mit allem Möglichen aus, das ihre Werte repräsentiert und lassen Sie alles weg, was sie stören könnte – insbesondere natürlich (denn darum geht es ja letztlich) soziale Restriktionen und alles, was dagegen spricht, dass zwei Menschen alles miteinander teilen, sich lieben, berühren und ihre gegenseitige Gesellschaft genießen (Sie ahnen schon, worauf diese Liste abzielt).

Das folgende Beispiel stammt von Maniac High und beschreibt die Anwendung dieser Technik durch einen erfolgreichen PAR:

Finden Sie möglichst rasch heraus, wo ihre Interessen liegen und worauf sie Wert legt, und kommen Sie über diesen Umweg auf die Themen Affäre oder Beziehung zu sprechen. Falls sie gerne verreist oder Snowboard fährt, erkundigen Sie sich, ob sie je einen Freund hatte, der gerne reist oder Snowboard fährt. Versuchen Sie herauszufinden, was für ein Mann der Betreffende war. Falls er ihre Leidenschaft für das Reisen/Snowboarden nicht teilte, fragen Sie sie, ob sie jemals einen Freund hatte, der irgendeines ihrer Interessen teilte, und, falls vorhanden, was er für ein Mensch war. Ihr Ziel ist es, das Gespräch über die Themen Beziehungen und Männer auf ihre allgemeinen Ansichten über das Leben und das Wesen bestimmter Menschen zu lenken. Überprüfen Sie gelegentlich, ob sie Ihnen folgen kann und gespannt lauscht – wenn nicht (falls sie zum Beispiel gelangweilt wirkt), wechseln Sie das Thema.

Anderenfalls fahren Sie fort, über die menschliche Natur zu philosophieren. Zählen Sie auf, wonach sich alle Menschen sehnen: Nähe, Rückhalt, bedingungslose Liebe, Wärme, Freundschaft. Versuchen Sie, herauszufinden, was ihr in diesem Zusammenhang wichtig ist und inwiefern sie sich diesbezüglich eingeschränkt fühlt. Vermutlich hat sie einige Aspekte bereits genannt, als Sie ihre Wertvorstellungen erforscht haben.

An diesem Punkt sollten Sie sie mit der Idee der perfekten Welt bekanntmachen, in der keine gesellschaftlichen Regeln gelten und keine Wünsche offen bleiben, in der Sie sich umarmen und Nähe und Freundschaft erleben können, in der Sie miteinander kuscheln und sich sicher und geborgen fühlen können. Machen Sie ihr klar, dass sie dort ungezwungen und frei vom Druck der Gesellschaft ist.

Spätestens jetzt sollte sie restlos begeistert von Ihnen sein, damit Sie sie mit dem Vorschlag, sich nächstes Mal bei Ihnen zu Hause zu treffen, nicht verschrecken. Schildern Sie ihr, wie Sie sich gemeinsam die perfekte Welt erschaffen werden, wo sie Umarmungen, Kuscheln, Wärme und Nähe erwarten. Erklären Sie ihr, dass sich zwischenmenschliche Nähe natürlich nicht nur auf Sex beschränkt, versichern Sie ihr aber auch, »dass Sex, wenn man in der Gegenwart eines Menschen Schutz und Geborgenheit empfindet, quasi eine logische Folgeerscheinung all dieser angenehmen Empfindungen ist«. Nun sollte es Ihnen keine Schwierigkeiten mehr bereiten, sich mit ihr auf einen Termin für das Wiedersehen zu einigen.

Doch das ist noch nicht alles. Es ist zwar anzunehmen, dass die so Umworbene dem vereinbarten Tag nun mit freudiger Erregung entgegenblickt, aber verlassen Sie sich nicht darauf. Es kann durchaus vorkommen, dass sie sich im Augenblick in Ihrer Gegenwart wohl fühlt, in letzter Minute aber kalte Füße bekommt. Beugen Sie vor, indem Sie sie wissen lassen, was sie erwarten wird. Das schafft ein Gefühl der Sicherheit und steigert ihre Vorfreude. Beschreiben Sie ihr das Treffen mit durchwegs positiven, verlockenden, erhebenden Begriffen. Fügen Sie ruhig ein paar Details ein, um ihre Fantasie zusätzlich anzuregen.

Sie können zum Beispiel sagen: »Wenn du bei mir ankommst, wird in diesem Augenblick der Sonnenuntergang alles in ein mildes, weiches Licht tauchen. Ich werde dir die Tür öffnen, dich mit einem zärtlichen Kuss begrüßen und dich ins Wohnzimmer führen. Dort ist es angenehm warm, ich habe mit gedämpftem Licht und leiser Musik bereits für die passende Atmosphäre gesorgt, damit du dich sicher und entspannt fühlen kannst. Ich werde mich zu dir aufs Sofa setzen und deine Hand nehmen, und dann können wir uns unterhalten oder kuscheln, ganz wie du willst. Es wird nur uns beide geben in unserer Welt – wir können tun und lassen, was immer wir wollen ...«

Nachdem Sie ihr das Szenario vor ihrem geistigen Auge heraufbeschworen haben, ist es Zeit, sich zu verabschieden. Sorgen Sie am vereinbarten Tag dafür, dass alles so ist, wie Sie es versprochen haben – Musik, Kerzenschein und so weiter.

Wenn Sie kommt, umarmen Sie sie, begrüßen Sie sie in der perfekten Welt und geben Sie ihr wie abgemacht einen sanften Kuss, um sie auf das, was sie erwartet, sowohl seelisch als auch körperlich vorzubereiten.

Führen Sie sie herein, setzen Sie sich zu ihr und erwähnen Sie, wie schön es doch ist, umarmt zu werden. Umarmen und küssen Sie sie noch einmal. Sie sollte nichts dagegen haben, schließlich ist das ja nun nichts Neues mehr für sie. Streicheln Sie ihren Arm oder Rücken, küssen Sie sie erneut, berühren Sie sie dann sanft an der Brust ... Ich schätze, ab hier schaffen Sie es auch ohne meine Anweisungen.

Laut Maniac führt diese Strategie jedes Mal zum Erfolg: »Meistens dauert es keine zwanzig Minuten, bis ich sie rumgekriegt habe.« Sie finden, das klingt zu schön, um wahr zu sein? Versuchen Sie es und überzeugen Sie sich selbst davon!

XIII. Das Wiedersehen

Der Anruf

Gleich vorweg eine goldene Regel: Wenn Sie versprochen haben, Ihre Auserwählte tags darauf anzurufen, dann greifen Sie am nächsten Tag um die vereinbarte Zeit auch wirklich zum Telefonhörer. Keine Ausflüchte! Behalten Sie dabei im Hinterkopf, worum es bei diesem Gespräch geht: um die Vereinbarung des nächsten Treffens.

Die PAR-Gemeinde ist geteilter Meinung, was das Telefon als Verführungs-Tool betrifft. Einige Männer halten es für ein optimales Werkzeug zum Verführen von Frauen, weil diese beim Telefonieren in den eigenen vier Wänden vor neugierigen Blicken (zum Beispiel von Ihnen) geschützt sind und deshalb offener auf Fragen antworten und eher auf Vorschläge eingehen. Es gibt sogar PAR, die behaupten, sie könnten Frauen nur mithilfe ihrer Stimme einen Orgasmus verschaffen! Zugegeben, sehr beeindruckend, aber ich für meinen Teil ziehe es vor, wenn eine Frau beim Orgasmus bei mir im Bett liegt und nicht mit einem Telefonhörer in der Hand irgendwo am anderen Ende der Stadt sitzt – und wenn sie nicht nur meiner Stimme wegen zum Höhepunkt kommt.

Die meisten Männer sind ohnehin meiner Meinung, wenn ich behaupte, dass das Telefongespräch oft der Todesstoß ist. Kommen Sie beim Telefonat unbedingt gleich auf das nächste Rendezvous zu sprechen, am besten mit der Begründung, Sie seien im Stress und hätten gerade keine Zeit zum Plaudern, wollten aber die Gelegenheit, sie wieder zu sehen, nicht ungenutzt lassen.

Schlagen Sie ein Treffen an einem Ort vor, der erstens für beide Parteien bequem erreichbar ist, zweitens sich durch ein ungezwungenes Ambiente auszeichnet und drittens auf ihre Bedürfnisse, Interessen und Gewohnheiten zugeschnitten ist. Verabreden Sie sich nicht mit ihr zum Kaffee, wenn sie Mormonin ist, und schlagen Sie keinen Spaziergang im Park vor, wenn sie gerade unter massivem Heuschnupfen leidet.

Die Unterhaltung sollte wie gesagt kurz und prägnant sein, vergessen Sie dabei jedoch nicht, was Sie bisher gelernt haben – das Einsetzen von hypnotischen Sprachmustern oder das Beachten ihrer Ideale etwa. Ich gebe zu, am Telefon gestaltet sich beides insbesondere für Anfänger etwas kniffliger als von Angesicht zu Angesicht. Nutzen Sie deshalb den großen Vorteil eines Telefongesprächs: Sie kann nämlich nicht sehen, was Sie tun. Notieren Sie sich vor dem Anruf einige entsprechende Formulierungen, Fragen oder Gesprächsthemen und ergänzen Sie im Lauf des Gesprächs gegebenenfalls Trancewörter und Wertvorstellungen. Konsultieren Sie die Liste bei Bedarf, achten Sie aber darauf, dass Sie trotzdem möglichst natürlich klingen. Mit einer reinen Vorleseübung beeindrucken Sie noch nicht einmal ein Spatzenhirn, geschweige denn eine intelligente Frau.

Sind die nötigen Details geklärt, dann beenden Sie möglichst bald das Gespräch. Es gibt keinen Grund, es in die Länge zu ziehen. Alles über fünf Minuten ist definitiv zu lange; im Idealfall sollten Sie es binnen einer Minute über die Bühne kriegen. Kurz und schmerzlos heißt die Devise. Sparen Sie sich Ihre Energie für das, was zählt: für das nächste Treffen.

Die Geschäftsnummer

Was, wenn Sie nicht durch einen Flirt an die Telefonnummer einer schönen Frau kommen, sondern beispielsweise über ein berufliches Zusammentreffen? Nun, solange Sie nicht Gefahr laufen, deswegen gefeuert zu werden, spricht nichts dagegen, auch diese Gelegenheit für Ihre ganz privaten Zwecke zu nutzen! Hat Ihnen der Zufall einen lohnenden Geschäftskontakt beschert, müssen Sie das Telefonat natürlich etwas anders angehen. Versuchen Sie es mit folgendem Vorschlag von Johnny Shack:

Stellen Sie sich vor und erklären Sie ihr, dass etwas an ihr Sie magisch angezogen hat und Sie sie unbedingt anrufen mussten, weil Sie sonst bestimmt die ganze Nacht kein Auge zutun würden. Sagen Sie ihr, dass Sie ein emotionaler Mensch sind und Ihren Gefühlen gern freien Lauf lassen. Um nicht verzweifelt zu klingen, sollten Sie sich dabei um einen scherzhaften Tonfall bemühen. Erklären Sie ihr, dass Sie sich noch einmal treffen und etwas näher kennen lernen sollten, etwa bei einem Kaffee oder einem Spaziergang im Park. Schlagen Sie ihr einen Zeitpunkt vor und sehen Sie zu, dass Sie nach ihrer Zusage möglichst schnell auflegen. Sie wird sich fragen, ob es Ihnen Ernst ist (immer von Vorteil!) und vor Neugier schier platzen. Voilà, schon nehmen die Dinge ihren Lauf!

Date oder kein Date?

Sie kennen meine Empfehlung schon: Bitten Sie niemals eine Frau um ein Date. Erstens bittet ein PAR nicht, er bietet an. Und zweitens ist ein Besuch im Kino oder Museum oder ein romantisches Dinner ausschließlich Frauen vorbehalten, die schon gezeigt haben, dass sie bereit sind, nach Ihren Regeln zu spielen (nein, die Rede ist nicht von Monopoly!).

Allen anderen schlagen Sie am besten ein Treffen an einem Ort vor, an dem Sie sich ungestört unterhalten, näher kennen lernen und berühren können.

Verklickern Sie ihr unmissverständlich, dass es sich dabei nicht um ein »Date« im herkömmlichen Sinne handelt, ohne es jedoch laut auszusprechen: Beschränken Sie sich zum Beispiel auf Verabredungen an Werktagen. Am Wochenende – vor allem am Samstag- oder Sonntagabend – hat jedes noch so unspektakuläre Treffen unweigerlich »Date«-Charakter. Außerdem erweckt es einen ganz falschen Eindruck, wenn Sie sich mit ihr am Wochenende treffen: Dass Sie nämlich noch nichts vorhaben und sich mit der Zeitplanung nach ihr richten, und dass sie die einzige Frau ist, mit der Sie ausgehen.

Ganz abgesehen davon ist an einem Werktag die Wahrscheinlichkeit, dass sie Zeit hat, höher. Das schafft ein Gefühl der Synchronität und gewöhnt sie schon einmal daran, Ja zu sagen. Außerdem signalisiert es »keine große Sache« und unterstreicht damit den entspannten, zwanglosen Charakter des Treffens. Es besteht also kein Grund, Ihnen vorzuwerfen, Sie würden es zu rasch angehen. Und Sie sorgen für einen aufregenden Countdown, gekrönt von einem Treffen mit einem mysteriösen Mann an einem ansonsten stinknormalen, langweiligen Mittwoch. Diese positiven Schwingungen garantieren praktisch einen erfolgreichen Abend.

Aus der Akte Verlierer: Dating verkehrt

Den folgenden Rat zum Thema Dating fand ich neulich in einem Internetforum. Der anonyme Autor hält sich offenbar für einen supercoolen PAR, dabei ist er in Wirklichkeit ein DFL im Wolfspelz.

Stellen Sie sicher, dass Sie derjenige sind, der das Date beendet. Nehmen wir an, Sie führen sie nach dem Kino zum Essen aus (*ich will mal stark hoffen, dass sie für ihr Essen selbst bezahlt, mein Lieber, denn eingeladen wird sie erst, wenn sie es sich verdient hat!*). Dann müssen Sie die Kontrolle über den Verlauf des Abends haben. Nicht Ihre Begleiterin, sondern Sie bestimmen, wann er vorüber ist. *(Machen Sie überhaupt Anstalten, über Ideale zu reden, sie zu berühren, das Thema Sex anzuschneiden? Oder kommen Sie den ganzen Abend nicht über die Fluff-Talk-Phase hinaus?)* Erklären Sie ihr, noch ehe die Unterhaltung den Zenit überschritten hat, es werde allmählich spät und Zeit zu gehen. *(Guter Rat, aber falscher Zeitpunkt, mein Freund – wenn Sie sie zum Essen ausführen, sollte sie bereits mit Ihnen im Bett gewesen sein.)* Versichern Sie ihr, dass Sie einen wundervollen Abend hatten *(glatt gelogen! Ihr Ziel war es doch wohl nicht, sich den Magen vollzuschlagen und auf eine Kinoleinwand zu starren! Sie hätten Ihre Begleiterin so richtig scharf machen und ihr dann den Orgasmus ihres Lebens verschaffen sollen)*, und dass Sie sie gern irgendwann wieder sehen würden. *(Was? Nicht einmal ein Versuch, sie zu küssen?)* Ihr früher Aufbruch wird sie überraschen, weil ihre anderen Verehrer den Abschied immer möglichst lange herauszögern, als würde das wie durch ein Wunder in Sex resultieren *(na, dass es so nicht funktioniert, wissen wir schon lange. Aber man muss bei jedem Treffen wenigstens versuchen, sie ins Bett zu kriegen, sonst legt man nie eine flach)*. Sie wird Ihnen signalisieren, ob Sex im Bereich des Möglichen liegt oder nicht *(diese Entscheidung dürfen Sie auf keinen Fall Ihrer Begleiterin überlassen! Es ist Ihre Aufgabe, sie so anzutörnen, dass sie darum bettelt)*. Wenn Sie also keine entsprechenden Signale empfangen *(dann haben Sie sich nicht genügend angestrengt und nur eine Menge Zeit und Geld verschwendet)*, erklären Sie die Verabredung für beendet, solange es noch gut läuft. *(Wenn Sie an diesem Punkt noch immer keinerlei Signale empfangen, läuft es aber nicht gut. Wenn keine Reaktion kommt, sollten Sie sie abservieren.)* Auf diese Weise heben Sie sich von der Masse ihrer übrigen Verehrer ab *(inwiefern denn? Sie sind genauso wenig zum Zug gekommen wie die anderen)*. Es wird so aussehen, als wären Sie nicht so leicht rumzukriegen *(Irrtum. Es wird so aussehen, als wären Sie ein Loser und Schlappschwanz, genau wie alle anderen)*.

Wie stellen Sie es nun an, dass Ihre Auserwählte Ja zum Wiedersehen sagt? Wie ich hoffentlich nicht mehr erwähnen muss, bittet oder bettelt ein PAR niemals, sondern bietet bestenfalls etwas an. Er gibt einer Frau die Chance, ihn wieder zu sehen (ähnlich wie er ihr davor die Gelegenheit gegeben hat, ihn nach seiner Telefonnummer zu fragen, ehe er sich nach der ihren erkundigte).

Fragen Sie eine Frau daher unter keinen Umständen: »Möchtest du mal mit mir ausgehen?« Warum nicht gleich: »Darf ich Sie bitte, bitte, bitte irgendwann wieder sehen?« Sie sind kein Minnesänger! Es ist nicht nötig, vor dem Objekt Ihrer Begierde zu katzbuckeln oder auf die Knie zu gehen. Damit liefern Sie nur Gelegenheiten (und gute Gründe), sowohl Sie selbst als auch Ihr Ansinnen abzulehnen. Und selbst wenn die Betreffende wider Erwarten zusagen sollte, haben Sie damit die Zügel aus der Hand gegeben und das Machtverhältnis zu Ihren Ungunsten verschoben – möglicherweise für immer.

Außerdem kann man die Frage »Möchtest du mal mit mir ausgehen?« viel zu einfach mit einem raschen Nein beantworten, ohne lange darüber nachzudenken. Schlagen Sie dagegen ein ungezwungenes Wiedersehen samt konkreter Orts- und Zeitangabe vor, dann wird sie automatisch zuerst einmal überlegen, was sie an dem betreffenden Tag tut und ob sie den genannten Ort mag. Sollte sich herausstellen, dass sie keine Zeit hat (was sich natürlich nicht ausschließen lässt), ist sie auf diese Weise viel eher geneigt, eine Alternative anzubieten, weil sie sich in der Zwischenzeit mit dem Gedanken an ein Wiedersehen anfreunden konnte.

Sagen Sie also immer: »Wir sollten uns treffen. Wie passt es dir/Ihnen am ... (Tag) um ... (Zeit), zum Beispiel im ... (Ort)?«

Falls sie zögernd (»Lieber ein anderes Mal«) oder ganz offen abweisend reagiert (»Ich bin bis nächstes Jahr restlos ausgebucht«), müssen Sie schweres Geschütz auffahren. Fangen Sie mit einem strategischen Dämpfer an und gehen Sie dann dazu über, ihre Idealvorstellungen zu überprüfen. Auf diese Weise appellieren Sie an ihr Gewissen, sodass sie sich zumindest dazu herablassen wird, weiter mit Ihnen zu reden. Das ist Ihre Chance, sie doch noch zu überzeugen! Reiben Sie ihr, ganz PAR, unter die Nase, dass sie Ihre wertvolle Zeit verschwendet hat, und finden Sie heraus, weshalb sie zögert. Vergegenwärtigen Sie ihr diesen einen realen Moment. Machen Sie ihr klar, wie unhöflich und dumm es ist, sich gegen ein Wiedersehen zu sträuben, obwohl Sie einander doch so sympathisch sind.

Weiberheld!

Wenn Sie sie einen Weiberhelden oder Schwerenöter schimpft, dann erheben Sie bloß keinen Einspruch! Machen Sie kein Hehl daraus, dass Sie bei Frauen gut ankommen. Einige PAR lassen diese Tatsache sogar absichtlich anklingen, wenn sie einer Frau ein Wiedersehen vorschlagen. Eine mögliche Formulierung wäre:

Ich gehe gern mit Frauen in ein schickes Restaurant oder ins Theater, aber manchmal ist es fast noch netter, sich einfach nur zum Kaffee zu treffen. Es kommt immer darauf an, ob dafür eine besondere, inspirierende Umgebung nötig ist oder nicht – und ich habe den Eindruck, dass *wir* getrost darauf verzichten können. Also, lassen Sie uns morgen einfach ganz unspektakulär einen Kaffee trinken gehen.

Auf diese Weise schlagen Sie zwei Fliegen mit einer Klappe: Sie deuten einerseits an, dass Sie beim weiblichen Geschlecht begehrt sind und diese Tatsache auch weidlich genießen, und andererseits, dass ein Treffen zum Kaffee für Sie keine große Sache ist, was den Druck erheblich verringert und sie beruhigen wird. Außerdem signalisiert es, dass Sie nicht aus Sparsamkeit »nur«

ein Treffen zum Kaffee vorschlagen, sondern vielmehr, weil es praktisch ist, sich auf diese Weise näher kennen zu lernen. Dagegen kann sie nicht das Geringste einwenden – und sie kann unmöglich stattdessen ein richtiges Rendezvous samt Essen vorschlagen, denn das würde sie gierig und oberflächlich aussehen lassen.

Es besteht natürlich die Gefahr, dass die Betreffende den Eindruck gewinnt, Sie würden sie nicht wichtig nehmen und sich nur zum Spaß mit Frauen verabreden, was die Beziehung beenden könnte, ehe sie überhaupt angefangen hat. Falls Sie also auf die Frage, ob Sie oft mit Frauen ausgehen, eher vorsichtig reagieren wollen, kann ich Ihnen diese Argumentation von Johnny Shack ans Herz legen:

Nun, ja, ich gehe durchaus oft mit Frauen aus – ich bin nämlich wählerisch. Darauf erwidern die meisten, das ergebe keinen Sinn – wer wählerisch ist, beschränkt sich doch auf einige wenige. Erklären Sie ihr dann, dass Sie auf der Suche nach der perfekten Partnerin sind und deshalb mit vielen Frauen ausgehen. Fragen Sie sie, was ihrer Meinung nach sinnvoller ist: allein zu Hause zu sitzen oder aktiv nach der Richtigen zu suchen. Damit ist jede vernünftige Frau gezwungen, einzuräumen, dass Ihre Taktik die richtige zu sein scheint – und vermutlich wird sie zu dem Schluss kommen, dass Sie somit der richtige Mann für sie sein müssen!

Der Trick mit dem Kosenamen

Die Neugier einer Frau ist ein überaus nützliches Instrument der Verführung. Setzen Sie es ungeniert ein, ganz nach Bedarf und so oft Sie wollen! Lassen Sie sie raten. Spannen Sie sie auf die Folter, indem Sie ihr dann und wann einen Tipp geben.

Ideal hierfür ist der Trick mit dem Kosenamen. Erzählen Sie ihr am Telefon ganz beiläufig, Sie hätten sich einen Spitznamen für sie ausgedacht, aber verraten Sie ihr nicht, wie er lautet. Lassen Sie sie betteln, sehen Sie zu, dass ihre Fantasie Kapriolen schlägt, nur um anschließend zu behaupten, er sei zu intim, um ihn am Telefon zu nennen; Sie würden sie daher gern wieder sehen.

Der perfekte Kosename

Legen Sie sich ein kleines Repertoire an Kosenamen zurecht, die auf alle Frauen passen. Falls es Ihnen diesbezüglich an Einfallsreichtum mangelt, hier eine »Bastelanleitung«.

Man nehme:

1. einen Ausdruck für eine süße Köstlichkeit oder ein anderes, positiv belegtes Wort (Zucker, Butter, Stern, Gold ...)
2. eine schmeichelhafte Eigenheit, durch die sich die betreffende Dame von anderen unterscheidet (Lippen, Augen, Haar ...)

und kombiniere die beiden Teile, sodass sie einen romantisch-reizenden oder sexy Kosenamen ergeben: Zuckerschnute, Erdbeerlippe/mund, Goldlöckchen, Tanzbärchen, süße Maus ... Was immer Ihnen einfällt. Absurde oder wenig schmeichelhafte Kombinationen wie etwa »Butterpopo« sollten Sie allerdings gleich wieder von der Liste streichen. Verlassen Sie sich diesbezüglich einfach auf Ihren Verstand. Keine Sorge, je mehr Übung Sie bekommen, desto leichter geht Ihnen das Erfinden von Kosenamen von der Hand. Alternativ können Sie zum Beispiel Begriffe aus dem Reich der Tiere oder der Astrologie hinzufügen: Sternschnuppe, Fruchtzwerg, Zimtschnecke, Schokohäschen, Igelschnäuzchen oder Butterherzchen. Ihrer Fantasie sind keine Grenzen gesetzt!

Beim nächsten Treffen ist es Ihnen überlassen, wann Sie damit herausrücken. Lassen Sie sich jedoch nicht allzu rasch breitschlagen – sie ist womöglich bereit, mit Ihnen zu knutschen oder sogar ins Bett zu gehen, nur um ihren Spitznamen herauszufinden.

Natürlich müssen Sie dann auch wirklich einen möglichst romantischen, süßen (und schmeichelhaften!) Kosenamen parat haben; einen, der sie in Richtung Schlafzimmer und nicht zur Haustür eilen lässt. Wenn sie schon so viel Zeit und Energie darauf verwendet, um ihn herauszufinden, soll sie sich schließlich auch darüber freuen können. In Ihren Ohren klingen die meisten Kosenamen vermutlich reichlich albern, sodass Sie sich bei ihrer Verwendung anfangs dumm vorkommen mögen. Ich finde es ehrlich gesagt auch idiotisch, eine Frau Erdbeerlippe zu nennen, aber glauben Sie mir: die Ladies stehen auf solchen Quatsch.

Das Kosenamen-Spiel kann in jeder Phase der Beziehung angewendet werden, erweist sich aber häufig beim ersten Telefongespräch als besonders hilfreich, wenn die Betreffende auf Ihren Anruf weniger enthusiastisch reagiert als erwartet, obwohl Sie sich wie versprochen gleich am darauf folgenden Tag gemeldet und alles richtig gemacht haben. Oder wenn sie sich nicht wie vereinbart hörbar über Ihren Anruf freut und auf Ihren Vorschlag, sich wieder zu sehen, mit Indifferenz reagiert.

Spannen Sie sie so richtig auf die Folter, um sie in die passende (sexuell angehauchte) Stimmung zu versetzen. Sobald ihre Neugier geweckt ist, wird sie nicht nur über diesen mysteriösen Kosenamen nachdenken, sondern auch über Sie. Von dort ist es nur noch ein kurzer Weg zum »Ach, was soll's« und der Entscheidung, sich mit Ihnen zu treffen. Und damit gehört Sie schon Ihnen, mein Freund. Nun können Sie sie erneut be- und verzaubern, sie bei Bedarf mit einem strategischen Dämpfer ausbremsen, ihre Wertvorstellungen herausfinden und sich in den Mann ihrer Träume verwandeln. Welche Frau kann da schon widerstehen?

Neugier ist ein überaus nützlicher Gemütszustand, weil sie der Frau einen Grund liefert, einem Wiedersehen zuzustimmen. Falls Sie noch schwankt, werden Sie sie damit endgültig für sich gewinnen. Falls sie ohnehin bereits auf Sie steht, wird sie sich jetzt umso mehr Mühe geben, zu gefallen. Einige vielversprechende Andeutungen wirken zusätzlich Wunder: Lassen Sie ruhig anklingen, dass sie es nicht bereuen wird, den Nachmittag mit Ihnen zu verbringen, aber halten Sie sich weitgehend bedeckt. Rätselhaftigkeit ist ein hochwirksames Aphrodisiakum.

Bedenken Sie jedoch stets, dass Sie Ihr Versprechen auch halten und die geweckten Erwartungen erfüllen müssen. Sonst geht der Schuss nach hinten los und sie sucht sich einen Mann großer Worte *und* Taten.

Das Rendezvous

Was Ihre Ziele betrifft, sollte sich das Rendezvous nicht maßgeblich von Ihrer ersten Begegnung unterscheiden: Sie eruieren ihre Ideale, verwandeln sich in ihren Traumprinz, gehen auf Tuchfühlung, bringen das Thema Sex aufs Tapet. Sie verabschieden sich diesmal aber auf jeden Fall mit einem Kuss.

Der große Unterschied besteht darin, dass Sie nun auf dem »Wir sind bereits Freunde«-Level einsteigen, statt erst mühsam ihren Widerstand brechen zu müssen. Höfliche Distanziertheit war einmal – zu dieser Phase dürfen Sie unter keinen Umständen zurückkehren, sonst können Sie sich das Ganze gleich sparen. Sie sind hier, um einen großen Sprung nach vorne zu machen.

Füßeln für Fortgeschrittene

Einer der besten Tricks, um bei der ersten Verabredung mit ihr auf Tuchfühlung zu gehen, ist das Füßeln (vorausgesetzt, Sie sitzen an einem Tisch, zum Beispiel in einem Café). Es ist eine harmlose und weitgehend unsichtbare Version des Flirtens, sodass sie ungeniert mitspielen kann. Berühren Sie zweimal ihr Bein (nicht treten, sondern leicht reiben und dann in dieser Position verharren) und warten Sie ihre Reaktion ab. Wenn möglich, sollte die Berührung erfolgen, während Sie über etwas Angenehmes sprechen. Lassen Sie sich davon aber nicht aus dem Konzept bringen.

Falls Sie die Wirkung nicht eindeutig einschätzen können (sie reagiert nicht, weicht aber auch nicht zurück), fahren Sie mit dem Füßeln fort und fragen Sie dabei grinsend: »Sag mal, füßelst du mit mir?« Falls sie jetzt mitspielt, haben Sie schon gewonnen.

Sie sollten etwas früher am vereinbarten Ort eintreffen und vor der Tür auf sie warten, falls Sie beispielsweise in einem Kaffee verabredet sind. Wenn Sie erscheint, reagieren Sie mit überschwänglicher Freude, die hoffentlich von ihr erwidert wird, zumal Sie sich beim Austausch der Telefonnummern (und im Laufe des Telefonats erneut) Enthusiasmus »ausgebeten« haben. Außerdem wird sie zweifelsohne aufgeregt sein.

Wie dem auch sei, lächeln Sie, sobald Sie sie erblicken und umarmen Sie sie auf der Stelle. Ergreifen Sie dann ihre Hand und lassen Sie diese erst los, wenn Sie dort angelangt sind, wo Sie sich niederzulassen gedenken. Achten Sie dabei auf ihre Reaktion! Ihre anfängliche Nervosität wird sich schon bald legen, wenn Sie ihr mit Ihrem Verhalten den Weg weisen. Im Nu wird sie Ihnen mit glänzenden Augen und roten Backen fröhlich lächelnd gegenübersitzen.

Subtilität ist in diesem Fall völlig fehl am Platz. Begeisterung wirkt ansteckend. Machen Sie sich diese Tatsache zunutze.

Angenommen, das Wiedersehen läuft großartig und führt eindeutig in die richtige Richtung. Dann wird es jetzt allmählich Zeit für – nein, nicht für »Hat mich gefreut, bis demnächst, Ciao«! Das können Sie sich für das »Date danach« aufsparen. Es ist höchste Zeit, alle weiteren Aktivitäten an einen der Situation angemessenen, romantischen Ort zu verlegen, an dem Sie zum nächsten logischen Schritt übergehen können: Ihre eigenen vier Wände.

Nur: Wie stellen Sie es an, dass sie mitkommt oder einwilligt, sich nächstes Mal bei Ihnen zu treffen? Wann genau ist der richtige Zeitpunkt, einen »Lokalwechsel« oder ein Treffen an einem »einschlägigen Ort« anzuregen? Im Folgenden habe ich drei Szenarios aufgelistet, um Ihnen das Procedere näher zu bringen.

Szenario 1:

Sie amüsieren sich prächtig, betreiben Fluff Talk und lenken die Unterhaltung allmählich auf ein Thema, das sie zu interessieren scheint und zu dem Sie zu Hause etwas vorzuweisen haben (CDs, Bücher, Katzen, Hunde, Filme, ...). Sie erwähnen ganz nebenbei Ihre umfangreiche CD-Sammlung. Kurz darauf sagen Sie: »Komm doch mit zu mir und sieh dir meine Sammlung an.« Sie lehnt ab.

Was ist passiert? Sie sind wie ein DFL vorgegangen, haben eine oberflächliche Unterhaltung geführt, ohne auf ihre Ideale einzugehen. Dann haben Sie versucht, sie mit einem billigen Spruch zu locken, in der Annahme, ein nettes Gespräch reiche bereits aus, um sie zu erobern. Fehlanzeige! Sie fand Sie zwar sympathisch, doch bei dem Satz »Komm doch mit zu mir und sieh dir meine Sammlung an« klingelten bei ihr die Alarmglocken. Diese Nullachtfünfzehn-Aussage hat sie schon von tausend anderen Versagern gehört. Sie signalisiert ihr, dass Sie nur ein weiterer DFL sind.

Szenario 2:

Sie unterhalten sich mit ihr. Sie erforschen und demonstrieren instrumentelle und terminale Werte. Sorgen dafür, dass sie sich großartig fühlt. Sie lächelt, lacht, sieht Sie mit glänzenden Augen an wie ein Hund seinen gefüllten Napf. Sie gehen auf Tuchfühlung, ergreifen ihre Hand und halten sie fest, während Sie mit ihr die Straße entlanglaufen. Sie wissen, dass sie Musik mag, also laden Sie sie zu sich nach Hause ein, damit sie »Ihre neuen CDs begutachten« kann. Sie willigt ein. Sie landen auf Ihrem Sofa, wo Sie die Verständnis- und Vertrauensbasis weiter ausbauen, dafür sorgen, dass sie sich wohl fühlt, sich entspannt, auf einer Wellenlänge mit Ihnen ist ... Doch sobald Sie ihr signalisieren, dass Sie ihr mehr zu zeigen gedenken als bloß Ihre CDs, starrt sie Sie an wie ein verängstigtes Kaninchen eine Schlange und ergreift dann in panischer Angst die Flucht.

Was ist passiert? Sie begleitete Sie nach Hause, weil sie Sie sympathisch fand und Ihnen vertraute. Das ist zwar ganz großartig, aber nicht sehr sinnvoll, denn sobald Sie ohne Vorwarnung zur Sache kommen wollten, fühlte sie sich Ihnen in dieser fremden Umgebung hilflos ausgeliefert. Sie haben sie quasi dazu gezwungen, binnen weniger Sekunden eine Entscheidung zu treffen – und sicherheitshalber davonzulaufen, obwohl sie es eigentlich gar nicht wollte. Selbst, wenn sie nicht Hals über Kopf türmt, sind Sie damit ein unnötiges Risiko eingegangen.

Szenario 3:

Sie unterhalten sich mit ihr. Sie erforschen und demonstrieren instrumentelle und terminale Werte. Sie fühlt sich wohl, also gehen Sie auf Tuchfühlung, berühren erst ihre Hand und, sofern Sie positiv reagiert, ihr Haar, ihre Taille und als ultimativen Test geben Sie ihr einen Kuss. Sie küssen sie eine Weile und erwähnen dann, Sie hätten zu Hause eine CD-Sammlung, die sie sich, der vorangegangenen Unterhaltung nach zu urteilen, ansehen sollte. Sie kommt mit Ihnen nach Hause und lässt sich von Ihnen bereitwillig mehr als nur Ihre CDs zeigen.

Was ist passiert? Sie haben im Prinzip denselben Spruch gebracht wie in Szenario 1, doch diesmal hat jeder bekommen, worauf er aus war. Warum? Ganz einfach: Weil Sie nicht blindlings auf das Ziel losgestürmt sind. Sie haben sich Zeit gelassen und ihr Ihre Absichten unmissverständlich klar gemacht. Als sie Ihre Einladung annahm, wusste sie genau, worauf sie sich einließ. Keine Überraschungen. Und alles nur eines Kusses wegen!

Der Kuss macht aus zweierlei Gründen einen so großen Unterschied:

1. Er dient als ultimativer Test für Ihre Absichten. Ein Kuss stellt eine Frau vor eine wichtige Entscheidung. Und das ist gut so, denn irgendwann im Laufe des Abends wird sie entscheiden müssen, ob sie Sie für gut genug hält, um mit Ihnen ins Bett zu gehen. Es ist besser, ihr möglichst bald die erste Entscheidung in diese Richtung abzunötigen, solange sie sich wohl fühlt und es sich »nur um einen harmlosen Kuss« handelt. Falls ihr schon bei einem Kuss spürbar Bedenken kommen, ist es unwahrscheinlich, dass sie später gewillt ist, noch weiterzugehen. Solange sie sich nicht überzeugend küssen lässt, können Sie sich den Weg nach Hause sparen.

2. Ein Kuss ist ein überaus starkes Aphrodisiakum. Gut möglich, dass sie bereits mit dem Gedanken gespielt hat, Sie nach Hause zu begleiten und sich Ihre CD-Sammlung anzusehen. Nach einem verheißungsvollen Kuss jedoch wird sie weit mehr als nur die CDs besichtigen wollen. Tatsache ist: Je länger Sie sie küssen, desto höher die Wahrscheinlichkeit, dass sie sich selbst einlädt – und zwar mit eindeutig zweideutigen Absichten. Mit anderen Worten: Sie weiß, was sie zu erwarten hat – und sie erwartet es.

Es kommt also nicht auf die Formulierung der Einladung an, sondern auf das Timing. Wenn Sie eine Frau zu sich nach Hause mitnehmen wollen (was ich stark annehme, denn welchen Grund hätten Sie sonst, sich dieses Buch zu Gemüte zu führen?), dann gehen Sie auf Nummer sicher und bereiten Sie sie mit einem sinnlichen Kuss darauf vor.

Einige PAR sind strikt dagegen, mit einer Frau ohne Umschweife nach Hause zu fahren, weil die Gefahr besteht, dass ihr unterwegs die Lust vergeht. Zugegeben, so etwas kommt vor und ist natürlich höchst ärgerlich. Ich halte es trotzdem für die elegantere Variante, die Sie stets als erste Option verfolgen sollten. Will sie partout an Ort und Stelle Sex, dann kommen Sie ihrem Wunsch unter allen Umständen nach – aber wirklich nur, wenn der Vorschlag von ihr kommt.

Der Fairness halber will ich hier jedoch die Meinung von PAR NYC wiedergeben, der strikt gegen einen »Lokalwechsel« in solchen Situationen ist:

Vergessen Sie's! Sie woanders hinzubringen ist immer ein Risiko. Verziehen Sie sich mit ihr lieber in die nächstbeste geschützte Ecke – meinetwegen zur Toilette, wenn es sein muss – und machen Sie Nägel mit Köpfen, bevor sie womöglich ihre Meinung ändert.

Das Abendessen bei Ihnen zu Hause

Haben Sie die Zungenkusshürde erst einmal erfolgreich genommen, aber nicht die Zeit oder die Möglichkeit, sofort nach Hause zu fahren und zur Sache zu kommen, dann laden Sie sie fürs nächste Rendezvous gleich in Ihre Wohnung ein – denn Sie werden für sie kochen!

Wie? Sie haben keine Lust, sich stundenlang hinter den Herd zu stellen? Dann habe ich eine beruhigende Neuigkeit für Sie: Es gibt heutzutage schon in jeder Kleinstadt einen Supermarkt, in dem Sie die nötigen Zutaten für eine ordentliche Mahlzeit erstehen können, die sich zu Hause mit einem Minimum an Aufwand zubereiten lässt: vorgegrilltes Hühnchen, mariniertes Fleisch, das Sie lediglich in den Ofen schieben müssen, Salat in der Tüte, sogar frische Desserts.

Oder Sie kaufen eine fertige Mahlzeit, die Sie überhaupt nur noch aufwärmen müssen. Notfalls tut es natürlich auch ein Topf Spaghetti mit »Ihrer Spezialsauce« aus dem Glas, serviert mit einem Salat und einem Laib Brot. Wirklich tabu ist eigentlich nur die mikrowellenerhitzte Tiefkühlmahlzeit.

Behaupten Sie nicht, alles selbst zubereitet zu haben, wenn es gar nicht stimmt. Viele Frauen wissen es zwar sehr zu schätzen, wenn Männer (insbesondere dominante Männer) kochen, aber Sie wollen ja nicht mit Ihren Kochkünsten beeindrucken, sondern mit ganz anderen Fähigkeiten.

Die Vorteile einer solchen Einladung (von der Geldersparnis ganz abgesehen) liegen auf der Hand:

1. Sie können nach Belieben mit Kerzen, Musik und allem Möglichen mehr für Romantik sorgen.
2. Essen ist immer Lustgewinn – wenn Sie einer Frau eine Mahlzeit liefern, überträgt die Betreffende die empfundene Lust unweigerlich auf Sie. Steigern Sie den Sinnlichkeitsfaktor, indem Sie sie buchstäblich füttern – manche

Lebensmittel (Erdbeeren, insbesondere im Schokomantel) eignen sich dafür ganz hervorragend.

3. Frauen lieben es, von einem kompetenten, selbstbewussten Mann umsorgt und verwöhnt zu werden. Genau das haben Sie mit einer Einladung zum Essen erreicht.
4. Sie haben das Rendezvous von einem öffentlichen in einen privaten Rahmen verlegt, der es erlaubt, sich mit ihr geradewegs ins Schlafzimmer zu begeben, sollte sie Lust darauf verspüren. Und das wird sie, glauben Sie mir.

Die letzten Bedenken

Die Einladung zum Essen bei Ihnen wird, wenn Sie Ihre Hausaufgaben gemacht haben (hinlänglich Werte eruiert, demonstriert sowie gestreichelt und gefüßelt haben), mit an Sicherheit grenzender Wahrscheinlichkeit zum Erfolg führen. Trotzdem kann es durchaus vorkommen, dass eine Frau im letzten Moment Bedenken hat. Nun hängt alles von Ihrer Reaktion ab.

Versuchen Sie zunächst, herauszufinden, ob sie es ernst meint oder nicht. Will sie wirklich nicht mit Ihnen ins Bett oder fürchtet sie bloß die möglichen Auswirkungen?

Eines kann ich jedenfalls gar nicht oft genug betonen: Wenn sie wirklich nicht mit Ihnen schlafen will, *zwingen Sie sie nicht dazu*! Es ist ihr gutes Recht, sich dagegen zu entscheiden. Als PAR haben Sie die Aufgabe, sie heiß zu machen und mögliche Zweifel auszuräumen, *bevor* sie an den Punkt gelangt, an dem es kein Zurück mehr gibt. Aber ein Nein ist ein Nein und muss unter allen Umständen respektiert werden! Auch, wenn Sie ganz sicher sind, dass sie insgeheim will, was Sie zu bieten haben. Eine Frau zum Sex zu zwingen ist Vergewaltigung – ein Verbrechen, für das Sie lange Zeit hinter Gittern sitzen werden!

Jede anders lautende Antwort dagegen bietet noch Verhandlungsspielraum. Die meisten Frauen sind einem Schäferstündchen prinzipiell nicht abgeneigt, fürchten aber die gesellschaftlichen Folgen und machen deshalb in letzter Sekunde einen Rückzieher. In diesem Fall gilt es, ihre Bedenken (Schlampen-Image, Geschlechtskrankheiten und anderes) zu ergründen und zu zerstreuen. Dazu einige nützliche Strategien:

Greifen Sie auf Sprachmuster zurück

Lassen Sie sie wissen, dass Sie ihre Bedenken nachvollziehen können: »Ich verstehe dich ja, aber ich kann mir nicht helfen – ich muss dauernd daran denken, wie unglaublich schön es wäre, wenn wir uns unserer Lust hingeben würden.« Oder bedienen Sie sich des folgenden Sprachmusters von Ross Jeffries: »Ich weiß, manche würden uns dafür verdammen, dass wir es tun – und dass wir es so sehr genießen! Und ich hoffe, du spürst tief in deinem Inneren …«

Verdammen Sie die Gesellschaft

Viele Frauen haben Angst, als Schlampe oder Nutte abgestempelt zu werden, wenn sie mit Ihnen schlafen. Das ist nicht ihre eigene Meinung, sondern der gesellschaftliche Druck, der da aus ihr spricht. Überzeugen Sie sie davon, dass die Gesellschaft Unrecht hat, indem Sie ihre Realitäten entsprechend schichten und ihr folgende Geschichte (wieder einmal von Ross Jeffries) erzählen:

Neulich sprach ich mit meiner Kollegin Tina über dieses Thema und sie meinte, es sei schrecklich ungerecht, dass Männer mit beliebig vielen Frauen schlafen dürfen, während Frauen, die ihre Sexualität ausleben, dafür Missbilligung ernten. Ich finde, damit hat sie völlig Recht – das ist heuchlerisch und scheinheilig.

Respektieren Sie ihre Unsicherheit

Viele Frauen haben Komplexe, wenn es darum geht, sich einem Mann nackt zu zeigen, insbesondere die atemberaubend attraktiven! Ich weiß, das klingt unglaublich, ja, geradezu lächerlich, aber es ist wahr: Selbst Models fühlen sich nicht wohl dabei, in einer intimen Situation ihren Körper zu zeigen. Reagieren Sie einfühlsam, und wenn sie beim Sex das Licht lieber löschen will, akzeptieren Sie es ohne Wenn und Aber.

Kontern Sie

Falls Sie aus unerfindlichen Gründen zögert, nützen Sie einen humorvollen Ansatz, um herauszufinden, woran es liegt:

Stell dir vor, ich besäße einen Zauberstab, mit dem ich alles verschwinden lassen könnte, was immer dir Unbehagen bereitet. Sag mir einfach, was sich in Luft auflösen müsste, damit du dich wohl fühlst. Ein bestimmter Mensch? Eine gesellschaftliche Haltung? Eine Eigenschaft von dir oder mir? Eine Verpflichtung? Verrate es mir, denn ich finde es wirklich schade, wenn du dir aus irgendwelchen Gründen ein solches Vergnügen versagst.

Höchstwahrscheinlich ist sie durch diesen kleinen Denkanstoß ohnehin zu dem Schluss gekommen, dass der Grund für ihren Widerstand belanglos ist. Verlassen Sie sich aber nicht darauf, sondern eliminieren Sie, sofern möglich, das Hindernis, das zwischen ihr und dem aufregendsten Sex ihres Lebens steht.

Im Großen und Ganzen geht es nur darum, ihr eine Ausrede zu liefern. Es ziemt sich für Frauen nun einmal nicht, mit einem praktisch wildfremden Mann zu schlafen, daher sinkt bei vielen das Selbstwertgefühl in den Keller, wenn sie es tun. Sie kommen sich vor wie ein Flittchen. Liefern Sie ihr einen beliebigen

Grund, einen Vorwand, einen mentalen Rettungsanker, wie Jobet Claudio es nennt – den Wein, die Musik, den Film, Frühlingsgefühle. Den Rest besorgt sie selbst.

Der mentale Rettungsanker spielt auch nach dem Sex eine große Rolle: Wenn sie tags darauf neben Ihnen erwacht, sich Selbstvorwürfe macht und behauptet, es nie wieder tun zu wollen, dann widersprechen Sie ihr um Himmels willen nicht! Sie versucht damit nur, ihre Selbstachtung zurückzugewinnen. Die Tatsache, dass sie schon einmal mit Ihnen in der Kiste war, reicht meist als Rechtfertigung, um es wieder zu tun, ganz gleich, was sie im ersten Morgengrauen sagt.

Befriedigung ist alles

Im Gegensatz zu uns Männern wollen Frauen nicht einfach Sex, sie wollen großartigen Sex. Sie lassen ohne zu zögern einen normal bis überdurchschnittlich attraktiven Mann (oder zumindest einen, der attraktiver ist als Sie) stehen, sobald ihnen einer über den Weg läuft, der sie so richtig auf Touren bringt und aufgrund seines Verhaltens, seiner Ausstrahlung oder seiner Persönlichkeit ein guter Liebhaber zu sein verspricht.

Frauen wünschen sich aufregende, aufreizende, fantasievolle Sexpartner. Zum Glück für uns sind solche Männer relativ schwer aufzutreiben, sodass die meisten Frauen ein sexuell unbefriedigtes Dasein fristen. Je attraktiver eine Frau, desto weniger werden ihre Bedürfnisse vermutlich gestillt. Schöne Frauen – und ich rede hier von denen, die locker als Mannequin arbeiten könnten – bekommen diesbezüglich nur höchst selten, was sie brauchen oder verdienen. Sie müssen sich mit Kerlen herumschlagen, die vor ihnen katzbuckeln und sich bei ihnen einschleimen, zu früh zum Orgasmus kommen und danach bei ihren Kumpels damit angeben, welch heiße Braut ihnen wieder ins Netz gegangen ist, ohne die Ärmste auch nur annähernd zufrieden gestellt zu haben.

Die meisten Männer haben nicht den blassesten Schimmer, was sich Frauen im Bett wünschen. Und je hübscher die Frau, desto höher die Wahrscheinlichkeit, dass sie nur für die Befriedigung seines Egos herhalten muss. Sie aber sind ein Mann, der sein Versprechen hält und sie zum Orgasmus bringt. Jede Frau weiß, dass gute Liebhaber rar sind. Wenn sie erst einmal einen ergattert hat, wird sie ihn nicht so bald wieder ziehen lassen. Das trifft auch und ganz besonders auf Models zu.

Ich will Ihnen hier keine Lektionen in puncto Sex erteilen, sondern lediglich auf zwei Aspekte hinweisen:

1. Seien Sie ein aufmerksamer Liebhaber: Frauen wollen und brauchen ein Vorspiel, und auch Sie werden es zu schätzen wissen, denn es macht den Sex deutlich aufregender, wenn Ihre Partnerin im Vorfeld derart in Fahrt kommt, dass sie praktisch darum bettelt. Wie bisher gilt: Achten Sie stets genau auf ihre Reaktionen. Bei jeder Frau liegen die erogenen Zonen anderswo. Reagiert sie auf die Stimulierung ihrer Brustwarzen ablehnend, dann suchen Sie andere Stellen, um sie zu erregen. Manche Frauen werden schon feucht und willig, wenn Sie ihnen sanft in den Nacken pusten, andere schaudert es dabei.
2. Übung macht den Meister. Ein sechzehnjähriger Knabe, bei dem nach zwei Minuten alles vorbei ist, wird wohl keine Frau befriedigen, doch sobald er ein wenig Erfahrung gesammelt hat, weiß er, was eine Frau braucht. Er wird lernen, den eigenen Orgasmus hinauszuzögern und sowohl sich selbst als auch seiner Partnerin ungleich mehr Lust zu bereiten.

XIV. Die Beziehung

Nach dem Sex

Manche von Ihnen führen sich diesen Ratgeber zu Gemüte, weil Sie auf der Suche nach einer Partnerin für eine längere Beziehung sind. Bravo! Aber auch die Leser, die eher einen One-Night-Stand bevorzugen, möchte ich zu ihrer Entscheidung beglückwünschen, befand ich mich doch selbst einmal in dieser Phase.

Falls Sie ausschließlich Sex im Sinn haben, ist es völlig in Ordnung, sich bei der Betreffenden nach dem Schäferstündchen nicht mehr zu melden. Es ist vermutlich sogar klüger, weil Sie ihr auf diese Weise keine falschen Hoffnungen machen. Klären Sie sie aber über Ihre diesbezüglichen Absichten unmissverständlich auf, *bevor* Sie ihr an die Wäsche gehen!

Falls Sie die Beziehung nach dem »ersten Mal« dagegen fortführen wollen, müssen Sie sie unbedingt – und ich meine *unbedingt* – am darauf folgenden Tag anrufen. Sex ist für eine Frau ein sehr bedeutender Schritt. Zollen Sie ihr daher Respekt, indem Sie sie anrufen. Andernfalls wird sie sich missbraucht und verletzt fühlen und vermutlich nie wieder mit Ihnen ins Bett gehen wollen. Was in diesem Fall ja nicht in Ihrem Sinne sein kann.

Sie haben Angst, Ihre Macht einzubüßen und sich selbst zum abstoßenden DFL zu degradieren, wenn Sie sie anrufen? Nicht, wenn Sie dabei wie ein echter PAR vorgehen. Genau das lernen Sie in diesem letzten Kapitel.

Viele Verpflichtungen – wenig Zeit

Erwecken Sie stets den Anschein, ein aktiver Mensch mit zahlreichen Verpflichtungen und Interessen zu sein, auch wenn es einmal nicht der Wahrheit entsprechen sollte! Gewinnt eine Frau den Eindruck, dass Sie den ganzen Tag nur untätig herumsitzen, hält sie Sie nämlich garantiert für einen Verlierer – oder noch schlimmer, für einen Verlierer, der bei allen anderen Frauen der Welt abgeblitzt ist.

Vielbeschäftigte Männer dagegen werden als selbstbewusste Führungspersönlichkeiten eingeschätzt, die wissen, was sie wollen und es auch bekommen. Damit unterscheiden Sie sich von all den anderen Kerlen, die wie eine Klette an ihr hängen und um ihre wertvolle Zeit betteln. Signalisieren Sie der Betreffenden, dass sie nicht Ihre oberste Priorität ist; dass Sie eine gute Partie sind und es nicht nötig haben, um irgendetwas zu betteln; dass sie es ist, die sich um Ihre Gunst bemühen muss und nicht umgekehrt. Damit halten Sie die Zügel in der Hand und sorgen dafür, dass Sie ihr unwiderstehlich attraktiv erscheinen – schließlich wollen wir immer das, was wir nicht haben können.

Räumen Sie niemals einer Frau oberste Priorität in Ihrem Leben ein (es sei denn, es handelt sich dabei um einen Menschen, mit dem sie eine dauerhafte Beziehung eingehen wollen – Ihre Ehefrau, die Mutter Ihrer Kinder hat natürlich Vorrang vor allem anderen!). Zeigen Sie ihr, dass Ihnen Ihre Familie, Arbeit oder Freunde wichtiger sind, aber durchaus eine kleine Chance besteht, dass sie zur Nummer eins avanciert, sofern sie gut genug ist. Es schadet auch nicht, wenn sie glaubt, nicht die einzige Frau in Ihrem Leben zu sein – dadurch wird sie lediglich zu der Überzeugung gelangen, dass Sie ein begehrter Mann und somit ihre Zeit wert sind. Sie wird sich umso mehr ins Zeug legen, Sie von Ihren anderen »Aktivitäten« abzulenken.

Hier dazu einige Tipps von Don Diebel, der sich selbst als *»America's #1 Singles Expert«* bezeichnet:

- Antworten Sie auf die Frage »Was hast du gestern gemacht?« niemals mit »Och, ich hab' den ganzen Tag gelangweilt herumgesessen.« Sagen Sie stattdessen: »Ich musste früh raus, um einige Besorgungen zu machen und geschäftliche Dinge zu erledigen. Dann habe ich eine Stunde Tennis gespielt, mit einem Freund zu Mittag gegessen und den ganzen Nachmittag gearbeitet.« Schummeln Sie, wenn es sein muss. Keine Sorge, Sie gewöhnen sich daran.
- Will sie wissen, was Sie gerade machen, dann sagen Sie: »Ich bin eben zur Tür hereingekommen« oder »Ich muss gleich geschäftlich weg.«
- Vermeiden Sie stundenlange Telefongespräche mit Frauen. Besprechen Sie freundlich, aber kurz und bündig, was es zu besprechen gibt, und beenden Sie dann die Unterhaltung, nicht ohne sich für die Eile zu entschuldigen.
- Rufen Sie sie nicht jeden Tag an! Zeigen Sie ihr, dass es in Ihrem Leben zahlreiche wichtige Dinge gibt, gegen die sie sich behaupten muss.
- Falls Sie ihr zufällig auf der Straße begegnen: Verhalten Sie sich aufmerksam und freundlich, signalisieren Sie Interesse und schieben Sie dann einen Termin vor. Vereinbaren Sie (möglichst noch für denselben Tag) ein »Telefondate«, ehe Sie sich mit Bedauern verabschieden, und rufen Sie zur versprochenen Zeit auch wirklich an!

Da Sie im Gegensatz zum durchschnittlichen DFL nicht ständig an Ihrer »Freundin« kleben werden, sollten Sie sicherstellen, dass ihr die wenige Zeit, die Sie miteinander verbringen, wirklich den Atem raubt und möglichst lange im Gedächtnis bleibt. Qualität vor Quantität! Legen Sie sich ins Zeug!

Es heißt, es sei der Partnerin gegenüber grausam und gefühllos, anderen Frauen nachzustellen. Das ist natürlich richtig, wenn Sie eine traditionelle Zweierbeziehung eingegangen sind.

In diesem Fall ist es nur verständlich, wenn sie sich betrogen fühlt und deswegen unglücklich und verärgert ist. Warum? Weil die Betreffende, sobald ihr zu Ohren kommt, dass Sie auch »von anderen Tellern naschen«, natürlich befürchtet, Sie könnten sie verlassen und stattdessen mit einer anderen eine traditionelle Zweierbeziehung eingehen.

Aber nicht, dass Sie hinter anderen Frauen her sind, ist in diesem Fall grausam und gefühllos, sondern dass Sie eine Zweierbeziehung eingegangen sind, obwohl sich diese Konstellation nicht mit Ihren Bedürfnissen und Vorstellungen deckt. Sie haben die Betreffende an der Nase herumgeführt. Ihr Ärger ist also durchaus berechtigt. Finden Sie sich damit ab, dass Sie bei ihr und ihren Freundinnen für immer »unten durch« sind.

Um solchen Komplikationen vorzubeugen, müssen Sie von Anfang an klarstellen, welche Art der Beziehung Ihnen vorschwebt. Wenn Sie sich mit mehreren Frauen einlassen wollen, dann kommunizieren Sie das – und lassen Sie jede gehen, der das nicht schmeckt. In diesem Fall war sie ohnehin nicht die Richtige für Sie. Werden Ihre Bedingungen akzeptiert, dann werden beide Seiten ihren Nutzen aus der Beziehung ziehen. Dann hat keine Ihrer Geliebten einen Grund, eifersüchtig oder paranoid zu werden, weil sie weiß, dass ihre Position gesichert ist und sie ihre Konkurrentinnen nicht fürchten muss (Natürlich gibt es trotzdem Eifersüchteleien, so ticken Frauen eben). Außerdem steht es jeder von ihnen frei, ihrerseits ohne jede Schuld- oder Schamgefühle ihre Bedürfnisse auszuleben. Was Sie ihnen aber nicht unbedingt auf die Nase binden müssen. Erstens wirkt das viel zu DFL-mäßig und zweitens wollen Sie doch nicht, dass sie mit anderen Kerlen Sex haben (es sei denn, Sie sind auch eingeladen).

Es ist natürlich alles andere als ratsam, eine Frau mit einer Lüge ins Bett zu locken. Andererseits sollten Sie sich vermutlich nicht allzu offen zu Ihren Schürzenjäger-Aktivitäten bekennen, ehe sie weiß, was ihr entgeht, wenn sie Ihnen den Rücken kehrt. Seien Sie also ehrlich, aber taktvoll. Lassen Sie anklingen, dass Sie einige weitere sexuelle Beziehungen unterhalten, dass diese Frauen wissen, dass Sie derzeit nicht monogam leben, und verleihen Sie Ihrer Hoffnung Ausdruck, dass auch sie sich mit dieser Tatsache anfreunden kann und Ihre gemeinsame Zeit schätzen lernen wird. Denn darum geht es ja letztlich – um den Spaß, den Sie miteinander haben.

Falls sie auf Ihre Bedingungen eingeht, sorgen Sie dafür, dass sie es nicht bereut, erinnern Sie sie zugleich aber immer wieder daran, dass sie keine Exklusivrechte hat – lassen Sie Zettel mit den Namen und Nummern anderer Frauen aus Ihrer Brieftasche flattern oder verstreuen Sie sie großzügig in Ihrer Wohnung und Ihrem Auto. Warten Sie nicht verzweifelt auf ihren Besuch oder Anruf und stehen Sie ihr nicht jederzeit zur Verfügung. Das klappt natürlich am überzeugendsten, wenn sich tatsächlich noch fünf andere Bräute um Sie reißen.

Verhalten Sie sich zu guter Letzt möglichst unberechenbar. Rufen Sie sie an und verabreden Sie sich mit ihr in genau einer Stunde. Bieten Sie ihr den heißesten Sex ihres Lebens, gefolgt von einer Stunde purer Romantik, und rufen Sie sie dann vier Tage nicht mehr an. Auf diese Weise erhalten Sie die Spannung aufrecht und werden niemals als Selbstverständlichkeit hingenommen.

Das Arrangement eines Spielers

Alphahot 1, ein Casanova in Reinkultur, vertritt die Ansicht, ein Mann solle im Idealfall stets mit drei Frauen »jonglieren« (was natürlich nicht bedeutet, mit allen dreien zusammen ins Bett zu gehen, obwohl auch das gelegentlich vorkommt): Drei Frauen befinden sich im »Aktiv«-Modus, zwei oder drei weitere auf der »Ersatzbank«. Wer rumzickt, wird umgehend durch eine »Ersatzbankfrau« ausgewechselt. Auf diese Weise bleibt die Anzahl der »Aktiven« stets dieselbe.

Dieses Arrangement garantiert, dass Sie, sofern dies Ihr Ziel ist, jede Nacht mit einer Frau schlafen, und ermöglicht Ihnen, da Sie sich dafür »kein Bein ausreißen müssen«, auch noch ein Leben neben Verführung und Sex (falls Sie es wünschen).

Selbstwert und Finanzen

»Damit sie Sie zu schätzen weiß, sollte sie gelegentlich ein wenig in Sie investieren müssen. Sorgen Sie dafür, dass sie Ihnen zwischendurch ihre Gefühle für Sie beweist, indem sie Sie anruft, abholt, etwas Geld für Sie ausgibt, Ihnen einen Gefallen tut.«

Craig, in »Clifford's Seduction Newsletter«

Selbstbewusst zu sein bedeutet, sich zu holen, was man haben will, und auf das, was man nicht braucht, zu verzichten. Wenn eine Frau Sie und Ihre Gesellschaft nicht gebührend zu schätzen weiß, müssen Sie über das nötige Selbstvertrauen verfügen, sie zu vergessen. Ob Sie gebührend geschätzt werden, erkennen Sie daran, dass eine Frau bereit ist, sich Ihre Gesellschaft etwas kosten zu lassen, und sei es »bloß« Zeit.

Es ist nun mal eine unumstößliche Tatsache, dass alles, was nichts kostet, auch nichts wert ist. Preis und Wert werden häufig miteinander verwechselt. Die Menschen nehmen sich oft nicht die Zeit, den wahren Wert dessen, was sie zurücklassen, zu erforschen.

Mit anderen Worten: Verkaufen Sie sich nicht zu billig, sonst nehmen die Frauen irrtümlich an, Sie seien nichts wert. Das ist nicht nur im finanziellen Sinne gemeint – obwohl es nicht schaden kann, wenn Sie sich hin und wieder zum Essen einladen lassen, um zu demonstrieren, dass Sie wissen, was Sie wert sind und die Beziehung im Griff haben. Sorgen Sie aber dafür, dass sie auch anderweitig in die Beziehung mit Ihnen investieren muss, und machen Sie es ihr nicht zu einfach. Ross Jeffries rät:

- Schlucken Sie Ihren Ärger nicht hinunter, wenn eine Frau zu weit geht, sondern hauen Sie ruhig mal auf den Tisch (im übertragenen Sinne)! Geben Sie ihr klipp und klar zu verstehen, dass Sie ein solches Verhalten nicht tolerieren – aber bitte, ohne handgreiflich zu werden oder sie zu beschimpfen.
- Machen Sie sich rar! Wer stets angetrabt kommt, wenn er gerufen wird, verkauft sich unter Wert. Die knappsten Güter sind die wertvollsten – deshalb sind Diamanten auch wertvoller als Kieselsteine. Seien Sie ein Diamant.
- Sagen Sie gelegentlich ein Rendezvous ab oder melden Sie sich erst nach dem zweiten Anruf zurück. Machen Sie dieses Verhalten aber nicht zur ständigen Angewohnheit. Zeigen Sie ihr nur hin und wieder, dass Sie nicht ihre Marionette sind.

Viele Frauen kommen ständig mit dummen Ausreden und glauben, sie könnten die Männer zum Narren halten. Sie brechen ihre Versprechen, versetzen Sie, rufen nicht zurück. Kurz, es mangelt ihnen ganz einfach an Respekt. Viele DFL ignorieren diese Warnsignale und klammern sich verzweifelt an die Beziehung. Sie zeigen ihre Wertschätzung für und ihr Interesse an der Betreffenden, sehen nur ihre positiven Seiten, anstatt sich den gebührenden Respekt zu verschaffen – weshalb sie, wie Komiker Rodney Dangerfield, auch keinen bekommen.

Ein PAR dagegen macht jeden seiner Schritte davon abhängig, wie sie ihn behandelt, und überlegt zuvor stets, ob ihm sein Verhalten bei der Betreffenden einen höheren Stellenwert einbringt oder nicht. Danach beurteilt er ihre Reaktion. Wenn sie ihm Achtung entgegenbringt, konzentriert er sich auf ihre positiven Seiten, wenn nicht, ändert er seine Taktik und verweist sie auf ihren Platz oder lässt sie fallen wie eine heiße Kartoffel.

Die folgenden Abschnitte behandeln einige typische Probleme und bieten Lösungsvorschläge.

Mangelnder Respekt

Es ist enorm wichtig, in einer Beziehung von Anfang an die Spielregeln festzulegen. Vermeiden Sie sowohl Gejammer als auch Tobsuchtsanfälle. Bestimmen Sie einfach von vornherein, wo die Grenzen liegen und was Sie nicht tolerieren werden. Wenn sie sich fügt, wird sie im Gegenzug mit der schönsten Zeit ihres Lebens belohnt. Wenn sie die Regeln bricht, stellen Sie sie zur Rede.

Mangelnder Respekt ist stets ein Test – sie versucht damit herauszufinden, ob Sie ein richtiger Mann sind oder ein katzbuckelnder DFL. Um den Test zu bestehen, sollten Sie

1. nie die Beherrschung verlieren
2. nie jammern oder quengeln wie ein Baby
3. ihr zeigen, dass ihr Verhalten Sie nicht aus der Fassung bringen kann
4. ihr zeigen, dass Sie ihr Verhalten respektlos finden und Sie sich das nicht bieten lassen müssen.

Punkt vier ist von besonderer Bedeutung. Frauen versuchen stets, die Grenzen auszutesten. Zögern Sie nicht, ihr zu signalisieren, dass Sie sich so etwas nicht gefallen lassen und sie sich hüten sollte, es noch einmal zu tun. Falls sie es doch tut, servieren Sie sie eiskalt ab. Sie ist schließlich nur eine von Millionen von Frauen auf der Welt, also auf Nimmerwiedersehen!

Der Widerspenstigen Zähmung

Manch eine Frau wird, sobald Sie sie wegen ihrer Respektlosigkeit abserviert haben, reumütig zu Ihnen zurückzukehren. Machen Sie es ihr nicht zu einfach. Nun haben Sie sie in der Hand! Lassen Sie sie ruhig ein wenig zu Kreuze kriechen.

Legen Sie ihr klipp und klar dar, dass ihr Verhalten inakzeptabel war und dass sie sich zur Wiedergutmachung ordentlich ins Zeug legen muss. Zögern Sie nicht, ihr eine besondere Gefälligkeit abzuverlangen – Ihrer Fantasie sind hierbei (fast) keine Grenzen gesetzt. Sie hat gegen die Regeln verstoßen; nun ist es an ihr, sich zu rehabilitieren. Wenn ihr das nicht passt, kann sie gleich den Hut nehmen. Dann war sie ohnehin nicht die Richtige für Sie.

Das gilt übrigens nicht nur für die Zähmung respektloser Frauenzimmer, sondern wirkt auch Wunder bei Bräuten, die, nachdem Sie sie schon völlig vergessen hatten, wieder in Ihr Leben treten. Oder die Sie auf einer Party oder in einer Bar zunächst ignorieren und später auf Sie zukommen, um sich mit Ihnen zu unterhalten.

Übrigens: Verlangen Sie als Wiedergutmachung nur in Extremfällen sexuelle Gefälligkeiten. Es wirkt äußerst aggressiv und lässt Sie aussehen wie einen notgeilen Bock. Meistens sind Sie besser beraten, sich auf andere, auf subtilere Art und Weise Genugtuung zu verschaffen.

Der ausbleibende Rückruf

Das ist allerdings kein gutes Zeichen. Aber für einen wahren PAR ist damit noch längst nicht aller Tage Abend.

Möglichkeit eins: Sie teilen ihr telefonisch oder per E-Mail mit, Sie würden sich sehr darüber wundern, dass sie sich nicht meldet, seien aber gewillt, noch einmal ein Auge zuzudrücken –

allerdings aber tun Sie das nur, wenn Sie sowohl jegliche Selbstachtung als auch den Respekt der Betreffenden verlieren wollen.

Möglichkeit zwei: Sie reagieren überhaupt nicht. Sie haben sie angerufen, nun ist sie am Zug. Basta. Auf diese Weise wahren Sie zwar Ihr Gesicht, müssen die Betreffende aber für gewöhnlich abschreiben. Nun, sie hatte ohnehin kein Interesse. Moment, nicht unbedingt! Vielleicht war sie bloß unentschlossen oder brauchte zuerst eine Aufforderung von einem richtigen Mann.

Wenn Sie also große Hoffnungen auf eine Frau setzen, weil Sie sich so gut verstanden haben, das »Date« viel versprechend verlaufen ist und/oder der Sex unglaublich gut war, dann geben Sie ihr noch eine Chance, aber signalisieren Sie ihr zugleich, dass Sie ein solches Verhalten nicht akzeptieren:

Hallo, hier ist ... (Ihr Name). Schade, dass du nicht zurückgerufen hast. Eine Chance gebe ich dir noch, weil unsere Beziehung, wie ich finde, unheimlich viel Potential hat. Also, ruf mich an.

Oder machen Sie ihr klar, dass sie diese einmalige Gelegenheit auf keinen Fall ungenutzt verstreichen lassen sollte:

Hallo. Wie sieht es aus, willst du weiterhin so tun, als wärst du schrecklich beschäftigt, oder nimmst du dir die Zeit für ein Wiedersehen mit mir? Du wirst es nicht bereuen. Am Sonntagnachmittag hätte ich Zeit.

Falls sie nicht reagiert, vergessen Sie sie.

Die kurzfristige Absage

Wenn sie eine Verabredung im letzten Moment absagt, sollten Sie sie meiner Ansicht nach auf der Stelle abservieren. Entweder kehrt sie dann reumütig zu Ihnen zurück (vor allem, wenn es nur ein Test und sie nicht wirklich verhindert war), oder es sollte einfach nicht sein. Falls Sie ihr trotzdem eine letzte Chance geben wollen, versuchen Sie es mit folgender Taktik von Ross Jeffries:

Sie: Ich kann leider nicht kommen (... leide an einer seltenen tropischen Krankheit, die dazu führt, dass ich stündlich schrumpfe ...).
Er: *(schweigt, bis sie sich gezwungen fühlt, weiterzureden)*
Sie: Hallo? Bist du noch dran? Was ist los?
Er: Das fragst du mich, nachdem du mir einen solchen Mist erzählt hast?
Sie: Wie bitte?
Er: Hör zu. Wir waren verabredet und jetzt versetzt du mich einfach. Du zeigst keinen Respekt vor mir und meiner Zeit. Das muss ich mir nicht bieten lassen. Wenn ich mit jemandem verabredet bin, dann erwarte ich, dass die Verabredung eingehalten oder mindestens einen Tag vorher abgesagt wird, damit ich umdisponieren kann. So lauten die Spielregeln, klar? Wenn du dich daran hältst, gut, wenn nicht, dann such dir einen anderen!

Legen Sie auf, ohne sich zu verabschieden. Wetten, dass selbst die arroganteste Tussi binnen fünf Minuten noch einmal anrufen und ein alternatives Treffen vorschlagen wird?

Absichtliches Ignorieren

Es gibt Frauen, die Sie zehn Minuten draußen im Auto warten lassen, wenn Sie sie abholen. Oder Sie werden hereingebeten und dann von der Betreffenden ignoriert, während sie telefoniert oder irgendeiner anderen Beschäftigung nachgeht, die mit

Ihnen nicht das Geringste zu tun hat. Das mag Ihnen wie eine Banalität vorkommen, doch Sie sollten mittlerweile wissen, dass Sie selbst solche Kleinigkeiten nicht tolerieren dürfen. Ross Jeffries hat für diesen Fall folgende Lösung parat:

Er: Kann ich dich etwas fragen?
Sie: Klar, schieß los.
Er: Verhältst du dich mir gegenüber absichtlich unhöflich oder bist du von Natur aus ein Miststück?
Sie: (*reißt geschockt den Mund auf*)
Er: Lass mich nie wieder herumsitzen und warten. Ich werde dich immer mit Respekt behandeln, aber ich erwarte von dir dasselbe. Klar?
Sie: Äh ... äh ... klar.
Er: Okay. Dann sieh zu, dass du es wiedergutmachst.

Packen Sie sie nun und küssen Sie sie leidenschaftlich. Am besten lassen Sie das geplante Vorhaben überhaupt sausen und schlafen auf der Stelle mit ihr. Wozu ihr schäbiges Verhalten auch noch mit einem netten Abend in der Stadt belohnen, selbst, wenn Sie sich die Rechnung teilen?

»Lass uns Freunde sein«

Im Idealfall lassen Sie es gar nicht soweit kommen, dass eine Frau diesen gefürchteten Ausspruch bringt. So etwas passiert nur einem DFL, der partout nicht wahrhaben will, dass die Betreffende nicht auf ihn steht. Als PAR dagegen sollten Sie in der Lage sein, jede Frau, die gewillt ist, Zeit mit Ihnen zu verbringen, auch ins Bett zu kriegen. Falls es nicht klappt, müssen Sie sich davonmachen, ehe sie Ihnen einen Korb erteilt und Sie zum Versager abstempelt.

Falls Sie sich doch einmal in eine derartige Situation manövrieren, gibt es darauf nur eine mögliche Antwort: »Nein, danke. Freunde habe ich bereits genug. Tschüss, bis demnächst.« Manchmal lässt sich damit noch einmal das Ruder herumreißen. Verlassen Sie sich aber nicht darauf – wenn Sie einmal in die gefürchtete platonische Zone abgerutscht sind, haben Sie Ihren Respekt ein für alle Mal eingebüßt.

Falls Sie aus unerfindlichen Gründen trotzdem noch an ihr interessiert sind (was ich Ihnen nicht rate), so sollten Sie den Kontakt für mindestens zwei Monate total abbrechen. Erst dann können Sie noch einmal ganz von vorne anfangen, ohne fürchten zu müssen, dass sie noch immer nur an einer Beziehung auf rein freundschaftlicher Basis (igitt!) interessiert ist.

Der Einfluss ihrer Freundinnen

Wenn Sie sich bei einer Frau so richtig einschmeicheln wollen, dann tun Sie das möglichst, indem Sie ihre Freundinnen beeindrucken. Zeigen Sie sich ihnen gegenüber stets von der Schokoladenseite: Flirten Sie mit ihnen, behandeln Sie sie mit ausgesuchter Aufmerksamkeit, Höflichkeit und Freundlichkeit. Frauen lieben es, wenn ihre Freundinnen vor Neid erblassen, und werden nur noch mehr Respekt vor Ihnen haben, wenn Sie von ihren Freundinnen gemocht – oder noch besser: begehrt – werden. Fallen Sie bei den Freundinnen durch, ist es oft nur eine Frage der Zeit, bis sich dies negativ auf die Beziehung auswirkt.

Verstehen Sie mich nicht falsch: Es kann auch zu Ihrem Vorteil gereichen, wenn ihre Freundinnen Sie zwar sympathisch, aber ein wenig suspekt finden (vor allem, wenn Sie von ihnen für einen Schürzenjäger gehalten werden). Geben Sie ruhig den Charmeur in Reinkultur, bleiben Sie aber stets höflich.

Besonders effektiv können Sie sich ihre Freundinnen zunutze machen, indem Sie eine Bemerkung à la »Deine Freundinnen sind aber sehr attraktiv!« fallen lassen. Wenn sie fürchtet, Sie könnten an einer von ihnen Gefallen finden, wird sie sich umso mehr um Ihre Gunst bemühen. Oder Sie machen es genau umgekehrt und versichern der Betreffenden, sie sei viel attraktiver als ihre Freundinnen. Das geht runter wie Öl und sorgt dafür, dass Sie bei ihr einen richtigen Stein im Brett haben.

Tja, es geht eben nichts über gute Freundinnen!

Erfolgsrezept 1: Geheimnisse

Frauen lieben mysteriöse Männer, aber noch mehr lieben sie es, ihnen Geheimnisse zu entlocken. Setzen Sie dieses Mittel ein, um die Verständnis- und Vertrauensbasis zu zementieren – aber nur äußerst sparsam! Wenn Sie ihr alles auf einmal verraten, ist der Reiz mit einem Schlag weg. Sobald sie das Gefühl hat, Sie in- und auswendig zu kennen, wird sie anfangen, sich zu langweilen. Signalisieren Sie ihr also, dass es noch einiges über Sie zu erfahren gibt und dass Sie gewillt sind, ihr gelegentlich ein Detail zu enthüllen – für eine entsprechende Gegenleistung.

Erfolgsrezept 2: Komplimente

Komplimente sind die Währung einer Beziehung – auf den wohldosierten Einsatz kommt es an.

Wenn sie Ihnen ein Kompliment macht: Tun Sie ihr einen Gefallen und reagieren Sie mit einem erfreuten »Wie nett von dir, das zu erwähnen, danke«. Sowohl unnötige Bescheidenheit als auch undankbare Selbstgefälligkeit (»Wurde aber auch Zeit, dass dir das auffällt!«) sind hier fehl am Platz.

Wie mache ich ihr ein Kompliment? Komplimente sind ein zweischneidiges Schwert. Manche Frauen wollen ständig mit lobenden Worten überschüttet werden, weil sie diese Bestätigung von außen brauchen. Andere tun Ihr Kompliment womöglich als wertlose Schmeichelei von einem weiteren DFL ab. Es gilt also abzuwägen, zu welcher Kategorie die Betreffende zählt, sowie ihre Idealvorstellungen zu eruieren, ehe Sie ihr ein Kompliment machen.

Doch selbst bei den ganz hart gesottenen Gegnerinnen des Kompliments lohnt es sich, dieses Risiko gelegentlich einzugehen. Wichtig ist nur, dass Sie Ihre Worte absolut überzeugend vorbringen. Wenn Sie zögern oder inhaltlich nicht glaubwürdig sind, lassen Sie es lieber gleich bleiben. Wenn Sie es allerdings schaffen, ihr ein aufrichtiges, speziell auf sie zugeschnittenes Kompliment zu machen, dann sollte Ihnen selbst die abgebrühteste Lady mit einem glücklichen Seufzer in die Arme sinken. Zwei simple Regeln sollten Sie dabei stets beachten:

1. Vermeiden Sie naheliegende Komplimente. Ihre offensichtlichen Vorzüge werden oft genug gelobt und erinnern sie nur an all die übrigen DFL, die vergeblich versuchten, mit den ewig gleichen Worten bei ihr zu punkten.
2. Kommentieren Sie stattdessen etwas, das nicht gleich auf den ersten Blick erkennbar ist. Erklären Sie ihr, was Ihnen daran genau gefällt und welche Gefühle die genannte Eigenschaft bei Ihnen auslöst. Dies zeugt von einer aufmerksamen Wahrnehmung und hebt Sie von den zahlreichen Schleimern ab, die sich darauf beschränken, ihre augenscheinlichen Vorzüge zu loben.

An ein Kompliment erinnert man sich lange. Wenn Sie die richtigen Worte gefunden haben, wird sie sich infolgedessen gern an Sie erinnern. Wenn Sie es dagegen vermasseln, sind Sie für immer als Trottel abgestempelt. Gehen Sie also mit größter Sorgfalt vor!

Das richtige Kompliment zum richtigen Zeitpunkt: Äußern Sie sich erst wohlwollend über ihren Körper, wenn Sie sie bereits kennen (es sei denn, Sie wollen sie in Großmeistermanier aufreißen). Ein verfrühtes Lob für ihren Körper lässt Sie wie einen notgeilen Perversen aussehen. Sobald Sie jedoch mit ihr im Bett waren, können Sie nach Herzenslust erwähnen, welche ihrer Körperteile Sie besonders schätzen. Sie wird Sie dafür lieben. Ab diesem Punkt der Beziehung legen die meisten Frauen mehr Wert auf Komplimente für ihren Körper – machen Sie sich diese Tatsache zunutze!

> Aus dem Munde eines Mannes, den man kaum kennt, klingen Aussagen wie »Du siehst toll aus in diesem Rock« viel zu vertraulich – wie eine plumpe Anmache.
>
> Karen, St. Paul

Erfolgsrezept 3: Romantik

Manchmal ist es durchaus angebracht, zur Abwechslung nicht den nicht zu bändigenden bösen Buben zu mimen, sondern Ihre Auserwählte ein wenig zu verwöhnen. Ein wenig Romantik hie und da kann nicht schaden, selbst, wenn Sie ansonsten ein Casanova sind. Später können Sie getrost wieder in den PAR-Modus wechseln. Jennifer Lopez hat die Weisheit zwar nicht unbedingt mit dem Löffel gefressen, aber selbst sie weiß, was schöne Frauen wollen, nämlich »a tough guy with a heart of gold«. Hier einige romantische Ideen – natürlich ausschließlich als Belohnung für Frauen, die Ihnen ihre Gunst bereits bewiesen haben!

- Schicken Sie ihr ein Gedicht oder lesen Sie ihr eins vor.
- Senden Sie ihr eine Gratis-E-Card. Frauen lieben diese Dinger.
- Kaufen Sie ihr eine romantische Kleinigkeit (einen Plastikring zum Beispiel). Sinn und Zweck ist nicht, dass Sie viel dafür ausgeben, sondern dass Sie ihr erklären, welche spezielle Bedeutung er für Ihre Beziehung hat. Sie wollen sich ihre Zuneigung ja nicht mit Geld, sondern mit Aufmerksamkeit sichern.
- Verstecken Sie das Geschenk an einem Ort, an dem sie es garantiert findet, aber kein Andenken von Ihnen erwarten würde – in ihrer Manteltasche, unter dem Kopfkissen, in ihrer Handtasche.
- Behaupten Sie, Sie würden sich leider verspäten, nur um dann früher als geplant aufzukreuzen und sie zum Essen auszuführen – ein Vergnügen, das sie, weil sie ansonsten nicht von Ihnen eingeladen wird, umso mehr zu schätzen wissen wird.
- Schreiben Sie ihr einen Brief (keine E-Mail) und legen Sie ihn ihr auf das Kissen.
- Kochen Sie ein tolles Abendessen für sie.
- Gehen Sie mit ihr im Park spazieren (inklusive Bootsfahrt oder Besuch im Zoo).
- Lesen Sie gemeinsam etwas Romantisches oder etwas Erotisches.
- Überraschen Sie sie mit einem Wochenendtrip an einen Ort, an den sie es bis dato aus zeitlichen Gründen nie geschafft hat, den sie aber schon immer besuchen wollte.

Und noch ein letzter Tipp: Lassen Sie mit Ihrem Verhalten stets anklingen, dass Ihre Beziehung zueinander etwas ganz Besonderes ist, das es kein zweites Mal gibt. Aber sprechen Sie es nicht laut aus (sonst kommt sie – Gott bewahre! – womöglich noch in Versuchung, Ihnen zu widersprechen). Sagen Sie ihr nur, wie schön Sie es finden, dass Sie einen so außergewöhnlich guten Draht zueinander haben. Führen Sie dies ruhig weiter aus, bis sie Ihnen lächelnd und nickend zustimmt. Ein schöneres Geschenk können Sie weder ihr noch sich selbst machen – und es kostet Sie keinen Cent!

Hier noch einige ganz besonders romantische Ideen von Don Diebel – für den Fall, dass die Sache allmählich richtig ernst wird:

- Benennen Sie einen Stern nach ihr (maximal fünfunddreißig Buchstaben). In einigen Ländern ist das möglich. In den U.S.A. sendet die International Star Registry ihr dann eine Urkunde und zwei Karten zu, auf denen die genaue Position des Sterns verzeichnet ist.
- Schicken Sie ihr ein Telegramm (Sie haben richtig gelesen!), um ihr mitzuteilen, wie viel sie Ihnen bedeutet.
- Schenken Sie ihr eine Ausgabe einer Tageszeitung, erschienen an ihrem Geburtstag oder an einem anderen für Ihre Beziehung wichtigen Datum.
- Schreiben Sie ihr mit abwaschbarem Marker einen Liebesbrief auf die Windschutzscheibe. Vergessen Sie nicht, ihr Papierhandtücher zum Abwischen unter den Scheibenwischer zu klemmen.
- Schreiben Sie ihr einen romantischen Brief und bitten Sie sie ganz beiläufig, ihn »Korrektur zu lesen«.
- Organisieren Sie ein romantisches Picknick. Decke, Essen, Blumen und eisgekühlten Sekt oder Champagner nicht vergessen!

- Das ist garantiert eine unerwartete Überraschung: Senden Sie ihr einen mit Helium gefüllten Luftballon!
- Und, zu guter Letzt: Lassen Sie Blumen sprechen. Damit machen Sie immer einen bleibenden Eindruck!

Zu guter Letzt

... Vergessen Sie nie, dass eine Frau nur mit ganzem Herzen bei der Sache ist, wenn sie sich Ihrer nicht hundertprozentig sicher ist.

Dasselbe gilt für alle anderen Facetten des Lebens. Wenn Sie sich zu sehr an etwas klammern, machen Sie sich davon abhängig. Ist es ein Mensch, dann wird er oder sie unweigerlich aufhören, Sie gebührend zu schätzen. Wozu auch, wenn Sie die betreffende Person dringender brauchen als umgekehrt?

Meist ist ein derartiges Abhängigkeitsverhältnis der Grund dafür, dass leidenschaftliche Beziehungen plötzlich abkühlen oder Frauen, die ursprünglich interessiert waren, einem Mann ohne mit der Wimper zu zucken den Rücken kehren.

Seien Sie daher stets bereit, sich zu verabschieden, sei es von einem Flirt, einer Geliebten, einer Freundin, ja, sogar von Ihrem Job. Sie haben einen Preis, einen bestimmten Wert, Sie bieten einzigartige Möglichkeiten. Wer nicht gewillt ist, den Preis zu bezahlen und die Chance zu ergreifen, der hat Sie nicht verdient.

Es schwimmen noch Millionen anderer Fische im Meer – und ab heute sind Sie in der Lage, sich jeden Einzelnen von ihnen zu angeln. Petri Heil!

Dank

Im Rahmen meines in zweierlei Hinsicht erschöpfenden Strebens nach Erleuchtung habe ich buchstäblich Tausende von PARs weltweit um Rat und Hilfe zum Thema Verführung gebeten. Ich kann leider nicht alle namentlich erwähnen, möchte hier jedoch wenigstens den meiner Ansicht nach »Besten der Besten« danken. Die im Folgenden genannten Männer dienten mir nach meinem Entschluss, nicht länger ein DFL-Dasein zu fristen, als Mentoren. Sie finden ihre Weisheiten über das gesamte Buch verteilt – größtenteils anhand meiner eigenen Erfahrungen aufbereitet und gelegentlich sogar als direkte Zitate.

Don Diebel gilt als Ur-PAR. Seine Ratschläge gehen auf die 1970er und die erste sexuelle Revolution zurück. An Dons »Golden Oldies« führt kein Weg vorbei. Seine (englischsprachige) Webseite: www.getgirls.com.

Auf den Namen von Ross Jeffries, Erfinder von Speed Seduction®, einer Verführungs-Spezialtechnik auf der Basis von NLP, sind Sie im Laufe dieses Buches besonders häufig gestoßen. Speed Seduction® war, ist und bleibt in puncto Verführung und Flirten vermutlich der größte Durchbruch der vergangenen zwei Jahrzehnte. Eine Zusammenfassung dieser Technik finden Sie in Kapitel drei. Sämtliche hier abgedruckte Informationen zu diesem Thema sind urheberrechtlich geschützt und wurden von mir mit seiner ausdrücklichen Genehmigung verwendet. Seine Webadresse lautet: www.seduction.com (ebenfalls englischsprachig).

Die leicht verständlichen Ratschläge von Maniac High, einem PAR aus Tokio, haben mir mehr als alles andere verdeutlicht, welch wichtige Rolle Selbstsicherheit und Kontrolle spielen. Auf www.pickupguide.com können Sie ihn direkt kontaktieren.

Mystery ist ein PAR aus Los Angeles und ausgesprochener Befürworter des strategischen Dämpfers. Es gibt keine bessere Methode, bei all jenen wunderschönen potentiellen Models zu landen, die Ihnen Ihr Leben lang unerreichbar schienen.

Ich danke NYC, einem PAR aus New York (vermutlich einer der größten PAR weltweit), dessen Technik des Werte-Eruierens mir quasi das fehlende Bindeglied zwischen Anmache und Abschleppen lieferte.

Nathan Szilard, PAR aus Paris, habe ich als Verfechter der Großmeister-Technik kennen gelernt. Sie zählt nicht unbedingt zu meinen persönlichen Favoriten, kann Männer mit der entsprechenden Persönlichkeit aber definitiv zum Erfolg führen.

Außerdem danke ich Anubis, Nightshadow, James L. King III sowie Ray Parker.

Für die weitere Recherche im Internet empfehle ich Ihnen die Usenet-Gruppe alt.seduction.fast (englischsprachig), kurz ASF, gegründet von Ross Jeffries. ASF ist eine richtige Enzyklopädie zum Thema Verführungsratschläge, ist aber wie jedes andere Internetforum nicht vor sinnlosen, dummen und irrelevanten Einträgen von ahnungslosen Stümpern gefeit. Die Idee zum vorliegenden Buch entstammt meinem Versuch, einen Wegweiser durch den ASF-Dschungel zu verfassen, um den Lesern das teils wertvolle Wissen besser zugänglich zu machen. Ein spezieller Dank an alle, die regelmäßig auf dieser Seite ihre Meinung kundtun, vor allem jene, die ich zitieren durfte!

Weitere Informationen und empfehlenswerte Tipps liefern die so genannte Mindlist (www.egroups.com/group/mindlist), Clifford's Seduction Newsletter, *Sweep Women off Their Feet and into Your Bed*, www.showgirls.com und Maxim.com (die beste Seite für alle, die einmal die weibliche Perspektive zum Thema Dating und Verführung kennen lernen wollen).

Und natürlich möchte ich alle Leser recht herzlich einladen, auch meine Webseite, die »Bibel der Online-Verführungstipps« zu besuchen: Bis demnächst, auf www.layguide.com!